*Studien zur Kritischen Psychologie*

Pahl-Rugenstein

# Studien zur Kritischen Psychologie

Herausgegeben von Karl-Heinz Braun und Klaus Holzkamp
Band 4

*In der gleichen Reihe*

Band 1–2
Klaus Holzkamp/Karl-Heinz Braun (Hrsg.)
Bericht über den I. Kongreß Kritische Psychologie in Marburg vom 13. bis 15. Mai 1977

Band 3
Klaus Holzkamp
Gesellschaftlichkeit des Individuums
Aufsätze 1974–1977

Band 5
Peter Keiler/Michael Stadler (Hrsg.)
Erkenntnis oder Dogmatismus?
Kritik des psychologischen »Dogmatismus«-Konzepts

Band 6
Eckart Leiser
Einführung in die statistischen Methoden der Erkenntnisgewinnung

*Karl-Heinz Braun*

# *Einführung in die Politische Psychologie*

Zum Verhältnis von gesellschaftlichem und individuellem Subjekt

*Studien zur Kritischen Psychologie*

Pahl-Rugenstein

Gottesweg 54, 5 Köln 51
Satz: Zentralsatz Dieter Noe, Köln
Printed in Finland
ISBN 3-7609-0370-3

# Zur Reihe »Studien zur Kritischen Psychologie«

Die Kritische Psychologie, entstanden als spezifische Konzeption materialistischer psychologischer Forschung und Praxis am Psychologischen Institut der Freien Universität in West-Berlin, findet immer weitere Verbreitung im In- und Ausland. Dabei kommt es naturgemäß zu Differenzierungen hinsichtlich bestimmter Auffassungen über die theoretischen Konzepte, methodischen Vorgehensweisen und die praktische Umsetzung der Kritischen Psychologie – innerhalb eines Gesamtrahmens des theoretischen Konsenses. Ein Beleg dafür, wie weit der Differenzierungsprozeß bereits vorangeschritten ist und wie fruchtbar die dabei entstandenen Diskussionen sein können, ist die Mannigfaltigkeit der Positionen auf dem Ersten Kongreß Kritische Psychologie in Marburg (mit dessen Dokumentation diese Reihe begann).

Die Reihe »Studien zur Kritischen Psychologie« trägt dieser neuen Situation Rechnung. Sie ergänzt die Reihe »Texte zur Kritischen Psychologie« im Campus Verlag, in welcher durch Arbeiten aus dem Psychologischen Institut der FU die systematische Entwicklung der Kritischen Psychologie i. e. S. samt ihren wissenschaftstheoretischen Fundamenten und praktischen Anwendungen in regelmäßigen Veröffentlichungen zugänglich gemacht wird.

In den »Studien« sollen Resultate und Diskussionsbeiträge aus verschiedenen Arbeitszusammenhängen und Orten (auch aus dem Psychologischen Institut der FU) veröffentlicht werden, und zwar nicht nur grundsätzliche Beiträge, sondern auch solche, die zu wichtigen Einzelfragen und aktuellen Problemen Stellung nehmen, politische Konsequenzen aufzeigen, in laufende Kontroversen eingreifen, Erfahrungen aus verschiedenen Praxisfeldern einbringen etc. Neben Monographien werden auch Sammelpublikationen verschiedener Autoren zu bestimmten Themen, Aufsatzsammlungen und Arbeitsberichte von Projektgruppen erscheinen.

Die »Studien« bieten den Wissenschaftlern und Praktikern, die im engeren oder weiteren Problembereich der Kritischen Psychologie tätig sind, eine Möglichkeit, ihre Arbeiten nicht mehr verstreut und in sachfremden Zusammenhängen zu veröffentlichen, sondern in einer trotz der angestrebten Mannigfaltigkeit in der Grundtendenz – der Förderung fortschrittlicher Psychologie im Rahmen der demokratischen Bewegung – einheitlichen Reihe von ausgewiesener wissenschaftlicher Qualität, die bekannt werden und sich durchsetzen wird.

Den interessierten Lesern bieten die »Studien« auf diese Weise eine zusätzliche Orientierung darüber, wo relevante Beiträge zur wissenschaftlich, berufspraktisch und politisch immer wichtiger werdenden Arbeitsrichtung der Kritischen Psychologie zu finden sind.

*Karl-Heinz Braun* *Klaus Holzkamp*

## Inhalt

DRITTER TEIL

**Das politische Individuum als individuelles Subjekt in der Sozialgeschichte** 112

## *Notwendigkeit und Möglichkeit einer materialistischen Politischen Psychologie*

In seinem berühmtem Altersbrief an J. Bloch schrieb F. Engels 1890: »Wir machen unsere Geschichte selbst, aber erstens unter sehr bestimmten Voraussetzungen und Bedingungen. Darunter sind die ökonomischen die schließlich entscheidenden. Aber auch die politischen usw., ja selbst die in den Köpfen der Menschen spukende Tradition, spielen eine Rolle, wenn auch nicht die entscheidende . . . Zweitens aber macht sich die Geschichte so, daß das Endresultat stets aus den Konflikten vieler Einzelwillen hervorgeht, wovon jeder wieder durch eine Menge besonderer Lebensbedingungen zu dem gemacht wird, was er ist; es sind also unzählige einander durchkreuzende Kräfte, eine unendliche Gruppe von Kräfteparallelogrammen, daraus eine Resultante – das geschichtliche Ergebnis – hervorgeht, die selbst wieder als das Produkt einer, als Ganzes, *bewußtlos* und willenlos wirkenden Macht angesehen werden kann« (Engels, MEW 37, S. 463, 464). Dieser Brief steht am Ende der ersten entscheidenden Etappe der Begründung einer dialektisch-materialistischen Sozialwissenschaft, einer Entwicklung, die ihre vormarxistischen Quellen wesentlich in der klassischen deutschen Philosophie, in der englischen politischen Ökonomie und im französischen utopischen Sozialismus hat, und deren praktisch-politische Voraussetzung die Herausbildung der beiden Hauptklassen der bürgerlichen Gesellschaft, des Kapitals und der Arbeiterklasse, und damit verbunden der Übergang der emanzipatorischen Sozialbewegungen in die Arbeiterbewegung bildete. Diese neue Sozialtheorie hatte gerade diese theoretischen Quellen, ihre widersprüchlichen Ansprüche und Einsichten verarbeitet und sie in einem großen, einheitlichen Entwurf *aufgehoben.* Drei Momente charakterisieren diesen Entwurf: 1. Waren in der vormarxistischen Sozialkritik nur bestimmte Teile der Gesellschaft kritisiert worden, so wurde jetzt die *Gesellschaft in ihrer Gesamtheit* kritisiert; 2. die *zukünftige,* bessere *Gesellschaft* ist nicht mehr der Gegenstand von Utopien, sondern der Wissenschaft; 3. es wird der *Weg zu dieser Zukunftsgesellschaft* gewiesen, die Bewegung der sozialen Klassen, hier vor allem die von Kapital und Arbeiterklasse, die notwendig zur Aufhebung der Klassen überhaupt führt (vgl. Hofmann (103) 89 ff.). Dabei wird die von den früheren Sozialtheoretikern gestellte Frage nach den individuellen Entwicklungsmöglichkeiten nicht ignoriert, sondern in qualitativ neuer Weise gestellt. In der Geburtsurkunde des wissenschaftlichen Sozialismus, den Feuerbachthesen von 1845, schreibt K. Marx u. a.: »Aber das menschliche Wesen ist kein dem einzelnen Individuum innewohnendes Abstraktum. In seiner Wirklichkeit ist es das ensemble der gesellschaftlichen Verhältnisse« (Marx, MEW 3, S. 6). So wenig die Ausarbeitung einer materialistischen Psychologie die aktuell notwendige Aufgabe von K. Marx und F. Engels (und den anderen Theoretikern dieser Epoche) sein konnte, so sehr durchzieht doch ihr ganzes Werk, besondern die großen historischen Analysen, *auch* diese Frage nach den konkret-historischen Bedingungen des Verhältnisses von Individuum und Gesellschaft (wie dies Sève (146) 83 ff. überzeugend nachgewiesen hat). Und so konnte W. I. Lenin die Unterstellung bürgerlicher Theoretiker[1], daß der Materialismus die Bedeutung der konkreten Persönlichkeit vernachlässige bzw. überhaupt nicht beachte, mit vollem Recht zurückweisen. »Die Idee des Determinismus, die die Notwendigkeit der menschlichen Handlungen feststellt und die unsinnige Fabel von der Willensfreiheit zurückweist, verwirft damit keineswegs die Vernunft, das Gewissen des Menschen oder eine Bewertung seines Handelns. Ganz im Gegenteil, nur die deterministische Auffassung gestattet eine strenge und richtige Bewertung und schließt aus, daß alles mögliche auf den freien Willen abgewälzt wird. Desgleichen schmälert die Idee der historischen Notwendigkeit auch die Rolle der Persönlichkeit in der Geschichte nicht im mindesten: alle Geschichte stellt sich gerade als die Gesamtheit der Handlungen von Personen dar, die zweifellos Handelnde sind. Die eigentliche Frage bei der Beurteilung der öffentlichen Tätigkeit einer Persönlichkeit lautet: Unter welchen Bedingungen ist dieser Tätigkeit ein Erfolg gesichert? Wodurch wird garantiert, daß diese Tätigkeit kein vereinzelter Akt bleibt, der in einem Meer entgegengesetzter Akte untergeht?« (Lenin, LW 1, S. 152.) Mit dieser langen Passage aus der ersten großen theoretischen Arbeit Lenins ist so etwas wie ein Programm verbunden: nämlich zu analysieren, welche spezifische Persönlichkeit in einer spezifischen sozialhistorischen Situation welche spezifischen Resultate bedeutsamer Art hervorgebracht hat bzw. in der Lage gewesen wäre, sie hervorzubringen. Der auch heute noch spürbare Mangel bei der Beantwortung dieser Frage rührt nicht aus dem Entwicklungsstand der materialistischen Gesellschafts- und Geschichtswissenschaft, sondern aus der lange Zeit währenden Unterentwicklung der materialistischen Persönlichkeitstheorie; eine Ausnahme bildet hier lediglich die Ende des letzten Jahrhunderts entstandene Arbeit von G. W. Plechanow »Über die Rolle der Persönlichkeit in der Geschichte«, die als ein gelungenes Vorwort zu einer materialistischen politischen Psychologie angesehen werden kann, und an die auch Čagin bei seinen Überlegungen zum Verhältnis von gesellschaftlichem und individuellem Subjekt angeknüpft hat (vgl. Čagin (9) 73 ff.).

Daß eine solche politische Psychologie im Rahmen einer materialistischen Sozialwissenschaft heute nicht nur nötig, sondern auch *möglich* ist, ist besonders der internationalen Entwicklung der letzten beiden Jahrzehnte geschuldet. Ausgehend von Arbeiten L. S. Wygotskis und dann besonders von A. N. Leontjew und P. J. Galperin hat die *kulturhistorische Schule* der sowjetischen Psychologie in zunehmendem Maße einen Ansatz entwickelt, der die Lebenstätigkeit der konkreten Individuen zu analysieren in der Lage ist (vgl. Holzkamp/Leontjew (169)). – Daran hat besonders die Westberliner *Holzkamp-Schule* angeschlossen, die diesen Ansatz einerseits auf abstrakt-allgemeinem Niveau übernahm (und ihn in bestimmten Aspekten weiterentwickelte) und ihn für die Analyse der Lebenstätigkeit der Individuen in der bürgerlichen Gesellschaft fruchtbar machte. Zugleich bedeutete dies für diese Ausprägung der materialistischen Psychologie, genannt Kritische Psychologie, den Übergang von der reinen Kritik der bürgerlichen Psychologie zum Entwurf eines konkreten Alternativkonzepts (vgl. Holzkamp (168); Wilhelmer (172). – Dabei war besonders die Rezeption der *Persönlichkeitstheorie* von *L. Sève* bedeutsam, der im Anschluß an Vorarbeiten von Politzer aus dem Jahre 1929 das Konzept einer materialistischen Psychologie entwarf. – In mehr oder weniger deutlichem Spannungsverhältnis zwischen der kulturhistorischen Schule, der Holzkamp-Schule und der Sève-Schule entstanden in der BRD und Westberlin in den letzten Jahren eine Reihe von Arbeiten, die sich um die Begründung und Entfaltung der Kritischen Psychologie bemühten (vgl. dazu insgesamt Braun (167) 15 ff.; ders. (166) 389 ff.). Auf dem 1. internationalen Kongreß Kritische Psychologie in Marburg (13.–15. Mai 1977) wurde einerseits der schon jetzt erreichte hohe Entwicklungsstand sehr deutlich und (als solcher) dokumentiert, andererseits diente der Kongreß der Vereinheitlichung der verschiedenen Richtungen und Positionen (vgl. Holzkamp/Braun (131); Maiers/Markard (170)).

Im Zusammenhang mit diesem Kongreß sind auch die Bemühungen verstärkt worden, diese neuen psychologischen Kenntnisse für die Begründung einer materialistischen Politischen Psychologie fruchtbar zu machen. In der Nachfolge eines ersten Orientierungsversuchs (vgl.

Braun (151)) befaßte sich eine ganze Arbeitsgruppe auf dem Kongreß mit dieser Frage, wobei neben einer sehr allgemeinen und vorläufigen Gegenstandsbestimmung auch konkrete Ergebnisse ansatzweise vorgelegt wurden (vgl. Kühnl (156); Asseln/Braun (150); Deppe (50)). – In Verarbeitung dieser Beiträge will dieses Buch einen *ersten Versuch* unternehmen, die theoretischen Voraussetzungen (im Sinne von Rahmenbedingungen) zu klären und damit eine Orientierung für die Rezeption entsprechender soziologischer und politikwissenschaftlicher Arbeiten bzw. für neue psychologische Forschungen zu geben. Zugleich wird damit das fundamentale Interesse der Kritischen Psychologie an der Kritik der gegenwärtigen, bürgerlichen Gesellschaft konkreter und damit verbindlicher, praktischer. Klaus Holzkamp schrieb im 1. Band der Texte zur Kritischen Psychologie: »In der Entwicklung des kritisch-psychologischen Ansatzes wurde dabei mit der Herausarbeitung seiner marxistischen Grundlagen in immer höherem Maße die Einsicht bestimmend, daß tiefgreifende und umfassende *Gesellschaftskritik in der bürgerlichen Gesellschaft,* an welchen Erscheinungsformen und in welchen Vermittlungsebenen die Kritik auch immer sich entfaltet, letztlich notwendig *Kritik vom Standpunkt des Proletariats und im Interesse der Werktätigen (als Ausdruck des gesamtgesellschaftlichen Interesses gegen das Partialinteresse des Kapitals) ist«* (Holzkamp (129) 12). Diese Kritik ist aber auch notwendige Kritik an der Behinderung der politischen Entwicklung der Lohnabhängigen, an den Grenzen der Entwicklung zum individuellen Subjekt, Analyse der Bedingungen, unter denen sie gegen ihre eigenen objektiven Interessen handeln (was im Faschismus nur besonders kraß zum Ausdruck kommt) bzw. sie sich für ihre eigenen objektiven Interessen aktiv und bewußt einsetzen. Insofern setzt diese Arbeit weder thematisch noch analytisch in zufälliger und unbegründeter Weise irgendwo an, sondern leitet ihre *Relevanz* aus den objektiven Bestimmungen der konkreten Lebenstätigkeit ab. Damit verlängern sie auch die Ausführungen von K. Holzkamp, der in seinem Kongreßeinführungsreferat gegen objektivistische Theorien die Notwendigkeit einer Analyse des Subjekts herausstellt und gegenüber subjektivistischen Subjekttheorien die Vermittlung von individuellem Subjekt, gesellschaftlichem Subjekt und objektiven Bedingungen herausstrich (vgl. Holzkamp (130) 50 ff., 53 ff.); er legte dar: »Der ›subjektive Faktor‹ beziehungsweise die genannten ›gesellschaftlichen Subjekte‹ sind nicht eine oberhalb und unabhängig von den individuellen Subjekten bestehende selbständige Wesenheit, sondern sind *reale Zusammenfassungen* der bewußten, aktiven Lebenspraxis bestimmter Gruppen oder Klassen, oder auch aller Mitglieder der Gesellschaft, aufgrund der *erkannten gemeinsamen Betroffenheit von objektiven Notwendigkeiten gesellschaftlicher Realitätsveränderung;* die überindividuelle Subjektivität ergibt sich also hier aus der praktisch gewordenen Erkenntnis der Gemeinsamkeit der objektiven gesellschaftlichen Lebenslage und der darin bestehenden Notwendigkeiten ihrer kollektiven Veränderung« (Holzkamp (130) 58). Dieses Buch will sozialgeschichtlich dieses Verhältnis, diese Triade von objektiven Bedingungen, gesellschaftlichem und individuellem Subjekt entschlüsseln und es in dem Bereich, wo sie sich am intensivsten, weil am entfaltetsten vermitteln, im politischen Überbau der Gesellschaft, analysieren.

Zu behaupten, daß es gegenwärtig *keine* materialistische politische Psychologie gibt, muß jenen eine Provokation sein, die in der Vermittlung von Marxismus und Psychoanalyse sich genau darum bemüht haben, wobei hier besonders an die Kritische Theorie des Subjekts zu denken wäre, die sich – im Anschluß an Arbeiten aus den zwanziger und dreißiger Jahren[2] – um die Subjektivität im »Spätkapitalismus« bemüht hat. Diese Provokation ist eine bewußte, weil nämlich einerseits dieser »Freudo-Marxismus« sehr verbreitet ist und eine Auseinandersetzung mit ihm sehr notwendig und andererseits in bezug darauf die Hauptthese dieses Buches lautet, daß die Kritische Theorie des Subjekts die von ihr selbst gestellte Frage nach den Bedingungen der individuellen Emanzipation und Entfaltung nicht zu beantworten vermag, daß sie auf der *gesellschaftstheoretischen* Ebene die entscheidenden sozialen Triebkräfte und Subjekte (theoretisch) eliminiert und damit auf der *persönlichkeitstheoretischen* Ebene notwendigerweise die innere Einheit von menschlicher Gesellschaft und gesellschaftlichem Menschen im Grundsatz verfehlen muß (was selbstverständlich gewisse relevante Einzelerkenntnisse nicht ausschließt!).[3]

Aus dem Gesagten ergibt sich zwingend die Gliederung des Buches: Im ersten Teil werden die gesellschaftstheoretischen Grundlagen dargelegt, ohne die ein wirkliches Verständnis der ganzen Problematik unmöglich ist; im zweiten Teil die persönlichkeitstheoretischen Auffassungen und im dritten Teil dann die entscheidende Vermittlung von objektiven Bedingungen, gesellschaftlichem Subjekt und individuellem Subjekt in der Politik.

Damit sind nicht nur Notwendigkeit und Möglichkeit einer materialistischen Politischen Psychologie dargelegt, sondern es sind auch die Möglichkeiten und Grenzen dieses Buches umrissen (und brauchen nicht dauernd wiederholt zu werden): ein *erster Vorschlag* zu sein, der sowohl in der positiven Darlegung als auch in der kritischen Abgrenzung der Diskussion bedarf und bewußt zu dieser aufruft.

An dieser Stelle sei auch jenen gedankt, die in je spezifischer Weise das Entstehen dieses Buches ermöglicht haben: Klaus Holzkamp, Ute Holzkamp-Osterkamp und Reinhard Kühnl; ich widme es Marci(t)a und Ivan Ljubetic (Temuco/Chile und Marburg) als Zeichen der Freundschaft.

Marburg, im Dezember 1977 *Karl-Heinz Braun*

# Erster Teil

# Die Politik als Bestandteil des gesellschaftlichen Überbaus

Eine Theorie der Politik kann nur als Teil einer Theorie der Gesellschaft entwickelt werden, ist also immer Theorie des politischen Überbaus; eine Theorie der Gesellschaft kann aber die Spezifika der Gesellschaft nicht aus ihrem Gegenstand selbst begründen, sondern nur im Zusammenhang mit einer Theorie der Natur.

## 1 *Natur und Gesellschaft*

Wenn man sich die Frage nach den grundsätzlichen Merkmalen der Gesellschaft stellt, dann muß man zunächst fragen, welche Prozesse die Gesellschaft hervorgebracht haben aus dem, was nicht Gesellschaft ist, nämlich aus der Natur. Man darf diese Frage nicht durch subjektivistische oder spekulative Setzungen irgendwelcher Art zu beantworten suchen, sondern durch die konkret-historische Analyse des Übergangs vom Tier zum Menschen.

Man geht heute davon aus, daß die Entstehung des Lebens auf der Erde vor etwa 3,5 Milliarden Jahren begann; hier zunächst durch den Übergang von primitiven Einzellern zu Organismen; d. h. in diesem Zeitraum liegt der Übergang von Nicht-Leben zum Leben, hier entsteht naturgeschichtlich der Organismus-Welt-Zusammenhang. – Dabei können Struktur und Eigenart des jeweiligen einzelnen Lebewesens nicht aus sich selbst heraus erklärt werden, sondern nur im Zusammenhang mit der funktionalen Bedeutung innerhalb einer bestimmten Umwelt. »Die allgemeinsten Rahmenprozesse, aus denen ein Zusammenhang zwischen Organismus und Welt entsteht, sind jene *phylogenetischen Entwicklungen*, in denen eine evolutionsgesetzlich bedingte *Optimierung der morphologisch-funktionalen Beschaffenheiten von Organismen auf die Umwelt hin* erfolgt.« (Holzkamp (175) Teil 1, 13). Aus diesem Organismus-Umwelt-Verhältnis leiten sich auch die entscheidenden Faktoren der naturgeschichtlichen Entwicklung ab: 1. die erbliche Variabilität durch genetische Kombination, vor allem durch

Mutation; 2. die natürliche Selektion; 3. die geographische und biologische Isolation; 4. die Wanderung (vgl. Holzkamp (129) 63).

In einer relativ späten Phase der Naturgeschichte der Organismen entstehen Formen des tierischen Zusammenlebens, d. h. das Verhältnis Einzelorganismus-Umwelt wird *aufgehoben* in dem Verhältnis tierische Sozialgruppe-Umwelt. »Von einer gewissen phylogenetischen Entwicklungshöhe an sind die Träger der Entwicklung nicht mehr einzelne Tiere, sondern *Strukturen von artspezifischen sozialen Beziehungen,* mit denen die Entwicklungshöhe der Einzeltiere in einer unauflösbaren Wechselbeziehung steht« (H.-Osterkamp (132) 193). – Da wir in diesem Kapitel die Merkmale der Sozialgeschichte zum Gegenstand haben, engt sich unser naturgeschichtliches Erkenntnisinteresse an dieser Stelle auch auf die naturgeschichtlichen Vorläufer der Gesellschaft ein, unter Abstrahierung von der damit verbundenen Höherentwicklung der Einzelorganismen (worauf wir an späterer Stelle eingehen).

Die einfachste und früheste Form des tierischen Zusammenlebens sind die *Tierhäufungen,* besonders das allgemein bekannte Territorialverhalten, etwa durch Abgrenzung von Revieren, welches zu einer Dichteregulation führt (optimale Durchschnittsdistanz). In diesem Zusammenhang bilden sich auch Formen tierischer Verhaltenskontrolle heraus, deren bekannteste und wichtigste das Dominanzverhalten (Verpflichtung gegenüber den Artgenossen, verbunden mit Privilegien) und das Führungsverhalten (Verpflichtung gegenüber den Artgenossen, ohne Privilegien) sind (vgl. H.-Osterkamp (132) 199 ff.). – Eine wichtige neue Stufe bilden dann jene Formen tierischen Zusammenlebens, in denen individuelle Lern- und Entwicklungsprozesse abgestützt werden, d. h. geschützt gegenüber Feinden und den Umweltanforderungen, was sich zunächst im Brutpflegeverhalten und später in der Jungenaufzucht äußert. Diese Absicherung, zunächst durch die Tierfamilie, später auch durch den Tierverband, ist die *»entscheidende Voraussetzung für die durch Neugier- und Explorationsverhalten vermittelten individuellen Lern- und Entwicklungsprozesse* der höchsten Tiere . . .« (a.a.O., 214). – Der hiermit verbundene tierische Entwicklungsprozeß (in der Ontogenese) umfaßt sowohl den Erwerb bestimmter Verhaltensmöglichkeiten als auch – und dies ist wichtig – die Entwicklung der Fähigkeit »akzeptiert« zu werden, d. h. es entsteht ein Bedarf nach »sozialem« Kontakt, dessen Nichtbefriedigung lebenshemmend bis lebensbedrohend sein kann. – Diese Formen tierischen Zusammenlebens setzen Mechanismen der sozialen Weitergabe bestimmter Erfahrungen voraus. Als deren einfachste bilden sich zunächst die Stimmungsübertragung und die Nachahmung heraus, die allerdings auf die Weitergabe zwischen zwei Tieren beschränkt ist. Erst die tierische Traditionsbildung (vgl. Schurig (142) 131 ff.) sichert die Weitergabekontinuität über zwei Tiere hinaus. Die tierische Traditionsbildung entsteht kurz vor dem Übergang zum Menschen und ist durch einen spezifischen Widerspruch gekennzeichnet. »Der Widerspruch zwischen der hohen biologischen Notwendigkeit der Traditionsbildung und ihrer geringen Ausprägung und Verbreitung selbst bei den höchstentwickelten Tieren ist u. E. ein Tatbestand von allergrößter Wichtigkeit, weil sich hier prinzipielle Schranken phylogenetisch-naturgeschichtlicher Entwicklungsmöglichkeiten verdeutlichen, die unmittelbar auf die aus der Phylogenese selbst erwachsende Entwicklungsnotwendigkeit des Umschlags von der bloß naturgeschichtlichen zur gesellschaftlich-historischen Progression verweisen . . .« (H.-Osterkamp (132) 229; alle Sperrungen entfernt, K.-H. B.).

Dieser Übergang vom Tier zum Menschen setzt vor etwa 2 Millionen Jahren ein und war vor ca. 30 000 Jahren abgeschlossen (spätestens). Da die in diesem Übergangsbereich lebenden Organismen weder dem Tierreich noch der Menschheit eindeutig zugeordnet werden können, spricht man auch vom Tier-Mensch-Übergangsfeld (TMÜ). Dieser Übergang gliederte sich in drei Hauptetappen:

*1. Phase:* Der Affenmensch ist das erste Evolutionsprodukt, welches nicht mehr eindeutig dem Tierreich zugehört, mit ihm beginnt das TMÜ. »Dieses Feld war dreidimensional. Zeitlich erstreckte es sich auf jeden Fall über 0,5 Millionen Jahre, räumlich dehnte es sich möglicherweise von Südafrika bis nach China und Java aus, und genetisch wurzelte es im hochentwickelten endtertiärzeitlichen Menschenaffen vom Typ des Ramapithecus; es entließ Affenmenschen von einer Art, die neuerdings auch als Homo habilis bezeichnet wird. Es war ein Geräte herstellendes, arbeitendes Lebewesen und entfernter phylogenetischer Urahne des heutigen Menschengeschlechts. In diesem Feld sonderten sich gewissermaßen in einem komplizierten Evolutionsprozeß die Urahnen der Menschheit von ihren tierischen Verwandten. Während jene die Schwelle in ein neues Dasein überschritten und zwar in einem unendlich langen, aber doch stetigen und immer rascher ansteigenden Weg zum Menschen, verblieben diese unterhalb dieser Schwelle im Tierreich, lebten neben der Menschwerdung einher und endeten und verendeten auf einem evolutionsgeschichtlichen Nebengleis im Mittelpleistozän vor etwa einer halben Million von Jahren« (Herrmann (37) 14 f). Dieser Affenmensch bleibt aber in seiner wesentlichen Lebensaktivität noch weitgehend von den Naturgesetzlichkeiten bestimmt (vgl. Heberer (233) 39 ff.).

*2. Phase:* Mit der Herausbildung des Urmenschen (Homo erectus) vollzieht sich der Schritt in die Sozialgeschichte. »Vor allem begann mit der Aneignung des Feuers als Arbeitsmittel und Arbeitsgegenstand, der Herstellung von Werkzeugen zur Werkzeugherstellung sowie infolge spezialisierter Jagdmethoden für die Großwildjagd die Gesetzmäßigkeit von der bestimmenden Rolle der Produktivkräfte für die Entwicklung der Gesellschaft zu wirken« (Herrmann (37) 55 f.). Zwar entstehen in dieser Phase bereits gesellschaftliche Gesetze, doch daneben und z. T. noch dominant wirken die Naturgesetze, sie sind noch nicht in den gesellschaftlichen Gesetzen aufgehoben (vgl. Heberer (233) 54 ff.).

*3. Phase:* Hier vollzieht sich nun der eigentliche Übergang zum Menschen, zum Homo sapiens neanderthalensis oder Altmenschen. Seine Lebensaktivität zeichnet sich durch folgende Merkmale aus (vgl. Herrmann (37) 46 f.): a) die bewußte Arbeit wird die bestimmende Grundlage der Lebensaktivität; b) durch die Anforderungen der Arbeit werden die wesentlichen manuellen und geistigen Fähigkeiten herausgebildet; c) die enge Verbindung von Arbeitsprozeß und Lebensprozeß führt dazu, daß sich die gesellschaftlichen Gruppen als bewußte Einheiten verstehen; d) an dieser Stelle schlägt der Evolutionsprozeß in den gesellschaftlichen Prozeß um, die sozialhistorische Gesetzmäßigkeit bildet sich voll heraus. Oder anders formuliert: »Der ›fertige Mensch‹ in einer ›fertigen Gesellschaft‹ war vor wenigstens 30 000 Jahren vorhanden« (a.a.O., 57).[4]

In diesem Tier-Mensch-Übergangsfeld gibt es – wie auch schon angedeutet – zwei wesentliche, determinierende, vorwärtstreibende Momente: die gemeinsame Tätigkeit, Kooperation, und die systematische Werkzeugherstellung, Vergegenständlichung. Die *Kooperation* ist eine genuin menschliche Art des Zusammenlebens und Zusammenwirkens, sofern sie folgendes beinhaltet: erstens eine koordinierte, notwendig aufeinander bezogene Aufteilung der Gesamtaktivität in Einzeltätigkeiten; zweitens, daß Einzelhandlungen bestimmte, festgelegte Zwischenziele realisieren, ohne die andere, nachfolgende Tätigkeiten nicht möglich sind; drittens, daß das Gesamtresultat der Gesamthandlung an alle Beteiligten umverteilt wird.[5] Dies bedeutet zugleich, daß nur solche Tierarten ins TMÜ eintreten konnten, die bereits hochentwickelte Formen des gemeinsamen Lebens gefunden hatten. – Zugleich ermöglichte der aufrechte Gang den entstehenden Menschen den Einsatz von *Werkzeugen* für ihre Lebenserhaltung. Diese Entwicklung begann mit dem ständigen Gebrauch von unbearbeiteten Naturtorfen als Geräte (1. Etappe) und reichte bis zur systematischen Herstellung von Geräten und Methoden zur materiellen Darstellung künstlerischer und geistiger

Bedürfnisse (11. Etappe) (vgl. Herrmann (37) 60). – So sehr nun unbestreitbar ist, daß die menschliche Arbeitstätigkeit *gesellschaftliche* Arbeitstätigkeit ist, so sehr ist heute noch unklar, ob und eventuell wie sich beide Prozesse im TMÜ gegenseitig bedingten (vgl. Holzkamp (129) 133 f.).

Das allgemeinste Charakteristikum dieser in den wesentlichen Momenten dargelegten Naturevolution ist die Entwicklung vom Niederen zum Höheren. Die verschiedenen nicht-dialektischen Erklärungsversuche scheitern schon hier an unüberwindbaren Antinomien: Entweder sie reduzieren das Höhere auf das Niedere (polemisch ausgedrückt: es gibt dann keinen qualitativen Unterschied mehr zwischen den Einzellern und Einstein), oder sie konstruieren in naiv teleologischer Weise einen starren Notwendigkeitsmechanismus. »Die nativ-teleologische Betrachtungsweise ist in der Selektionstheorie genaugenommen auf den Kopf gestellt: Eine bestimmte Ausrüstung des Organismus ist nicht zu dem *Zweck* in Erscheinung getreten, den Organismus am Leben zu erhalten, die Ausrüstung ist vielmehr deswegen in der evolutionären Entwicklung entstanden, weil sie den *Effekt* hatte, den Organismus am Leben zu erhalten« (Holzkamp (129) 64). Auch in der Naturevolution kann also Notwendigkeit zum einen nur als *Entwicklungs*notwendigkeit und zum anderen nur in ihrem Verhältnis zum Zufall verstanden werden. »Jedes System bleibt so lange in seiner Evolutionsstufe gefangen, bis das entscheidende Ereignis, das es auf die höhere Stufe hebt, eintritt. Da sich dieses Ereignis mit Notwendigkeit früher oder später einstellt, ist nicht der Schritt an sich, jedoch der Zeitpunkt seines Eintritts durch den Zufall bedingt« (H. Kuhn, Selbstorganisation molekularer Systeme und die Evolution des genetischen Apparats, in: Angewandte Chemie, 1972, H. 18, S. 852; zitiert nach Kaiser (234) 833).

Unser Erkenntnisinteresse an dieser gesamten Fragestellung war das nach dem Charakteristikum der Gesellschaft, der Sozialgeschichte; diese Frage kann jetzt beantwortet werden: Während die Natur den Menschen wie den Tieren vorgegeben ist, sich die Tiere ihr anpassen müssen, um ihr Leben zu erhalten, die Menschen ihre Gesetze (wenigstens in engen Grenzen) kennen müssen, um ihre Reproduktion zu sichern, ist die Gesellschaft selbst Resultat menschlichen Handelns. Die Bedeutung von Kooperation und Vergegenständlichung liegt darin, daß sich die Menschen verobjektivieren, Produkte und mit ihnen Verhältnisse außerhalb ihrer selbst schaffen, die anderen Menschen, anderen Klassen, anderen Völkern, anderen nachfolgenden Generationen als notwendiger Ausgangspunkt ihres Handelns dienen. Während die Natur also lediglich Voraussetzung menschlichen Handelns ist, ist die Gesellschaft sowohl *Resultat* als auch *Voraussetzung* menschlicher Tätigkeit. Dabei muß beachtet werden, daß die sozialhistorische Tätigkeit entsteht »auf der Grundlage der Loslösung des Menschen von der Herrschaft der Naturgesetze, aber zugleich sind die Natur und ihre Gesetze sowohl der historische Ausgangspunkt dieser Tätigkeit wie auch ein ständig in aller menschlichen Tätigkeit enthaltenes, wenn auch unter verschiedenen gesellschaftlichen Zuständen modifiziertes Moment« (Bollhagen (8) 27). Die zentrale Bedeutung der dialektischen Betrachtungsweise der Naturgeschichte, der Dialektik der Natur, liegt gerade darin, Einheit und Differenz im Verhältnis von Natur und Gesellschaft herauszuarbeiten und damit durch eine umfassende *historische* Analyse beider Bereiche der Realität die schlechte Alternative von Natur und Gesellschaft überwunden zu haben; in dieser Materialität gründet die Einheit der Welt. »Gerade daraus ergibt sich, daß die gesellschaftlichen Gesetze nicht nur in bestimmten Beziehungen mit den Naturgesetzen gleichgesetzt werden dürfen und müssen, sondern daß es sich um zwei grundlegende – wenn auch unterschiedene – Formen der einheitlichen Bewegung der Materie, der Einheit der Welt in ihrer Materialität handelt. Das ist zugleich die Grundlage für den konsequenten Monismus des dialektischen und historischen Materialismus« (a.a.O., 34; vgl. Sandkühler (2) 108 ff.).

Diese so verstandene Einheit von Materialismus und Historismus ist immer wieder Gegenstand intensivster Kontroversen gewesen. Im Anschluß an den frühen G. Lukács (vgl. Lukács (18) 63, 372) ist von der Kritischen Theorie der Frankfurter Schule dieser Monismus energisch bestritten worden; dabei ist besonders A. Schmidts Arbeit »Der Begriff der Natur in der Lehre von Marx« von epochaler Bedeutung (vgl. Schmidt (199)). An anderer Stelle hat er seine Gedanken so zusammengefaßt: »Gerade eine materialistische Theorie wird daran festhalten, daß erst mit der gesellschaftlichen Produktionstätigkeit, die den gedanklichen wie realen Übergang von der Kausalität zur Wechselwirkung und umgekehrt ebenso setzt wie den von dieser zur Teleologie, konkrete Dialektik ins Spiel kommt« (Schmidt (201) 39). Daraus folgt: »Dialektik ist kein ewiges Weltgesetz; sie geht mit dem Menschen unter« (a.a.O., 7). Dementsprechend wird die Dialektik der Natur als Naturalisierung der Sozialgeschichte entschieden abgelehnt (vgl. a.a.O., 45 ff.; auf gleicher Grundlage, aber in den politischen Konsequenzen deutlicher Negt (195), bes. 33 ff.). – Sofern hier darauf verwiesen wird, daß ein qualitativer Unterschied zwischen Natur und Gesellschaft besteht, so kann man dem nur zustimmen (und seine Betonung gegenüber dem Positivismus ist auch sehr verdienstvoll), und dies ist in der marxistischen

Theorie auch völlig unbestritten; sofern hier aber die widersprüchliche *Einheit* von Natur und Gesellschaft geleugnet wird, so handelt es sich um einen Angriff auf den Materialismus, auf den Monismus, der abzulehnen ist, weil er unserem gegenwärtigen Wissenschaftsstand nicht mehr entspricht. Es gehört zu den wichtigen Beiträgen der Kritischen Psychologie, Kontinuität und Diskontinuität in diesem Verhältnis konkret herausgearbeitet zu haben. Zu kritisieren ist daher auch Schmidts Versuch, im Namen der Praxis gegen den Materialismus zu Felde zu ziehen; er schreibt: »Schlicht ausgedrückt: es steckt in jedem Stück der von uns erfahrenen Realität die historische Praxis ganz. So haben wir es zwar immer mit Sachen zu tun, die da sind, ob wir sie nun denken oder nicht, aber dieses An-sich der Sachen, ihre Unabhängigkeit von unserem kontemplativen Bewußtsein, ist gerade vermittelt durch ihre Abhängigkeit von unserem tätigen dadurch, daß es sich bei ihnen allemal um ›Produkte‹ handelt. Marx geht es um eine Welt von Produkten und nicht von abstrakten Dingen« (Schmidt, Diskussionsbeitrag in: Euchner/Schmidt (185) 49); vgl. ders. (200) 67). Daran ist richtig, daß die Materie unabhängig vom Bewußtsein existiert; daran ist falsch, daß alles Materielle schon Resultat menschlichen Handelns ist, die Natur ist das eben gerade nicht (vgl. zu diesem Problem bei Schmidt im einzelnen Tomberg (216) 389 ff.; Finger (208) 39 ff.).[6]

Kehren wir Frage nach der Spezifik der Gesellschaft zurück: Wenn wir die Gesellschaft in ihrer Eigengesetzlichkeit betrachten, so können wir ganz allgemein feststellen, daß sich diese in ihrer Geschichte quantitativ und qualitativ sehr verändert, daß sich ihr Formenreichtum von der Urgesellschaft bis zur Gegenwart ungeheuer vermehrt hat. Dieses Anwachsen des gesellschaftlichen Formenreichtums brachte zwei Gesetzmäßigkeiten hervor, die in sich eine widersprüchliche und notwendige Einheit bilden. 1. Die Auswahlmöglichkeiten menschlichen Handelns, die historischen Alternativen, haben zugenommen; 2. die gesellschaftlichen Teilbereiche sind in einem Maße zusammengeschmolzen und von einander abhängig geworden, daß Gesellschaft zur Totalität wurde, in der jedes Einzelmoment unabdingbar von den anderen abhängig ist. »Hier handelt es sich darum, daß gerade die Entwicklung des historischen Formenreichtums und die historischen Alternativen als Moment und Bedingung dieses Formenreichtums zur Herausbildung einer gesetzmäßig zusammenhängenden Totalität von Verhältnissen führen, zur Herausarbeitung einer Hauptrichtung, eines Hauptinhalts der historischen Entwicklung. Das ist aber selbst ein historisches Produkt, das sich in entwickelter Form erst mit der Bildung des kapitalistischen Weltmarktes formiert und dessen gegenwärtige geschichtliche

Form der Übergang vom Kapitalismus zum Sozialismus im Weltmaßstab ist« (Bollhagen (8)30).

In diesem Abschnitt konnte es nur darum gehen, den grundsätzlichen Zusammenhang von Natur und Gesellschaft, besonders deren Kontinuität und Diskontinuität herauszustellen; dies ist als Ausgangsklärung unabdingbar. Allerdings kann man auf diesem Abstraktionsniveau selbstverständlich nicht stehenbleiben, wenn die Frage nach dem geschichtswirksamen individuellen Handeln beantwortet werden soll. Deshalb befaßt sich das folgende Kapitel mit den »Bestimmungsmomenten der gesellschaftlichen Entwicklung«.

## 2 *Bestimmungsmomente der gesellschaftlichen Entwicklung*

Wir sind im vorigen Abschnitt schon unvermittelt bei den Merkmalen der Gesellschaft angekommen, die es nun genauer zu analysieren gilt. Dabei geht es zunächst darum, diese Momente im einzelnen zu behandeln, um sie später in der Frage der »Gesetzmäßigkeit der Sozialgeschichte« in ihrem Zusammenhang, in ihrer Einheit zu behandeln. So soll verhindert werden, daß sich mechanistische oder metaphysische Auffassungen von gesellschaftlichen Gesetzen herausbilden.

### 2.1 *Produktivkräfte und Produktionsverhältnisse*

Wir haben oben dargelegt, daß sich die Gesellschaft aus der Natur herausentwickelt, heraushebt aufgrund der kollektiven Auseinandersetzung der Menschen mit der Natur. Die Gesellschaft muß also zur einen Seite hin als Auseinandersetzung mit der Natur, zur anderen hin als Zusammenwirken der Menschen verstanden werden. Dies wird mit den Begriffen «Produktivkräfte« und »Produktionsverhältnisse« erfaßt. »Produktivkräfte sind folglich alle Kräfte, von denen es abhängt, wieviel Gebrauchswert in bestimmter Zeit hergestellt wird, also alle Faktoren, die den jeweiligen Stand der gesellschaftlichen Arbeitsproduktivität bedingen und damit das Niveau und die Art und Weise der Aneignung der Natur durch die Gesellschaft bestimmen, die im materiellen Produktionsprozeß erfolgt« (Eichhorn u. a. (10)15). Die Produktivkräfte, die in ihrer Gesamtheit ein System bilden, bestehen wiederum aus mehreren Einzelmomenten. Dabei ist die menschliche Arbeit, d. h. der arbeitende Mensch, selbst die entscheidende Produktivkraft, seiner Arbeit ist die Existenz der anderen Produktivkräfte geschuldet. Dies sind die Produktionsmittel (Arbeitsgegenstände und Arbeitsmittel), die neben der menschlichen Arbeitskraft den stofflich energetischen Bereich bilden, wobei die Arbeitsmittel von herausgehobener Bedeutung sind.

Betrachtet man die Funktionsweise des Gesamtsystems der Produktivkräfte, so ist klar, daß sie eine Arbeitsteilung und dementsprechend einen Arbeitsverbund, eine Organisation der Produktion, also eine bestimmte Art der Kombination von Arbeitskräften und Arbeitsmitteln und eine Leitung im Sinne der Abstimmung der verschiedenen Einzelfunktionen erforderlich macht. Diese *Kooperation* ist also ein Teil des Produktivkraftsystems.

Damit ist schon angedeutet, daß die Funktionsweise der Produktivkräfte immer schon ein bestimmtes Verhältnis der Menschen zueinander impliziert, daß sie auf die *Produktionsverhältnisse* verweist, welche die Kooperation in spezifischer Weise überformen. »Während die Produktivkräfte das Verhältnis der Menschen zur Natur kennzeichnen, bringen die Produktionsverhältnisse die Beziehungen der Menschen zueinander zum Ausdruck. Die Produktionsverhältnisse sind die sozialökonomischen Beziehungen, welche die Menschen in der Produktion und Reproduktion ihres materiellen Lebens miteinander eingehen« (a.a.O., 45). Damit »werden die Produktionsverhältnisse als ökonomische Verhältnisse betrachtet, denen bestimmte ökonomische Gesetze innewohnen und die als Bewegungsformen der Produktivkräfte wirksam werden« (a.a.O., 46).

Die Produktionsverhältnisse als die materiellen gesellschaftlichen Verhältnisse bilden die Grundlage der gesellschaftlichen Lebensprozesse in ihrer Gesamtheit, sind die fundierenden, primären Verhältnisse, aus ihnen entstehen und entwickeln sich die ideellen gesellschaftlichen Verhältnisse, der Überbau der Gesellschaft. Zugleich umfassen die Produktionsverhältnisse eine Vielzahl von Einzelmomenten, die wiederum in ihrer inneren Abhängigkeit betrachtet werden müssen. Dies ist einmal der Bereich der *Produktion* als der grundlegende, von dem die Bereiche der *Zirkulation* (Austausch von Tätigkeiten und Produkten), der *Distribution* (Verteilung der Tätigkeiten und Produkte im gesellschaftlichen System) und der der *Konsumtion* abgeleitet sind.

In allen Epochen der gesellschaftlichen Entwicklung hat es eine bestimmte Kombination von Arbeitern und Produktionsmitteln gegeben; das *wie* dieser Kombination unterscheidet allerdings diese Epochen qualitativ voneinander. »Es ist jedesmal das unmittelbare Verhältnis der Eigentümer der Produktionsbedingungen zu den unmittelbaren Produzenten – ein Verhältnis, dessen jedesmalige Form stets naturgemäß einer bestimmten Entwicklungsstufe der Art und Weise der Arbeit und daher ihrer gesellschaftlichen Produktivkraft entspricht – worin wir das innerste Geheimnis, die verborgene Grundlage der ganzen gesellschaftlichen Konstruktion und daher auch der politischen Form des Souveränitäts- und Abhängigkeitsverhältnisse, kurz, der jedesmaligen spezifischen Staatsform finden« (Marx, MEW 25, S. 799 f.). Diese Eigentumsverhältnisse als Kern der Produktionsverhältnisse sind also keine juristischen Verhältnisse, sondern materielle, beziehen sich auf das Verhältnis von materiellen Produzenten zu den objektiven Produktionsbedingungen. Sofern die Bevölkerungsgruppe, die über die gesellschaftlich entscheidenden Produktionsbedingungen verfügt, und diejenige, die arbeitet, produziert, verschieden sind, so sind diese Produktionsverhältnisse zugleich *Klassenverhältnisse*, ist diese Gesellschaft eine Klassengesellschaft, ist ihr wesentlichstes Verhältnis ein Herrschaftsverhältnis. »Unter Herrschaft sollte – im Unterschied zu dem gängigen laxen Gebrauch des Begriffs – etwas sehr Bestimmtes verstanden werden: nämlich ein *Grundverhältnis* der Gesellschaft, das gekennzeichnet ist durch die *Aneignung fremder Arbeitsleistung durch Nichtarbeitende,* und zwar auf Grund von Herrengewalt an den entscheidenden Wirtschaftsmitteln. Dieses zunächst sozio-ökonomisch zu bestimmende Verhältnis zwischen *Produzenten* und *Nutznießenden* wird ergänzt und vervollständigt durch ein System außerökonomischer (politischer, militärischer, rechtlicher etc.) Herrschafts*sicherung*« (Hofmann (75)30).

Die Voraussetzung für die Entstehung von Herrschaft und damit von antagonistischen Klassen ist die Existenz eines gesellschaftlichen Mehrprodukts, d. h. eines Produktes, welches über die Mindestversorgung aller Gesellschaftsmitglieder hinausgeht und somit eine »Freistellung« eines Teils der Bevölkerung überhaupt erst ermöglicht. »Die antagonistische Klassengesellschaft beruht auf einem Entwicklungsniveau der Produktivkräfte, auf dem ein ständiges Mehrprodukt hervorgebracht wird, das jedoch nicht ausreicht, um allen Mitgliedern der Gesellschaft eine Grundlage für die Entfaltung ihrer Anlagen und Fähigkeiten zu bieten« (Eichhorn I u. a. (10)87). Diese Aneignung des gesellschaftlichen Mehrprodukts durch die verschiedenen nichtarbeitenden Produktionsmittelbesitzer vollzieht sich in den verschiedenen Klassengesellschaften (Sklavenhaltergesellschaft, Feudalismus, Kapitalismus) unterschiedlich.

Kehren wir zur Ausgangslage zurück, der Einheit von Produktivkräften und Produktionsverhältnisse; sie zu erkennen bedeutet dreierlei (vgl. a.a.O., 123):

1. Produktivkräfte und Produktionsverhältnisse bilden stets eine sich im Prozeß herstellende, untrennbare Einheit, in keiner Etappe und keinem Moment vermag das eine ohne das andere zu existieren.

2. In jeder Produktionsweise sind die Produktionsverhältnisse von den Produktivkräften und ihrer Entwicklung letztlich abhängig, d. h. innerhalb dieser Widerspruchsverhältnisse sind die Produktivkräfte in letzter Instanz bestimmend, führend. Das schließt aber ein, daß

3. die Produktionsverhältnisse immer aktiv auf die Entwicklung der Produktivkräfte einwirken.

Der erwähnte Begriff der *Produktionsweise* als Einheit von Produktivkräften und Produktionsverhältnissen auf dem jeweiligen Entwicklungsstand und in der je historischen Ausprägung ermöglicht eine objektive, präzise und materialistische Erfassung der sozialen *Revolutionen*, ihrer sozialhistorischen Notwendigkeit und ihres ökonomischen Inhalts. »Auf einer gewissen Stufe ihrer Entwicklung geraten die materiellen Produktivkräfte der Gesellschaft in Widerspruch mit den vorhandenen Produktionsverhältnissen oder, was nur ein juristischer Ausdruck dafür ist, mit den Eigentumsverhältnissen, innerhalb deren sie sich bisher bewegt hatten. Aus Entwicklungsformen der Produktivkräfte schlagen diese Verhältnisse in Fesseln derselben um. Es tritt dann eine Epoche sozialer Revolution ein. Mit der Veränderung der ökonomischen Grundlage wälzt sich der ganze ungeheure Überbau langsamer oder rascher um« (Marx, MEW 13, S. 9). Dies bedeutet, daß einerseits die Entwicklung der Produktivkräfte die soziale Revolution notwendig macht, und daß andererseits die Produktivkräfte die materielle Kontinuität der Sozialgeschichte bilden; ferner, daß sie eine neue gesellschaftliche Organisation der Volkswirtschaft mit sich bringt, die die weitere, höhere Entwicklung des ganzen Systems der Produktivkräfte ermöglicht.

Diese abstraktesten und allgemeinsten Bestimmungen sind entwickelt worden aus der konkreten Analyse der bisherigen Sozialgeschichte, die eben als eine Abfolge verschiedener Produktionsweisen anzusehen ist (unter diesem als dem grundlegenden Aspekt). Die *Urgesellschaft* kannte noch kein gesellschaftliches Mehrprodukt und damit auch keine sozialen Klassen. Die Produktivkraftentwicklung hinsichtlich der Menschen, der Arbeitsgegenstände und der Arbeitsmittel war außerordentlich gering und die Arbeitsteilung nur sehr gering entfaltet und rein naturwüchsig. – Mit der Entstehung eines ständigen Mehrprodukts und der Zunahme der Gruppengrößen entstehen in einem langwierigen und widersprüchlichen Prozeß antagonistische Eigentumsverhältnisse, Klassenverhältnisse. Die *antike Sklavenhaltergesellschaft* (besonders im

Römischen Reich und in Griechenland) beruhte auf der Ausbeutung der Sklaven als der produzierenden Klasse; ihre Voraussetzung war die Erhöhung der Arbeitsproduktivität im Handwerk und in der Landwirtschaft durch allgemeine Verwendung von Eisenwerkzeugen. Die sich anschließende *feudale Produktionsweise* ist der vorausgegangenen dadurch überlegen, daß die Bauern, hier die produzierende und ausgebeutete Klasse, eine gewisse Eigenständigkeit erhielten (was ein persönliches Interesse an der Steigerung der Arbeitsproduktivität mit sich brachte) und durch eine Erweiterung des Hauptproduktionsmittels, des Bodens, durch umfassende Rodungen. Die *kapitalistische Produktionsweise* führt einerseits mit der Einführung der Maschinerie zu einem gewaltigen Wachstum der Produktivkräfte und andererseits zur Verallgemeinerung der Warenproduktion (die menschliche Arbeitskraft wird zur Ware; die Aneignung des gesellschaftlichen Mehrprodukts erfolgt durch den Mehrwert). Im Kapitalismus werden durch die Produktivkraftentwicklung und die Zunahme der Vergesellschaftung die Voraussetzungen für die *sozialistische/kommunistische Produktionsweise* geschaffen, die ökonomisch primär durch die Beseitigung der Ausbeutung und die Planmäßigkeit des Wirtschaftsprozesses gekennzeichnet ist und deren Voraussetzung auf seiten der Produktivkräfte die wissenschaftlich-technische Revolution bildet. – Diese *Abfolge* von Produktionsweisen ist nur als abstrakte Verallgemeinerung zu begreifen; die Frage nach der Notwendigkeit jeder einzelnen Produktionsweise im nationalen wie internationalen Maßstab ist gegenwärtig Gegenstand intensiver Diskussionen in der marxistischen Geschichtswissenschaft.

Diese Abfolge der Produktionsweisen ist eine fortschreitende sozialgeschichtliche Bewegung, stellt eine Entwicklung vom Niederen zum Höheren dar. Dabei ist der gesellschaftliche *Fortschritt* primär an die Produktivkraftentwicklung gebunden, weil sie das Maß der Beherrschung der Natur durch die Menschen ist und weil diese Beherrschung der Natur zugleich Voraussetzung für die Beherrschung der Gesellschaft ist. Diese Entfaltung des gesellschaftlichen Fortschritts darf man sich allerdings nicht als einen einfachen, gradlinigen, mechanistischen Prozeß vorstellen. Denn solange er sich seinen Weg durch die Klassengesellschaften bahnen muß, solange er vom Klassenantagonismus überformt wird, »gibt es auch bei der gesellschaftlichen Reifung oft ein nasses neben dem heiteren Auge« (Bloch (1) Bd. 1, 161); weil eben die Entfaltung der Produktivkräfte zugleich von den Herrschenden gegen die Unterdrückten eingesetzt wurde und wird oder dies zumindest versucht wurde und wird (man denke daran, daß der Imperialismus nicht nur die Produktivkraftvoraussetzungen für den Sozialismus, sondern auch ein ungeheures Destruktionspotential geschaffen hat). Diese Widersprüchlichkeit des Fortschritts ist letztlich Ausdruck der Tatsache, daß die Gesellschaft Voraussetzung und Resultat menschlichen Handelns darstellt, daß er sich nicht – wie objektivistische Theorien meinen – im Selbstlauf durchsetzt, daß er besonders des Handelns gesellschaftlicher Subjekte, insbesondere der sozialen Klassen, zur Realisierung bedarf und daß in Klassengesellschaften diese sich antagonistisch zueinander verhalten (vgl. Bartsch u. a. (5) 170 ff.). Doch trotz alledem ist er kein beiläufiger Prozeß, sondern er hat ein Ziel: »Der durchaus bereits im Beginn befindliche Sinn der menschlichen Geschichte ist die Herstellung des Reiches der Freiheit . . .« (Bloch (1) 198).

Die Bedeutung der sich aus der Theorie der Produktionsweise ableitenden *Klassentheorie* ergibt sich nicht entscheidend daraus, daß damit die Sozialstruktur einer bestimmten Gesellschaft erklärbar wird, sondern wesentlich daraus, daß mit den sozialen Klassen, der Bewegung der sozialen Klassen als Teil der Prozeßeinheit von Produktivkräften und Produktionsverhältnissen, die entscheidenden sozialen Triebkräfte, die sozialgeschichtlichen Subjekte, erfaßbar werden; die Produktionsverhältnisse bilden die allgemeinen Rahmenbedingungen für die geschichtlichen Aktionen der verschiedenen Klassen. »Aus den Produktionsverhältnissen ergibt sich die Notwendigkeit und die Möglichkeit der Aktionen der Klassen. Von den Produktionsverhältnissen wird die Richtung und das Ausmaß der geschichtlichen Wirksamkeit der gesellschaftlichen Kräfte determiniert, wird ihre reale ökonomische Macht bestimmt, die Produktivkräfte ihren Interessen gemäß zu verändern und anzueignen und den Überbau der Gesellschaft zu gestalten« (Eichhorn I u. a. (10) 63). Gerade dieses praktisch-politische Interesse an der Klassentheorie wird an der *Einheit* von proletarischem Klassenstandpunkt und sozialistischer Perspektive in der Kritik der politischen Ökonomie deutlich (vgl. Haug (72) 563 ff., 572 ff.). Eine objektivistische Reduktion auf eine Theorie der Sozialstruktur ist daher mit dem inhaltlichen Kern der Klassentheorie unvereinbar!

Die Kritische Theorie hat sich immer wieder mit dem Verhältnis von Produktivkräften und Produktionsverhältnissen befaßt. In seinem Einleitungsvortrag auf dem 16. Deutschen Soziologentag 1968 (Thema: Spätkapitalismus oder Industriegesellschaft?) sagte Adorno u. a.: «In Kategorien der kritisch-dialektischen Theorie möchte ich als erste und notwendig abstrakte Antwort vorschlagen, daß die gegenwärtige Gesellschaft durchaus Industriegesellschaft ist nach dem Stand ihrer Produktiv*kräfte* . . . Demgegenüber ist die Gesellschaft Kapitalismus in ihren Produktions*verhältnissen*. Stets noch sind die Menschen . . .:

Anhängsel an die Maschinerie . . . Produziert wird heute wie ehedem um des Profits willen« (Adorno (182) 361). Dabei reduziert er allerdings fälschlicherweise die Produktionsverhältnisse auf Warenverhältnisse (vgl. a.a.O., 365, 366, 367), womit der *Ausdruck* der Herrschaftsverhältnisse in der Zirkulation mit diesen selbst verwechselt wird. Schwerwiegender ist aber fast noch die irrige Verhältnisbestimmung von Produktivkräften und Produktionsverhältnissen.« Allzu optimistisch war die Erwartung von Marx, geschichtlich sei ein Primat der Produktivkräfte gewiß, der notwendig die Produktionsverhältnisse sprenge (a.a.O., 363). Und weiter: »Die falsche Identität zwischen der Einrichtung der Welt und ihren Bewohnern durch die totale Expansion der Technik läuft auf die Bestätigung der Produktionsverhältnisse hinaus, nach deren Nutznießern man mittlerweile fast ebenso vergeblich forscht, wie die Proletarier unsichtbar geworden sind. Die Verselbständigung des Systems gegenüber allen, auch Verfügenden, hat einen Grenzwert erreicht« (a.a.O., 369). So sehr die Einsicht richtig ist, daß die Herrschenden die Produktivkräfte zur Stabilisierung ihrer Herrschaft einsetzen, so wenig stimmt es, daß sie die Entwicklung der Produktivkräfte wirklich beherrschen; ganz im Gegenteil: die ungeheure Vernichtung gesellschaftlicher Produktionskapazitäten in Krisenzeiten macht die Unfähigkeit dazu besonders deutlich. Dabei ist es ebenso falsch wie folgenreich, die Produktivkräfte auf die Technik zu reduzieren, womit der arbeitende Mensch als *Hauptproduktivkraft* und damit als wirklicher Schöpfer der Sozialgeschichte eliminiert wird (was zu einem objektivistischen Gesellschaftsverständnis der Kritischen Theorie führt). Zugleich ist es ebenso typisch wie falsch, die Existenz der sozialen Klassen zu leugnen, womit nicht nur die Sozialstruktur des Kapitalismus unkenntlich wird, sondern auch die entscheidenden sozialen Subjekte »entschwinden«. Entgegen seiner erklärten Absicht vermag Adorno die Widersprüchlichkeit von Produktivkräften und Produktionsverhältnissen nicht richtig zu erfassen, neigt er – allem kritischtheoretischen Anschein zum Trotz – zum technologischen Determinismus, zur falschen Hypostasierung der Produktivkraftentwicklung.[7]

Auch im Theorieansatz von J. Habermas spielt dieses Verhältnis eine zentrale Rolle, wenngleich auch in modifizierter Weise, denn: »Wenn sich die Relativierung des Anwendungsbereichs für Ideologiebegriff und Klassentheorie bestätigen sollte, bedarf auch der kategoriale Rahmen, in dem Marx die *Grundannahmen des historischen Materialismus* entwickelt hat, einer neuen Formulierung. Der Zusammenhang von Produktivkräften und Produktionsverhältnissen müßte durch den abstrakteren von Arbeit und Interaktion ersetzt werden« (Habermas (192)

92).[8] Allerdings ist dieser Rahmen nicht abstrakter, sondern ein *anderer*, denn mit Arbeit und Interaktion ist folgendes gemeint. »Unter ›Arbeit‹ oder *zweckrationalem Handeln* verstehe ich entweder instrumentales Handeln oder rationale Wahl oder eine Kombination von beiden. Instrumentales Handeln richtet sich nach *technischen Regeln*, die auf empirischem Wissen beruhen . . .

Unter *kommunikativem Handeln* verstehe ich andererseits eine symbolisch vermittelte Interaktion. Sie richtet sich nach obligatorisch *geltenden Normen*, die reziproke Verhaltenserwartungen definieren und von mindestens zwei handelnden Subjekten verstanden und anerkannt werden müssen« (a.a.O., 62). Für den Zusammenhang von Arbeit und Interaktion gilt: »In die bedingten Imperative, denen instrumentales Handeln folgt und die ihrerseits aus dem Erfahrungsbereich instrumentalen Handelns resultieren, geht allein Kausalität der Natur und nicht Kausalität des Schicksals ein. Eine Zurückführung der Interaktion auf Arbeit oder eine Ableitung der Arbeit aus Interaktion ist nicht möglich« (Habermas (193) 33).[9] – Soweit Habermas hier den Versuch unternimmt, den Unterschied zwischen der Auseinandersetzung der Menschen mit der Natur und der der Menschen untereinander herauszustellen, kann man seiner *Intention* folgen; aber nicht der Art ihrer Realisierung. Denn die Art und Weise, wie sich die Menschen mit der Natur auseinandersetzen, bedingt gerade letztlich die Art, wie sie zusammenleben (die Sozialgeschichte belegt dies hinreichend). Insofern ist es eine individualistische Verkürzung, einfach von Arbeit und nicht von *gesellschaftlicher* Arbeit zu reden; gerade dadurch aber wird die Konstruktion möglich, die gesellschaftliche Produktion sozusagen *neben* den gesellschaftlichen Lebensprozeß zu stellen. Damit wird aber nicht nur vom materiellen Lebensinhalt der Individuen, der Gruppen, der Klassen, der Menschheit abstrahiert, sondern werden – wie bei Adorno – die entscheidenden sozialen Triebkräfte, wird die Bewegung der sozialen Klassen sozusagen schon im Vorfeld beseitigt.

## 2.2 *Basis und Überbau*

Bisher wurden die Produktionsverhältnisse im Zusammenhang mit den Produktivkräften behandelt, wurde gezeigt, warum ein bestimmtes Niveau der Auseinandersetzung mit der Natur zu einem bestimmten ökonomischen Verhältnis der Menschen zueinander führt. Jetzt geht es darum, diese Produktionsverhältnisse in ihrem Verhältnis zu den ideellen gesellschaftlichen Verhältnissen zu analysieren.

Das Verhältnis von Basis und Überbau ist bei K. Marx und F. Engels immer wieder und von Anfang an thematisiert worden und fand seinen ersten komprimierten theoretischen Ausdruck im berühmten Vorwort zur Kritik der politischen Ökonomie (1859), wo es heißt: »In der gesellschaftlichen Produktion ihres Lebens gehen die Menschen bestimmte, notwendige, von ihrem Willen unabhängige Verhältnisse ein, Produktionsverhältnisse, die einer bestimmten Entwicklungsstufe ihrer materiellen Produktivkräfte entsprechen. Die Gesamtheit dieser Produktionsverhältnisse bildet die ökonomische Struktur der Gesellschaft, die reale Basis, worauf sich ein juristischer und politischer Überbau erhebt und welcher bestimmte gesellschaftliche Bewußtseinsformen entsprechen. Die Produktionsweise des materiellen Lebens bedingt den sozialen, politischen und geistigen Lebensprozeß überhaupt. Es ist nicht das Bewußtsein der Menschen, das ihr Sein, sondern umgekehrt ihr gesellschaftliches Sein, das ihr Bewußtsein bestimmt« (Marx, MEW 13, S. 8 f.). Warum aber bestimmen die materiellen gesellschaftlichen Verhältnisse, also diejenigen, die unabhängig vom Willen der Menschen existieren, die ideellen gesellschaftlichen Verhältnisse, also diejenigen, die durch die Köpfe der Menschen hindurch müssen? Weil die Produktion der materiellen Güter die notwendige Grundlage menschlicher Lebenserhaltung bildet und weil die materiellen Vergegenständlichungen Voraussetzung wie Ausgangspunkt menschlichen Handelns sind; sowohl gesellschaftliches wie individuelles Bewußtsein können sich nur auf der Grundlage des Handelns von Individuen, Gruppen oder Klassen bzw. der Menschheit allgemein herausbilden und sind in ihrer Entstehung, ihrer Funktion und ihrem Inhalt nur in Bezug darauf zu erklären. Dies zu sagen ist keine abstrakte oder dogmatische philosophische Setzung, sondern Resultat eines langen und sehr widersprüchlichen, auf Verallgemeinerung gerichteten wissenschaftlichen Erkenntnisprozesses (vgl. Engels, MEW 20, 41). – Der erkenntnisstrategische Wert des Basis-Überbau-Theorems ist dreifacher Art: 1. ist es möglich, die Gesamtheit der gesellschaftlichen Verhältnisse zu erfassen; 2. Regelmäßigkeiten, Gesetzmäßigkeiten können aus der ansonsten verwirrenden Vielfalt der Erscheinungen herausgearbeitet werden; 3. durch die Abhängigkeit von den Produktivkräften wird der Prozeß- und Entwicklungscharakter der Gesellschaft herausgestellt (vgl. Tomberg (26) 16 f.; Sorg (112) 26 f.). Das macht zugleich deutlich, daß diese beiden Begriffe außerordentlich abstrakt sind; als solche sind sie *notwendig*, um Bedingtes von Bedingendem unterscheiden zu können, sind sie aber *unzureichend*, weil sie der sozialhistorischen Konkretisierung bedürfen, um nicht zum geschichtsblinden Schematismus zu verkommen. Daher steht dieses Theorem auch nicht im Gegensatz zum Verständnis des menschlichen Handelns, sondern bietet überhaupt erst die Möglichkeit, dieses zu erklären. »Diese Begriffe und ihre Relationen spiegeln gerade *Hauptlinien* der Art und Weise wider, in der die Menschen ihre Geschichte machen . . . Basis und Überbau sind also gesetzmäßige Resultanten des Handelns der Individuen einer gegebenen Gesellschaft und gleichzeitig objektive Grundlage der weiteren gesellschaftlichen Tätigkeit der sozialen Kräfte. Die Dialektik von Basis und Überbau kann sich nur als Dialektik des gesellschaftlichen Handelns realisieren« (Bauer u. a. (6) 62 f.).

Da mit Basis und Überbau die gesellschaftlichen Verhältnisse in ihrer *Gesamtheit* erfaßt werden[10], weil die ökonomischen letztlich den Inhalt der politischen und ideologischen Formen bestimmen und weil es qualitativ verschiedene ökonomische Verhältnisse in der Sozialgeschichte gab und gibt, spricht man hier auch von *ökonomischen Gesellschaftsformationen;* es ist offensichtlich, daß dieser Begriff in engem Zusammenhang mit dem der Produktionsweise und der Abfolge der Produktionsweisen steht.

Simplifizierend und daher irreführend sind aber solche Vorstellungen, die Basis und Überbau als etwas Monolithisches, nur einseitig Determinierendes begreifen, z. B. in der bürgerlichen Gesellschaft nur die »Logik des Kapitals« sehen. Gerade der Begriff der Produktionsverhältnisse reflektiert die *Widersprüchlichkeit* der Gesellschaft, besonders die antagonistische in den Klassengesellschaften; die kapitalistische Basis ist daher durch den *Widerspruch* von Lohnarbeit und Kapital bestimmt, ihre ganze Entwicklung eine Entfaltung dieses Widerspruchs, wobei innerhalb dieses Widerspruchsverhältnisses die »Kapital-Seite« dominant ist (zumindest in der Regel). – Neben dem spezifischen *Grundwiderspruch* einer Basis existieren eine Reihe *abgeleiteter* Widersprüche, wie etwa die innerhalb der sozialen Hauptklassen, zwischen vergangener und gegenwärtiger Produktionsweise[11] usw. Dieser ganze Komplex der Basis-Widersprüchlichkeiten reflektiert sich (häufig sehr vermittelt und damit *neue* Widersprüche hervorbringend) im gesellschaftlichen Überbau; dieser Gesamtkomplex muß analysiert werden, damit das Basis-Überbau-Theorem tatsächlich zu einem Leitfaden der konkreten Gesellschaftsanalyse wird (und nicht an ihre Stelle tritt).

Im Überbau der Gesellschaft artikulieren die sozialen Gruppen, Schichten, Klassen ihre Interessen, bringen sie sich selbst und anderen zu Bewußtsein. Da dies in der Sozialgeschichte in mehr oder weniger großem Maße immer geschieht und geschehen muß, kann die Basis nie unabhängig vom Überbau existieren, sondern bedarf sie seiner in jedem

Moment. Insofern bezeichnen Basis und Überbau weniger zwei abgetrennte Bereiche (wie dies die räumliche Terminologie vielleicht nahelegt), sondern zwei aufeinander bezogene Funktionen (vgl. Tomberg (26) 32 f.). – Der Überbau gliedert sich dabei in gesellschaftliche Bewußtseinsformen (z. B. Philosophie, Natur- und Sozialwissenschaften, Kunst, Alltagsbewußtsein) und die gesellschaftlichen Institutionen (z. B. die Parteien, den Staat); Engels spricht in diesem Zusammenhang auch vom idealen und institutionellen Überbau (vgl. Engels, MEW 20, 82 f.). – In unserem Zusammenhang sind dabei selbstverständlich die politischen Verhältnisse von besonderer Bedeutung. Diese politischen Verhältnisse zwischen den Klassen und Schichten »sind ein spezifischer Ausdruck ihrer ökonomischen Lage und ihrer ökonomischen Interessen. Die Spezifik besteht in folgendem: Die Klassen, welche die ökonomische Macht in den Händen haben, schaffen sich im Staat und in weiteren Überbauinstitutionen (Parteien, sonstige auf die Staatsgewalt bezogene Organisationen, Verbände und Zusammenschlüsse dieser Klassen) sowie in den dazugehörigen politischen Ideologien das *System ihrer Herrschaft* in der Gesellschaft. Das bestehende Herrschaftssystem prägt den Charakter der gesamten *politischen Organisation* der Gesellschaft« (Bauer u. a. (6) 84). Damit ist einerseits gesagt, daß sich die Widersprüche grundsätzlicher wie abgeleiteter Art der Basis auch im Überbau reproduzieren, und andererseits, daß dieser Überbau auch eine gewisse Eigenständigkeit und Eigengesetzlichkeit aufweist. »Der Staat, das Recht, die Ideologie, einmal auf einer bestimmten ökonomischen Basis entstanden, entwickeln sich relativ selbständig weiter. In einer bestimmten Gesellschaftsformation dienen sie zur Festigung der Basis eben dieser Gesellschaft, wobei sich aber – wegen des Antagonismus in der Basis – auch Gegenkräfte entwickeln. Mit dem Auftreten einer neuen Basis verschwinden die alten Überbauphänomene nicht einfach, aber . . . sie wechseln ihre Funktion: Sie werden zu Verteidigern der neuen Basis, allerdings nicht ohne daß die Veränderung in der ökonomischen Struktur auch Veränderungen in den Elementen des Überbaus bewirkt« (Tomberg (26) 33).

Das Verhältnis von Basis und Überbau kann nicht so verstanden werden, daß nur die Basis Aktivitäten ausübt und der Überbau nur reagiert, sondern es handelt sich um eine *Wechselwirkung*, in der einerseits die Basis den Überbau hervorbringt und verändert, andererseits der Überbau die Basis modifiziert, also eine Wechselwirkung mit letzter Dominanz der Basis. Daraus ergeben sich drei relativ eigenständige Bewegungsmomente (vgl. Tomberg (26) 71 f.; Eichhorn I/Kosin (11) 595 ff.): 1. die Aktivität der Basis; 2. die Aktivität des Überbaus; 3. die

Wechselwirkung von Basis und Überbau. Die Aktivität des Überbaus hat seine relative Eigengesetzlichkeit zur Voraussetzung. Es ist daher durchaus möglich, daß der gesellschaftliche Überbau, besonders bestimmte Bereiche davon, die ökonomische Entwicklung hemmen bzw. erheblich fördern können oder sogar wesentlich über das aktuell materiell Mögliche hinausgehen (wir werden gerade diese Möglichkeit am Beispiel Th. Münzers später analysieren). Dabei liegt die *Grenze* der Wechselwirkung aber in den Produktionsverhältnissen, d. h. in dieser oder jener Richtung führen Veränderungen in der Basis in jedem Fall, wenn auch in den seltensten Fällen sofort, auch zu Veränderungen im Überbau.

Subjektivistisch-idealistischen Fehlinterpretationen des Marxismus darf in keinem Fall dadurch Vorschub geleistet werden, daß die Historizität und Widersprüchlichkeit in objektivistisch-mechanistischer Weise liquidiert wird.[12] Gerade A. Gramsci hat mit dem Begriff des »historischen Blocks« den historischen Charakter dieser Einheit herausgestellt, wenn er mit Verweis auf das zitierte Vorwort von Marx schreibt: »Basis und Überbauten bilden einen ›historischen Block‹, d. h. das komplexe, widersprüchliche und ungleiche Ganze der Überbauten ist der Reflex der gesamten gesellschaftlichen Produktionsverhältnisse. Daraus folgt: – daß nur ein totalitäres (im Sinne von Totalität, nicht von Totalitarismus; K.-H. B.) System von Ideologien den Widerspruch der Basis rational widerspiegelt und die Existenz der objektiven Bedingungen für die Umwälzung der Praxis darstellt. . . . Die Erörterung basiert auf der notwendigen Wechselwirkung zwischen Basis und Überbau (einer Wechselwirkung, die gerade den realen dialektischen Prozeß ausmacht)« (Gramsci (12) 163).

Angesichts der zentralen Bedeutung dieses Theorems, nämlich eine wesentliche Konkretisierung und Spezifizierung der Grundfrage der Philosophie zu sein, also der nach dem Verhältnis von Materiellem und Ideellem, ist es selbstverständlich, daß sich auch die Kritische Theorie immer wieder damit befaßt hat. Mit Recht konnte A. Schmidt in seinem Beitrag über die »Idee der Kritischen Theorie« zum Schluß schreiben: »Daß das gesellschaftliche Sein das Bewußtsein bestimmt, ist für das kritische Denken kein weltanschauliches Bekenntnis, sondern die Diagnose eines aufzuhebenden Zustands . . . Erst wenn die Individuen ihren Lebensprozeß in gemeinsamer Anstrengung wirklich beherrschen, schlägt blindes Schicksal in Freiheit um, und der historische Materialismus hört auf, die richtige Erklärung der menschlichen Dinge zu sein. Eine Idee, die das Erbe der großen deutschen Spekulation bewahrt, der Horkheimers Aufsätze so viel verdanken. Sie wollten den großen Interessen eines Jahrhunderts dienen, das sich anschickt, sie preiszugeben« (Schmidt (203) 358); vgl. ders. (202) 104 f.; ders. (in Post/Schmidt (197) 96). Nun ist es zweifellos richtig, daß mit der sozialistischen Gesellschaft, mit dem Beginn der eigentlichen *Geschichte* der Menschheit (im Gegensatz zu der bis zum Kapitalismus dauernden Vor-Geschichte) die sozialen Gesetze sich nicht mehr blind und naturwüchsig durchsetzen, sondern daß sie bewußt und planmäßig angewendet, ja letztlich produziert werden. Aber *daß* dies möglich ist und nötig wird, ist dem Entfaltungsgrad der materiellen gesellschaftlichen Verhältnisse geschuldet, die selbst in ihrem Vergesellschaftungsgrad wiederum in letzter Instanz durch den Entwicklungsstand des Produktivkraftsystems bedingt sind; der historische Materialismus ist auch und gerade für die sozialistische Gesellschaft Richtschnur der gesellschaftlichen Planung. Soweit die Kritische Theorie hier gegen mechanistische Auffassungen polemisiert, hat sie recht und ist verdienstvoll; soweit sie aber den Materialismus angreift und auflöst, ist sie prinzipiell zu kritisieren.

### 2.3 *Objektive Bedingungen und subjektiver Faktor*

Im Abschnitt »Natur und Gesellschaft« wurde ausgeführt, daß gesellschaftliche Gesetze sowohl Voraussetzung wie Resultat menschlichen Handelns sind, d. h. daß sie in einer bestimmten Phase der Sozialgeschichte hervorgebracht wurden. Der Prozeß dieses Hervorbringens ist sehr komplex, wobei der Zusammenhang von objektiven Bedingungen und subjektivem Faktor allerdings zu den grundlegenden gehört. »Das Problem der Wechselbeziehung und Wechselwirkung zwischen dem subjektiven und dem objektiven Faktor ist der Schlüssel für das Verständnis jener Hauptthese des historischen Materialismus, daß nämlich die Geschichte von Menschen, vom Volk, von den Klassen gemacht wird und daß sich grundlegende Veränderungen sowohl in den sozialökonomischen als auch den geistigen Verhältnissen in der Gesellschaft nur durch die politische und ideologische Tätigkeit, nur durch den Kampf der Volksmassen vollziehen« (Čagin (9) 23).

Entgegen solchen Verhältnissen wie »Produktivkräfte und Produktionsverhältnisse« oder »Basis und Überbau«, bei denen es sich um klar und bestimmt umrissene Bereiche der Gesellschaft handelt, meint das Verhältnis von »objektiven Bedingungen und subjektivem Faktor« ein relationales, ein relatives Verhältnis, d. h. ein je historisch-konkretes, spezifisches, wechselndes Verhältnis zweier Momente zueinander. »Bei der Analyse der objektiven Bedingungen und Verhältnisse einerseits und des subjektiven Faktors andererseits ist unbedingt zu beachten, daß das Wechselverhältnis zwischen diesen beiden Seiten veränderlich und relativ ist. Gesellschaftliche Erscheinungen können in dem einen historischen Zusammenhang als objektive Bedingungen auftreten, und in einem anderen historischen Zusammenhang können dieselben Erscheinungen der Sphäre des subjektiven Faktors angehören. Diese Dynamik der beiden Seiten des historischen Prozesses kennzeichnet deren Dialektik« (a.a.O., 57). Damit ist nicht gesagt, daß in der Analyse eines konkret-historischen Wechselverhältnisses diese beiden Momente ununterscheidbar seien; im Gegenteil, denn unter den objektiven Bedingungen sind allgemein zu verstehen »alle die Erscheinungen der Gesellschaft, die den tätigen Subjekten als Voraussetzung ihrer Tätigkeit gegenübertreten und dadurch objektiv diese oder jene Richtung der Tätigkeit bestimmen, seien diese tätigen Subjekte nun Personen, soziale Gruppen, Gesellschaftsklassen oder ganze (insbesondere homogene) Gesellschaften« (Bollhagen (8) 68). Sozusagen reziprok »sind die subjektiven Faktoren alle jene gesellschaftlichen Erscheinungen und Verhältnisse, die auf der Grundlage der objektiven Voraussetzungen bestrebt sind, der Bewegung der objektiven Faktoren eine bestimmte Richtung zu geben, sie umzugestalten und bestimmte Effekte zu erzielen, bestimmte Ziele zu verwirklichen« (ebenda). Aus dem relationalen Charakter beider Begriffe ergibt sich, daß objektiv nicht mit materiell bzw. subjektiv nicht mit ideell gleichgesetzt werden kann, wenngleich es bei den objektiven Faktoren ein gewisses Übergewicht der materiellen bzw. bei den subjektiven Faktoren ein gewisses Übergewicht der ideellen Momente gibt.

Die Konstatierung des Wechselverhältnisses von objektiven Bedingungen und subjektivem Faktor ist eine zwar notwendige, aber unzureichende analytische Bestimmung, den Charakter und Inhalt, Konstituierendes und Regulierendes in diesem Verhältnis sind damit noch nicht geklärt. Der subjektive Faktor (besser: das System der subjektiven Faktoren) steht in einem doppelten Abhängigkeitsverhältnis von den objektiven Bedingungen: 1. die objektiven Bedingungen bringen den subjektiven Faktor historisch hervor; 2. der subjektive Faktor kann nur im Zusammenhang mit und in Abhängigkeit von den objektiven Bedingungen sich realisieren, seine sozialhistorische Bedeutung entfalten. »Grundlage der Wechselwirkung der beiden Seiten des gesellschaftlichen Prozesses sind in letzter Konsequenz stets die objektiven gesellschaftlichen Verhältnisse, vor allem die ökonomischen Verhältnisse, die einem bestimmten Entwicklungsstand der Produktivkräfte entsprechen« (Čagin (9) 63, vgl. S. 49 ff.).

Auch bei Beachtung der Relativität dieses Verhältnisses läßt sich auf gesamtgesellschaftlicher Ebene näherungsweise bestimmen, welche Momente zum subjektiven Faktor zählen. Dies sind in der Regel das individuelle und gesellschaftliche Bewußtsein, welches ein bestimmtes Maß an Einsicht in die natürlichen und gesellschaftlichen Gesetze bietet und damit auch in deren Ausnützungs- bzw. Veränderungsmöglichkeiten, als auch die gesellschaftlichen Organisationen, die ein kollektives und gezieltes menschliches Handeln von Menschengruppen bzw. sozialen Klassen ermöglicht. – Das System der subjektiven Faktoren ist selbst ein Entwicklungsresultat, zunächst in dem Sinne, daß es abhängig ist vom Entwicklungsstand der objektiven Faktoren, aber auch in dem Sinne, daß es abhängig ist vom Entwicklungsgrad der gesellschaftlichen Praxisprozesse wie auch der Erziehung (im weitesten Sinne). Gerade die Vermittlung von objektiven Bedingungen und subjektivem Faktor durch die gesellschaftliche *Praxis* ist ein wesentliches Kennzeichen der materialistischen Konzeption; idealistisch ist daher die Reduzierung des subjektiven Faktors auf Bewußtseinsprozesse, weil damit der Übergang von Subjektivem zu Objektivem als reiner Erkenntnisprozeß gefaßt wird und damit sowohl die politisch-organisatorische wie die ökonomisch-materielle Dimension ausgeklammert wird. Dieser Übergang ist gerade dadurch bestimmt, daß sich der Inhalt des subjektiven Faktors in der objektiven Wirklichkeit realisiert.

In diesem durch die Praxis vermittelten Verhältnis gründet auch die *Alternativstruktur* der Sozialgeschichte. Die objektiven Bedingungen, besonders die Entwicklungsnotwendigkeiten, stellen lediglich die *Möglichkeit* einer bestimmten gesellschaftlichen Entwicklung dar; es bedarf des menschlichen Handelns, der gesellschaftlichen Aktivität der sozialen Klassen als des wichtigsten gesellschaftlichen Subjekts in den Klassengesellschaften, damit diese Möglichkeit auch *Wirklichkeit* wird. Aus dem Charakter und Entwicklungsstand des Systems der subjektiven Faktoren ergeben sich die Alternativen der Sozialgeschichte. Denn »auf das Objektive . . . haben die sozialen Kräfte zunächst keinen Einfluß; von ihnen gerade gehen sie in ihren Aktionen – sei es bewußt oder unbewußt – notwendigerweise aus. Also liegt die Voraussetzung dafür, daß objektiv existierende unterschiedliche Möglichkeiten realisiert werden, im Bereich des Subjektiven. Es hängt von dem Verhalten der beteiligten gesellschaftlichen Kräfte, von dem Ausgang des Kampfes unterschiedlicher und entgegengesetzter Klassen und Schichten ab, welche der verschiedenen Möglichkeiten verwirklicht wird« (Stiehler (20) 89).

In den antagonistischen Klassengesellschaften sind die Entwicklungsmöglichkeiten der verschiedenen sozialen Klassen als der wichtigsten gesellschaftlichen Subjekte entscheidend bestimmt durch die objektiven Klasseninteressen; die allgemeine Grenze der Relativität dieses Wechselverhältnisses konkretisiert sich hier als *klassenspezifische Entwicklungsgrenze,* wobei die reaktionären Klassen gegenüber den progressiven Klassen (bezogen auf die konkret-historische Situation) die engere aufweist, weil sie nämlich ein objektives Interesse an der Erhaltung der bestehenden Gesellschaftsformation hat, während das der progressiven Klassen darüber hinaus geht. Anders ausgedrückt: Hohe Entwicklungsmöglichkeiten des gesellschaftlichen Subjekts gehen mit dem Interesse am Fortschritt stets einher. – Allerdings gibt es keine sozialgeschichtliche Situation, in welcher es keine sozialen (bzw. individuellen) Subjekte gibt; der Unterschied ist zunächst einmal quantitativer Art. Es ist also falsch, Subjekt auf revolutionäres Subjekt zu reduzieren. Allerdings wird in revolutionären Situationen die Bedeutung des subjektiven Faktors besonders deutlich, und es wird auch die notwendige Einheit von objektiven Bedingungen und subjektivem Faktor sozusagen schlaglichtartig erhellt (vgl. Stiehler (21)).

Nun unterscheiden sich die verschiedenen sozialen Klassen als soziale Subjekte nicht nur immanent hinsichtlich ihres je spezifischen Reifegrades (z. B. die verschiedenen Bauernbünde im deutschen Bauernkrieg), sondern allgemeiner auch hinsichtlich des objektiv möglichen Einflusses auf den sozialhistorischen Prozeß. Aus diesen Unterschieden ergibt sich eine gesetzmäßige Zunahme der Bedeutung des subjektiven Faktors in der Gesellschaft. Dies heißt *nicht,* daß seine Bedeutung gegenüber den objektiven Bedingungen wächst (eine solche Auffassung führt in den Subjektivismus), sondern daß die verschiedenen sozialen Typen der gesellschaftlichen Subjekte, miteinander verglichen, unterschiedliche Entwicklungsmöglichkeiten aufweisen. Dieser gesetzmäßige Bedeutungszuwachs in quantitativer wie qualitativer Hinsicht hat seine eigentliche Ursache in der zunehmenden Vergesellschaftung der Produktion, der Höherentwicklung der Produktivkräfte, dabei besonders der gesellschaftlichen Arbeitsteilung und des Arbeitsverbundes und damit der *Leitung* dieses Prozesses; diese zunehmende Vergesellschaftung führt im Bereich der Politik zu einer immer größeren Organisiertheit und Bewußtheit des Kampfes. »Je höher deren Vergesellschaftungsgrad ist, desto zahlenmäßig stärker sind die Klassen, welche Hauptproduktivkraft und Träger der revolutionären Initiative sind. Desto größer ist weiterhin die objektive Übereinstimmung zwischen den Grundinteressen aller Klassen und Schichten, deren Lage die Zerschlagung der zur

Fessel gewordenen Verhältnisse verlangt, so daß Voraussetzungen für ein im Vergleich zu früheren Bündnisfronten fortschrittlicher Klassen und Schichten breiteres Bündnis entstehen. Beide Vorgänge bilden in ihrer Einheit eine qualitative und quantitative Ausdrucksform der fortschreitenden Polarisation der sozialen Struktur« (Lassow (16) 550). Dies wird gerade in der bürgerlichen Gesellschaft durch die tendenzielle »Vereinfachung« des Klassenantagonismus auf den von Lohnarbeit und Kapital und die historische Mission der Arbeiterklasse, mit der Aufhebung der kapitalistischen Ausbeutung die Ausbeutung generell aufzuheben und damit die Planmäßigkeit der sozialen Entwicklung zu ermöglichen, besonders deutlich.

Die Kritische Theorie des Subjekts findet an dem Subjekt-Objekt-Verhältnis ihren programmatischen Ausgangspunkt; um ihre weiteren Schlußfolgerungen in ihrer Richtigkeit bzw. Falschheit zu begreifen, muß gerade *ihr Verständnis* von objektiven Bedingungen und subjektivem Faktor deutlich werden. – In seinem schon zitierten Einleitungsbeitrag zum Kongreß Kritische Psychologie hatte K. Holzkamp in Übereinstimmung mit den obigen Ausführungen dargelegt, daß das individuelle Subjekt wie das gesellschaftliche Subjekt aus den objektiven Verhältnissen *abgeleitet* werden müssen (vgl. Holzkamp (130) 56 ff., 63 ff.). Dagegen hat sich nun A. Lorenzer eindeutig gewandt und wir wollen seine Argumentation durch ein längeres Zitat, welches sich auf diesen Beitrag von Holzkamp bezieht, deutlich werden lassen. Er schreibt: »Will ich aber nicht die Bedingungen der Individualität erforschen, sondern die Art und Weise der Individuen in ihrer sinnlich-unmittelbaren Wirklichkeit, dann muß man anstelle einer *Bedingungsanalyse* eine *Strukturanalyse* setzen. Diese Analyse der *subjektiven Struktur* steht zu einer Analyse der objektiven Struktur in keinem Ableitungsverhältnis. Die beiden Analysen sind nach Gegenstand wie Verfahren strikt auseinanderzuhalten.

– Die eine Analyse richtet sich, nach dem Vorbild des ›Kapital‹, als Analyse der objektiven Struktur auf politisch-ökonomische Daten, um deren Zusammenhang als einen sozialen (und d. h. hier nicht-sachlichen) zu bestimmen, während

– die andere Analyse, ›initiiert‹ im Paradigma der Psychoanalyse (man beachte den Unterschied zu oben), sich auf Erscheinungen individuellen Verhaltens richtet, um deren Zusammenhang als sozialen (und d. h. hier nicht-individuellen) zu bestimmen.

Daß die beiden Arten eines analytischen Vorgehens (beide im Vordringen von den Erscheinungen zum Wesen) differieren müssen, versteht sich schon prima vista aus dem Unterschied zwischen ökonomischen Daten und Sinnesäußerungen eines Menschen« (Lorenzer (224) 33 f.), vgl. umfassend dazu ders. (223) 218 ff.). Zerlegen wir unsere Kritik in logisch gegliederte Einzelmomente:

1. Der relationale Charakter des Verhältnisses von objektiven Bedingungen und subjektiven Faktoren wird hier durch ein straffes Schema ersetzt.

2. Nur unter bestimmten und eingegrenzten Aspekten sind die ökonomischen Verhältnisse auch die objektiven Bedingungen, wobei besonders zu berücksichtigen ist, daß die Menschen ihre Subjektivität gerade durch ihre Eigenschaft als Hauptproduktivkraft begründen.

3. Es ist offensichtlicher *Ökonomismus,* wenn hier Gesellschaft auf die Basis reduziert wird (was durch unsere voranstehenden Ausführungen hinreichend klar ist (vgl. dazu auch stützend Lorenzer (222) 35; ders. (225) 195, 197, 198).

4. Aus den Punkten 1–3 ergibt sich Lorenzers Unverständnis gegenüber dem Komplexitätsgrad des gesellschaftlichen Prozesses, besonders gegenüber den gesellschaftlichen Subjekten; stattdessen finden wir – allem Anschein zum Trotze – einen handfesten gesellschaftstheoretischen *Ökonomismus* und *Objektivismus.*

5. Der Unterschied zwischen bürgerlicher und Kritischer Psychologie besteht nicht darin, ob diese die Bedeutung der Gesellschaft anerkennt oder nicht, sondern darin, *welchen* Stellenwert die Gesellschaft für das Individuum hat (um das Individuum geht es meistens, wenn Lorenzer vom Subjekt spricht)[13], und gerade hier begründet seine Ablehnung der *Ableitung* des Individuellen aus dem Sozialen, des Subjektiven aus dem Objektiven (vgl. Lorenzer (225) 198), seinen persönlichkeitstheoretischen *Subjektivismus* (man erinnere sich hier der Weigerung von Habermas, die Interaktion aus der Arbeit abzuleiten; dies bildet die eigentliche Voraussetzung von Lorenzers Argumentation).

Kurz zusammengefaßt: Die von der Kritischen Theorie des Subjekts immer wieder hervorgehobene Notwendigkeit einer Analyse des Subjekts verdankt ihre theoretische Entstehung einer objektivistischen und ökonomistischen Gesellschaftstheorie (die fälschlicherweise als marxistisch ausgegeben wird) und führt damit zu einer subjektivistischen Theorie des Subjekts; dieses Konzept ist zugleich formalistisch, weil Entstehung und Inhalt der tätigen Subjekte nur in ihrer Abgeleitetheit aus den objektiven Bedingungen begriffen werden können (der weiter unten kritisierte Formalismus des Interaktionsbegriffs bei Lorenzer rührt hier her). Mit der materialistischen Dialektik ist eine solche Theorie daher unvereinbar.

Wir haben die einzelnen Bestimmungsmomente in der analytisch notwendigen Trennung voneinander behandelt, wenngleich ihr Zusammenhang immer wieder angedeutet wurde. Implikat dieser Ausführungen war die Auffassung, daß die Sozialgeschichte einen gesetzmäßigen Prozeß darstellt. Dies soll nun explizit behandelt werden.

### 2.4.1 *Gesetz und Erscheinung*

Aus dem bisher Gesagten ergibt sich, daß die gesellschaftlichen Gesetze keine Existenz jenseits des menschlichen Handelns, der kollektiven menschlichen Praxis, haben (wie mechanistische Auffassungen in Eliminierung der menschlichen Subjektivität immer wieder unterstellen), sondern daß die gesellschaftlichen Verhältnisse durch das individuelle wie gesellschaftliche Handeln hindurch bestehen, Gesetz und Erscheinung somit nicht starr getrennt sind. »Wenn wir die Beziehung Gesetz und Erscheinung untersuchen, so nimmt das Gesetz, von der Seite der Erscheinung her gesehen, als erstes die Gestalt des Ruhigen, Stabilen im Fluß der Erscheinungen an, erscheint es als das Verhältnis, das den inneren Zusammenhang zwischen den Erscheinungen wesentlich vermittelt. Daher wird es auch als wesentliches Verhältnis und damit als Kategorie, die gleicher Ordnung wie die Kategorie des Wesens ist, interpretiert« (Bollhagen (8) 42). Das Gesetz als Wesen der Dinge, der Erscheinungen, liegt also nicht *hinter* den Erscheinungen, wie es metaphysische Konzeptionen behaupten, sondern *zwischen* den Erscheinungen, erfaßt somit den Prozeß der Entstehung und Veränderung der Dinge und Erscheinungen und damit auch deren Widersprüchlichkeit. L. Sève hat diese drei Momente der dialektisch-materialistischen Auffassung vom Wesen präzise herausgearbeitet; er erläutert diese Momente wie folgt: 1. »Anstelle eines bewegungslosen inneren Wesens und lebendiger äußerer Verhältnisse entdeckt die materialistische Dialektik das Leben der Verhältnisse im Inneren des Wesens, und die abstrakte Allgemeinheit erweist sich als bloß äußeres, unwesentliches, lebloses Inbeziehungsetzen. Auf der Stufe der tiefschürfenden Wissenschaft bei Marx sind demnach alle Grundbegriffe Begriffe von erregender epistemologischer Neuartigkeit: *Verhältnisbegriffe,* Verhältnis dabei als inneres aufgefaßt« (Sève (146) 272). 2. »Das Wesen als Verhältnis – und folglich die im Verhältnis stehenden Dinge, in ihrer äußerlichen Unbeweglichkeit genommen, als unwesentlich – begreifen heißt jedoch das Verhältnis als Übergang vom einen zu anderen, als Bewegung, Hervorbringen, kurz als *erzeugenden Prozeß,* als konstruktive Selbstbewegung begreifen.

Das ist das zweite, nur zu oft am wenigsten begriffene Hauptmoment der Marxschen dialektischen Methode« (a.a.O., 273). 3. »Diese Zirkulation, dieses Umschlagen der Verhältnisformen ineinander, das das tiefere Leben des Wirklichen ausmacht, bezeugt, daß die wesentlichen inneren *Verhältnisse Triebkräfte* sind; diese Gleichstellung hat die Dialektik in der Grundkategorie des *Widerspruchs* vollzogen« (ebenda).[14] Resümee: »Das Wesen wird hier nicht mehr als allgemeiner *Gegenstand*, sondern als *Entwicklungslogik des realen Gegenstandes* begriffen« (ebenda). Alles dies hat allgemeingültigen Charakter, weil damit alle Arten von Gesetzen, also Verhältnisse in der Natur, der Gesellschaft und dem Denken erfaßt werden; zugleich ermöglicht diese Konzeption auch, die Einheit der Welt als einen universellen Zusammenhang aller Dinge, Prozesse, Systeme usw. zu verstehen.

Die gesellschaftlichen Gesetze haben nun neben diesen allgemeinen Merkmalen noch zusätzliche, die sie als gesellschaftliche gegenüber den anderen charakterisieren. Ausgehend von ihrem Resultat- und Voraussetzungscharakter zeichnen sie sich durch einen konkret-historischen Formenreichtum und ihre relative Einheit von objektiven Bedingungen und subjektivem Faktor aus. – Das menschliche Handeln wie auch das von Gruppen und Klassen (mit den jeweiligen Zielen, Mitteln und Resultaten) muß stets an den konkreten Erscheinungen ansetzen und produziert als Resultat auch solche Erscheinungen; d. h. die gesellschaftlichen Gesetze werden *nicht unvermittelt* produziert, sondern es bedarf einer Vielzahl von *Vermittlungsgliedern* (je nach der historischen Situation und der Spezifik des Gesetzes). Während die *Erscheinungen* dabei durch ihre Singularität und Unwiederholbarkeit (die Erscheinungen unterscheiden sich qualitativ voneinander) und die unmittelbare Einheit von objektiven Bedingungen und subjektivem Faktor bestimmt sind, erfassen die *Gesetze* gerade das Allgemeine und Wiederholbare sowie den objektiven Inhalt der gesellschaftlichen Entwicklung. Letzteres ist insofern wichtig, als sich aus dem Maß der Übereinstimmung von objektivem Charakter und Reifegrad der subjektiven Faktoren das Maß an Spontaneität und Bewußtheit bei der Durchsetzung der Sozialgesetze ergibt.

Gesetz und Erscheinung bilden in zweierlei Hinsicht eine weitere widersprüchliche Einheit: Einmal ist der Formenreichtum eines bestimmten Gesetzes Maß seiner Stabilität und Reife; je geringer der Formenreichtum, desto geringer die Stabilität. Andererseits weisen die Erscheinungen immer schon über den Rahmen der Gesetze hinaus, antizipieren Höheres, sind insofern weitreichender als die Gesetze, weisen auf neue, andere Gesetze hin. Darin ist eingeschlossen, daß bestimmte Gesetze unter veränderten Bedingungen zwar u. U. nicht verschwinden, aber doch in einem anderen Zusammenhang eine gänzlich neue Bedeutung erhalten.

Mit dieser Fassung des Gesetzesbegriffs kann auch der scheinbare Antagonismus von Notwendigkeit und Zufall überwunden werden. »Das Ereignis besitzt . . ., als eines unter mehreren möglichen, auch zufällige Momente. Geschichtliche Ereignisse vereinigen Notwendiges und Zufälliges in sich. Ihre Notwendigkeit gründet darin, daß sie durch objektive Gesetze bestimmt sind und das unabänderliche Resultat der Gesamtheit der wirkenden Faktoren darstellen. Ihre Zufälligkeit drückt sich darin aus, daß sie die *Erscheinung* und *Ergänzung* der Notwendigkeit darstellen (Notwendigkeiten können sich in verschiedenen Erscheinungen ausdrücken) und daß sie, bei einer Veränderung innerhalb des Systems der wirkenden Faktoren, auch anders hätten verlaufen können« (Stiehler (20) 79 f.).

Verdeutlichen wir diesen Gesamtzusammenhang auf der methodischen Ebene an dem Verhältnis von Theorie und Empirie; im Anschluß an Smirnow unterscheidet E. Hahn sieben aufeinander aufbauende Stufen des wissenschaftlichen Erkenntnisprozesses (vgl. Hahn (13) 185 ff.): 1. Beobachtung; 2. Analyse der Beobachtungsprotokolle und das Auffinden empirischer Abhängigkeiten; 3. Herausfinden des Verhaltens des untersuchten Objekts aufgrund der ursprünglichen Daten und empirischer Abhängigkeiten – die Voraussage; 4. Ausarbeitung der Grundideen und das Auffinden der theoretischen Gesetze, die der Erklärung zugrunde liegen – die Bildung einer wissenschaftlichen Theorie; 5. Deduktion von Gesetzen aus anderen Gesetzen; 6. Erklärung der wissenschaftlichen Tatsachen; 7. Auffinden empirischer Abhängigkeiten aufgrund theoretischer Behauptungen. – Hierbei umfassen die Stufen 1–3 die empirische Ebene und die Stufen 4–7 die theoretische Ebene des Erkenntnisprozesses.

Nach der bisher geleisteten Kritik an der Kritischen Theorie überrascht es wenig, daß gerade der materialistische Gesetzesbegriff von ihr abgelehnt wird. Während Habermas nach mehrfachen Schwankungen der Dialektik keinen Erkenntniswert mehr zubilligt (vgl. Habermas (188) 23 ff.), während Adorno durch die Behauptung, daß es zwischen Theorie und Empirie nur Diskontinuität gäbe, den inneren Wechselprozeß von Gesetz und Erscheinung zerreißt und damit zu einem spekulativen Begriff vom Wesen gelangt (vgl. Adorno (183) 198)[15], – schreibt Schmidt – im Anschluß an Adorno – einerseits differenzierter und andererseits deutlicher: »Nimmt man den Begriff der ›Darstellung‹ in der ganzen Strenge, der ihm bei Marx zukommt, das heißt nicht nur literarisch, so ist wohl gemeint, daß der Begriff einer historisch-materialistisch gefaßten Dialektik nur für die vollentfaltete bürgerliche Gesellschaft gilt und für die vorbürgerliche, soweit sie Tauschverhältnisse vorwegnimmt« (Schmidt (201) 31). Und weiter: »Herrscht bei Engels auf der einen Seite noch ein klares Bewußtsein davon, daß die Objektivität der geschichtlichen Gesetze ein Schein ist, . . . so wird diese kritische Einsicht auf der anderen Seite dadurch abgeschwächt, daß er meint, im Sozialismus würden diese Gesetze ›mit voller Sachkenntnis angewandt und damit beherrscht‹, während es Marx darauf ankam, daß sie, in vernünftige Aktionen der befreiten Individuen sich auflösend, *verschwinden*« (a.a.O., 47). Nun hat Engels nie die Objektivität, sondern die naturhafte Unveränderlichkeit der gesellschaftlichen Gesetze im Kapitalismus entlarvt, und insofern ist es auch in dieser Frage nicht möglich, mit Marx und gegen Engels gegen den Materialismus zu Felde zu ziehen; beide waren sich auch darin einig (und stimmten hier auch mit Hegel überein), daß Freiheit und Notwendigkeit *keine* Alternative bilden, sondern daß sich die Freiheit nur auf der Grundlage der Notwendigkeit entwickeln kann (auch die individuelle Freiheit), auch und gerade im Sozialismus. Der rationale Kern von Schmidts Argumentation liegt darin, daß unter den Bedingungen der antagonistischen Klassengesellschaften, besonders der bürgerlichen, die herrschenden Verhältnisse den Beherrschten und Ausgebeuteten keine gesellschaftliche und damit individuelle Lebenskontrolle gewähren, sie also von diesen Verhältnissen *entfremdet* sind. Es ist aber gerade falsch, diese Entfremdung von den gesellschaftlichen Verhältnissen mit der Vergegenständlichung und Verobjektivierung der menschlichen Wesenskräfte generell gleichzusetzen. Gerade darauf hat Marx in den Grundrissen, um deren Interpretation es A. Schmidt in der zitierten Schrift geht, deutlich hingewiesen. »Die bürgerlichen Ökonomen sind so eingepfercht in den Vorstellungen einer bestimmten historischen Entwicklungsstufe der Gesellschaft, daß die Notwendigkeit der *Vergegenständlichung* der gesellschaftlichen Mächte der Arbeit ihnen unzertrennbar erscheint von der Notwendigkeit der *Entfremdung* derselben gegenüber der lebendigen Arbeit« (Marx, Grundrisse, 716, vgl. 715 ff.).

### 2.4.2 *Gesetze und Alltag*

Wenn man lediglich zwischen Gesetz und Erscheinung differenziert, besteht die Gefahr, daß man an die Stelle der konkreten Analyse, also der Analyse der historischen Vielfältigkeit, die abstrakte Allgemeinheit setzt, daß man doch davon abstrahiert, daß die Erscheinungen die Daseinsweise der Gesetze sind. Um die notwendige Vermittlung von Gesetzen und Erscheinungen in der Sozialgeschichte (über die dargestellte Fassung des Gesetzesbegriffs als Verhältnisbegriff hinaus) hat man sich in der letzten Zeit in doppelter Weise bemüht:

1. Die Kategorie »Gesetz« ist selbst nochmals differenziert worden nach unterschiedlichen logischen Typen von Gesetzen (wir kommen darauf zurück).

2. Damit deutlicher wird, daß die gesellschaftlichen Gesetze auch Resultat menschlichen Handelns sind, wurde in der marxistischen Diskussion der Begriff des »Alltags« eingeführt; auf diesen soll hier kurz eingegangen werden.

Die wohl umfassendste Arbeit hierzu hat H. Lefebvre in seinem dreibändigen Werk »Kritik des Alltagslebens« vorgelegt. Er stellt dabei zunächst die scheinbare Vertrautheit des Alltags heraus: »Der stets vorhandene Eindruck der *Vertrautheit* verleitet zu der Vorstellung, daß wir sie kennen, daß sie für sich selber dieselben Charaktere besitzen, die sie für uns darstellen . . . Aber was vertraut ist, ist noch lange nicht erkannt. Hegels Diktum: ›Was bekannt ist, ist nicht erkannt‹ könnte als Motiv über der *Kritik des Alltagslebens* stehen . . . Und doch findet sich in der Vertrautheit (mit den anderen und ihrer Vertrautheit mit mir) nichts an Illusion. Sie ist wirklich und ist ein Teil der Wirklichkeit« (Lefebvre (17) Bd. 1, 24). Alltag ist für ihn also das Erlebte, der reale Schein des individuellen Lebens. *»Das Alltagsleben bewegt sich also in gewissen Scheinformen,* die nicht das Produkt mystifizierender Ideologien sind, sondern zu den Voraussetzungen jeder verschleiernden Ideologie gehören« (a.a.O., 169, vgl. 57). – Unbefriedigend hieran ist die Reduzierung des Alltags auf die Oberfläche der individuellen Lebenstätigkeit, denn es muß – wenn ein erkenntnisstrategischer Gewinn mit diesem Begriff verbunden sein soll – um die Erfassung eines sonst unzureichend erfaßten wesentlichen Zusammenhangs gehen; auch bleibt unklar, ob mit »Leben« der Realprozeß oder das Erlebnis desselben gemeint ist. – Daher ist der Vorschlag von Kosik in diesem Zusammenhang weitreichender. »Die Alltäglichkeit ist vor allem die *Gliederung* des individuellen Lebens der Menschen im Rahmen jedes Tages: die Wiederholbarkeit ihrer Verrichtungen ist in der Wiederholbarkeit eines jeden Tages, in der Zeiteinteilung eines jeden Tages fixiert. Das Alltägliche ist die Gliederung der Zeit und der Rhythmus, darin sich die individuelle Geschichte der einzelnen abspielt . . . Alltäglichkeit ist also nicht der Gegensatz zur Nichtalltäglichkeit, zur Feiertäglichkeit, zur Außergewöhnlichkeit oder zur Geschichte: die Hypostasierung der Alltäglichkeit als des Alltags gegenüber der Geschichte als des Außergewöhnlichen ist schon die Folge einer bestimmten Mystifizierung« (Kosik (15) 71 f.). Gerade mit letzterem ist wie im folgenden die entschiedene Absicht verbunden, die Einheit von Sozialgeschichte und Alltag und damit die Veränderbarkeit der Gesellschaft herauszustellen. »Wir haben gezeigt, daß die radikale Trennung der Alltäglichkeit von der Veränderlichkeit und Geschichtlichkeit einerseits zur *Mystifizierung der Geschichte* führt, die als Kaiser auf dem Pferde erscheint, andererseits zur *Entleerung der Alltäglichkeit,* zur Banalität und zur ›Religion des Alltagslebens‹« (a.a.O., 76). Also nur wenn die Einheit von Sozialgeschichte und Alltag, oder umfassender in unserem Zusammenhang: von Sozialgeschichte, Alltag und Erscheinungen, gewahrt bleibt, wird jedes für sich aus dem Zusammenhang erklärbar, werden Mystifikationen verhindert bzw. durchbrochen. – Entgegen seinem eigenen Anspruch neigt Kosik aber selbst zu einer Mystifizierung der Geschichte und einer Entleerung des Alltags, weil er die notwendige Konkretisierung auf spezielle gesellschaftliche Verhältnisse, besonders auf Klassenverhältnisse, vermissen läßt und so zu einem überhistorischen Begriff vom »Leben« (schlechthin) neigt, der seinen ideologischen Ursprung aus der Lebensphilosophie noch nicht hinreichend überwunden hat. – Der in der neuen soziologischen Diskussion auftauchende Begriff der »Lebensweise«, der im Prinzip dasselbe intendiert wie der Begriff des »Alltags«, verweist gerade auf diesen konkreten Klassenzusammenhang; denn darunter sind zu verstehen »die Gesamtheit der Lebensumstände des Menschen in einer gegebenen Gesellschaft, sowohl die politischen, ökonomischen, sozialen als auch die kulturellen, ethisch-moralischen und psychischen Bedingungen, unter denen sich das Leben und die Arbeit des Menschen vollziehen . . . Der Begriff »Lebensweise« umfaßt das gesamte materielle und kulturelle Lebensniveau des Menschen als Individuum und als gesellschaftliches Wesen, seine Rechte, seine Möglichkeiten, nützliche und befriedigende Arbeit zu vollbringen, sich und seine Familie mit Nahrung, Kleidung, Wohnung zu versorgen, sich zu bilden und zu erholen, seine Gesundheit zu erhalten, seinem Leben Sinn und Inhalt zu geben, seine Persönlichkeit zu entfalten, sich als gleichberechtigtes und geachtetes Glied der Gesellschaft zu betätigen, über seine Zukunft mit zu entscheiden« (Gerns (101) 196 f.). Hiermit ist noch eine weitere Argumentationskette angedeutet, nämlich die von Sozialgeschichte, Alltag/Lebensweise und Persönlichkeit, wie wir sie auch schon bei dem Soziologen Lefebvre und dem Psychologen Politzer finden (vgl. Lefebvre (17) Bd. 1, 143; Politzer (171) 78 ff., 88 ff.).

Diese kurzen Streiflichter aus der marxistischen Diskussion des »Alltags« (vgl. dazu ergänzend Sandkühler (2) 341 ff.) sollten sowohl nochmals den Charakter der gesellschaftlichen Gesetze verdeutlichen und vertiefen und auf eine begonnene Diskussion verweisen, die für die Kritische Psychologie nicht nur bedeutsam ist, sondern zu der sie auch Relevantes beitragen kann.

### 2.4.3 *Entwicklung und System*

Die verschiedenen gesellschaftlichen Gesetze innerhalb einer Gesellschaftsformation existieren selbstverständlich nicht allein, sondern nur in Abhängigkeit von anderen Gesetzen; so z. B. die der Produktivkräfte in der von den Produktionsverhältnissen, und diese von denen des Überbaus. Um diese Einheit der verschiedenen Gesetze zu erfassen, spricht man auch von der *Gesetzmäßigkeit* einer Gesellschaft. »Der Begriff der Gesetzmäßigkeit der gesellschaftlichen Entwicklung ist also einmal gegenüber dem Begriff des gesellschaftlichen Gesetzes ein globaler Begriff und weist übrigens auch dadurch auf den Begriff ›System der gesellschaftlichen Gesetze‹ hin, ohne sich in ihm zu erschöpfen, zum anderen ein engerer Begriff als der des Gesetzes, da er eine bestimmte Eigenschaft – den historischen Charakter dieser Gesetze in der Einheit ihrer Momente und das Wirken der gesellschaftlichen Gesetze als Tendenzgesetze – charakterisiert« (Bollhagen (8) 63). Der historische Charakter der Gesetze wirft aber das entscheidende Problem auf: In einer bestehenden Gesellschaft bildet die Gesetzmäßigkeit eine widersprüchliche Einheit von stabilen und dynamischen Momenten, von solchen, die den bestehenden Zustand qualitativ verändern oder erhalten wollen, wobei es – anders als in der bürgerlichen Soziologie[16] – vermieden werden muß, Entwicklung und System gegenüberzustellen. »Die historisch-materialistische Theorie gesellschaftlicher Entwicklung geht ausdrücklich von der Auffassung aus, daß Systeme gesellschaftlicher Produktion den ausgezeichneten Ort darstellen, an dem sich die Entfaltung menschlicher Vergesellschaftung vollzieht. In der Eigenentwicklung der Entwicklungsfolge gesellschaftlicher Formationen verwirklicht sich der Prozeß des gesellschaftlichen Lernens und der Auseinandersetzung der gesellschaftlichen Naturumwelten, der aller Gesellschaftsgeschichte zugrunde liegt« (Tjaden (22) 39). Wir sehen also, daß sich innerhalb des historischen Materialismus gesellschaftliche Entwicklungstheorie und gesellschaftliche Systemtheorie nicht als ausschließende Alternativen gegenüberstehen, sondern als Momente einer weltgeschichtlichen Analyse der Gesellschaft. Das stellt an die Entwicklungstheorie die Anforderung, die Abfolge der Gesellschaftsformationen als gesetzmäßige, also sozialhistorisch notwendige, d. h. zugleich als Fortschritt, zu analysieren. Dies wird mit dem schon ansatzweise erläuterten Begriff der »ökonomischen Gesellschaftsformation« geleistet. »Die entwicklungstheoretische Bedeutung dieser formativen Gesetzmäßigkeiten besteht aber letztenendes darin, daß die hier bezeichneten ökonomischen Produktionsweisen – von der urgeschichtlichen Produktionsweise, über die asiatische, die feudalistische und die kapitalistische Gesellschaftsform bis hin zu sozialistischen Produktionsweisen – eine Stufung steigender Produktionswirksamkeit und zunehmenden Vergesellschaftungsgrades der gesellschaftlichen Arbeit überhaupt darstellen und aufeinander aufbauen« (a.a.O., 51). Die Entwicklung kann aber nicht nur verstanden werden als Höherentwicklung vermittels der Abfolge von Systemen, sondern sie muß auch *innerhalb* eines Systems existieren, erfordert also eine dynamische Systemtheorie (vgl. Tjaden (25) 455), weil nur so die *inner*systemare Entwicklungsnotwendigkeit der Ablösung des bestehenden Systems erfaßbar wird. »Spezifische strukturell-genetische Gesetzmäßigkeiten, welche bestimmte Verhältnisse von lebendiger Arbeit, vergegenständlichter Arbeit und gesellschaftlichem Produkt bzw. Produktteilen ausdrücken, artikulieren die grundlegende Struktur und den durchgängigen Prozeß gesellschaftlicher Arbeit in der jeweiligen Produktionsweise« (Tjaden (22) 51). Diese grundlegende Struktur entwikkelt sich innerhalb eines Systems krisenhaft; d. h. zunächst einmal: »Mit dem Begriff der gesellschaftlichen Krise können, wenn man den Begriff der Auseinandersetzung von menschlicher und außermenschlicher Natur ernst nimmt, nur Schwierigkeiten der praktisch-gesellschaftlichen Verwirklichung dieses Stoff- und Energieaustausches gemeint sein. Er bezieht sich auf Störungen der Umsetzung der naturalen Umweltbedingungen in der gesellschaftlichen Produktion und Reproduktion des Systems selbst. Sie äußern sich in absoluten oder relativen Rückgängen der produktiven Systemkapazität und beziehen sich hier entweder auf einen realisierten relativ stabilen Systemzustand oder auf die konstitutive Systemverfassung insgesamt, wenn man so will: auf die Systemidentität« (a.a.O., 25). In den gesellschaftlichen *Reproduktionskrisen* wird zwar die zeitweise, relative Systemstabilität gestört durch den Rückgang der Produktionsresultate bei gleichem Produktionsaufwand, womit sowohl die Erhaltung der menschlichen Arbeitskraft als auch die der Produktionsmittel in eine Krise geraten, doch in ihr überwiegen noch die systemerhaltenden gegenüber den systemüberwindenden Tendenzen. Letztere dominieren dagegen in den *Transformationskrisen*, in ihnen macht primär der Entwicklungsstand des Produktivkraftsystems ein komplexeres gesellschaftliches System, eine neue, höherentwickelte Gesellschaftsformation, notwendig. Aus dieser krisenbedingten Notwendigkeit wird selbstverständlich nur vermittels der gesellschaftlichen Praxis der progressiven sozialen Klassen Wirklichkeit;

damit ist auch klargestellt, daß die genannten Momente die Grundlage der Reproduktionskrisen bzw. der Transformationskrisen bestimmen, daß diese aber nicht auf diese reduziert werden können, sondern daß der gesamte Überbau mehr oder weniger schnell und mehr oder weniger tiefgreifend davon erfaßt wird.

Diese abstrakt-allgemeinen Ausführungen konnten nur die *Einheitlichkeit* des welthistorischen Prozesses herausstellen, nicht aber seine *Vielfältigkeit*, und insofern sind sie zwar notwendig, aber unzureichend, denn einer materialistischen Theorie muß es um die konkret-allgemeine und damit konkret-historische Analyse gehen, die also gleichermaßen die Einheitlichkeit wie die Vielfältigkeit herausarbeitet (vgl. Bollhagen (8) 207 ff.).

### 2.4.4 *Historisches und Logisches*

Die widersprüchliche Einheit sowohl von Wesen und Erscheinung als auch von Statik und Dynamik impliziert – erkenntnistheoretisch – die von Historischem und Logischem. Beides erscheint zunächst als völlig unvereinbar. »Wie kaum ein Bereich der Philosophie scheint sich die Logik dem historischen Denken zu versperren. Logische Formen und Gesetze werden zumindest in der gegenwärtigen bürgerlichen Philosophie unter dem Gesichtspunkt ihrer übergeschichtlichen Konstanz diskutiert. In der Logik scheint die Flucht vor der Dialektik, vor dem dialektischen materialistischen Historismus ungestraft zu bleiben« (Sandkühler (3) 46). Es gehört zu den spezifischen Qualitäten der marxistischen Theorie, beides in seiner widersprüchlichen Einheit zu begreifen, also beide Momente zu vermitteln. »Für den dialektischen und historischen Materialismus gibt es kein Nur-Logisches und kein Nur-Historisches, sondern nur die dialektische Einheit des Logischen und Historischen, ihren ständigen Übergang ineinander, der aber für die verschiedenen Gesellschaftswissenschaften spezifischen Charakter trägt. Das Prinzip der Einheit des Logischen und Historischen, das in untrennbarem Zusammenhang mit der Einheit von Materialismus und Historismus steht, ist neben den Grundgesetzen der Dialektik eines der wichtigsten Probleme der materialistischen Dialektik überhaupt« (Bollhagen (7) 45; vgl. Sandkühler (2) 24). Diese Einheit zu rekonstruieren heißt ihren wechselseitigen Übergang zu analysieren, also einerseits den vom Historischen ins Logische und dann den vom Logischen ins Historische.

Im Übergang vom Historischen ins Logische (vgl. Bollhagen (7) 46 ff.) ist zunächst entscheidend, daß die logisch-systematischen Zusammenhänge Resultat des historischen Prozesses sind, d. h. die logischen Strukturen sind nicht einfach »da« und werden dem historischen Prozeß »aufgepfropft«, sondern sie werden durch ihn hervorgebracht; dabei handelt es sich aber gewissermaßen um eine »gekürzte« Zusammenfassung des Realprozesses, eine Heraushebung der wesentlichen Merkmale. F. Engels hat an berühmter Stelle dargelegt, daß die logische Behandlungsweise in der Tat nichts anderes ist als »die historische, nur entkleidet der historischen Form und der störenden Zufälligkeiten. Womit diese Geschichte anfängt, damit muß der Gedankengang ebenfalls anfangen, und sein weiterer Fortgang wird nichts sein als das Spiegelbild, in abstrakter und theoretisch konsequenter Form, des historischen Verlaufs; ein korrigiertes Spiegelbild, aber korrigiert nach Gesetzen, die der wirkliche geschichtliche Verlauf selbst an die Hand gibt, indem jedes Moment auf dem Entwicklungspunkt seiner vollen Reife, seiner Klassizität betrachtet werden kann« (Engels, MEW 13, 475). Diese Kürzung wird allerdings zur Verkürzung, wenn damit vom konkreten Inhalt des Geschichtlichen abstrahiert wird; bewahrt werden muß innerhalb des logischen Zusammenhangs der historische Formenreichtum. Dies impliziert, daß das Logische das Historische nicht festschreiben kann, ihm Grenzen aufzeigen, sondern daß es das »noch nicht Logische«, das historisch notwendige, das Neue mitdenkt, also die Entwicklungsrichtung mitreflektiert. Hieraus ergibt sich der auf praktisch-politische Veränderung gerichtete und damit parteiliche Charakter des wissenschaftlichen Historizismus.

Der Übergang vom Logischen ins Historische vollzieht sich im wesentlichen auf dreifache Weise (vgl. Bollhagen (7) 50 ff.). *Zunächst* weisen die abstrakten Verhältnisse selbst historischen Charakter auf, sind sie Teil der sich permanent verändernden sozialen Realität. »Die logische Struktur der Totalität der wesentlichen Seiten und Verhältnisse der Gesellschaft, der allgemeinen Struktur- und Entwicklungsgesetze der Gesellschaft erweist sich also ihrerseits als ein wesentlich historisches Verhältnis« (a.a.O., 57). *Desweiteren* ist Geschichte, Natur- wie Sozialgeschichte, nicht ein chaotischer Prozeß, sondern beinhaltet bei aller Widersprüchlichkeit und Vielfältigkeit eine Entwicklung vom Niederen zum Höheren, weist eine Entwicklungsrichtung auf, welche für jede Epoche als Hauptinhalt bestimmend ist. Diese Einsicht ist bedeutsam für den *letzten* Übergang, denn – wie im Engels-Zitat schon angedeutet – die Abfolge der logischen Kategorien ist dem historischen Prozeß diametral entgegengesetzt. Marx hat dies in den »Grundrissen« dargelegt. »In der Anatomie des Menschen ist ein Schlüssel zur Anatomie des Affen. Die Andeutungen auf Höhres in den untergeordnetren Tierarten können dagegen nur verstanden werden, wenn das Höhere selbst schon bekannt ist. Die bürgerliche Ökonomie liefert so den Schlüssel zur antiken etc. . . . Die sogenannte historische Entwicklung beruht überhaupt darauf, daß die letzte Form die vergangnen als Stufen zu sich selbst betrachtet . . .« (Marx, Grundrisse, 26). Hier wird die widersprüchliche Einheit von Historischem und Logischen besonders deutlich: Einerseits ist die Kategorienabfolge dem Historischen entgegengesetzt, andererseits entwickelt sich das Historische weiter, höher und macht so einen neuen logisch-systematischen Rekonstruktionszusammenhang notwendig. Aus diesem Grunde kann man bei diesem Verhältnis auch nicht von einem einfachen Wechselverhältnis sprechen, sondern nur von einer widersprüchlichen Einheit, in der das Historische das vorwärtstreibende Moment ist. Anders ausgedrückt: im dritten Übergang des Logischen ins Historische, der Entgegensetzung von Realentwicklung und Kategorienabfolge, ist zwar der Widerspruch auf die Spitze getrieben, aber er »kippt« sogleich um Sinne des Historischen. Das qualitativ höher entwickelte Historische macht ein neues »Logisches« notwendig.[17]

### *2.4.5 Logische Typen gesellschaftlicher Gesetze*

Wie bereits angedeutet, ist der Begriff »Gesetz« für eine konkrete Analyse noch zu unspezifisch, bedarf er weiterer Differenzierungen in verschiedene Typen von gesellschaftlichen Gesetzen. Dabei müssen die Überlegungen zum Verhältnis von Entwicklung und System bzw. Historischem und Logischem berücksichtigt bzw. weitergeführt werden[18]; auch muß man deutlich machen, was unter logischen Typen zu verstehen ist. »Logische Typen von gesellschaftlichen Gesetzen sind in diesem Falle die Zusammenfassungen qualitativ unterschiedlicher objektiver gesetzmäßiger Zusammenhänge, die ihnen scheinbar unabhängig vom unmittelbaren geschichtlichen Verlauf zukommen, d. h., die die Zusammenfassung, Verallgemeinerung usw. dieser Zusammenhänge und daher Ausdruck der systematischen Seite der gesellschaftlichen Gesetze sind. Es handelt sich also um einen spezifischen Fall der Einheit des Logischen und Historischen innerhalb der Theorie des gesellschaftlichen Gesetzes« (Bollhagen (8)75).

Die einfachste Art der gesellschaftlichen Gesetze sind die *Kausalgesetze,* die »die notwendigen Zusammenhänge zwischen fixierten gesellschaftlichen Erscheinungen erfassen, also Zusammenhänge, in denen auf die Erscheinung A und durch die Erscheinung A regelmäßig die Erscheinung B folgt« (a.a.O., 83). Im Verhältnis zur Komplexität des sozialhistorischen Prozesses erfassen diese Kausalgesetze nur eine und relativ unwichtige Seite der ganzen Bewegung bzw. gelten sie nur als annähernde, sehr abstrakt-allgemeine Tendenz.

Gerade in der Diskussion der bürgerlichen Soziologie seit dem Zweiten Weltkrieg sind die *funktional-strukturellen Gesetze* stark hervorgehoben worden. Sie erfassen alle jene Prozesse und wesentlichen Zusammenhänge, die auf eine relative Stabilität des gesellschaftlichen Systems hinstreben, gehen also im Prinzip von stabilen (unhinterfragbaren) System-Rahmenbedingungen aus, womit sie zwar einerseits den Schein des Unhistorischen erhalten, aber andererseits ein richtiges Moment des Gesamtprozesses auf den Begriff bringen. Wenn wir allerdings »von funktional-strukturellen gesellschaftlichen Gesetzen sprechen, müssen wir zwei Typen dieser Gesetze unterscheiden: funktional-strukturelle Gleichgewichtsgesetze und funktional-strukturelle Konfliktgesetze. Beide sind selbstverständlich nicht absolut voneinander getrennt, gehen an bestimmten Punkten ineinander über und bilden zusammen die einheitliche Gruppe der funktional-strukturellen Gesetze« (a.a.O., 101). Während die Gleichgewichtsgesetze alle Teilmomente in ihrer Funktion der Systemerhaltung begreifen und somit unter dem Aspekt der Anpassung daran analysieren, betrachten die Konflikttheorien den Konflikt als Motor der gesellschaftlichen Bewegung. Beide Ansätze beinhalten ein richtiges Moment – und dieses wird in die marxistische Theorie aufgenommen –, indem sie auf die Strukturstabilität der ökonomischen Gesellschaftsformationen abzielen, die in gewissen Grenzen und unter bestimmten historischen Bedingungen eine reale ist.

Der Wechsel der gesellschaftlichen Systeme kann nur von den *genetischen Gesetzen* erklärt werden, für die der Entwicklungsaspekt fundierend ist. Sie sind die entwickeltste Form der gesellschaftlichen Gesetze, weil sie der Tatsache Rechnung tragen, daß die gesellschaftlichen Gesetze Resultat und Voraussetzung menschlichen Handelns sind; insofern sind die einfacheren Formen in sie eingeschlossen. »Die einfachen Kausalgesetze und die funktional-strukturellen Gesetze besitzen also die Doppeleigenschaft, einmal selbständige Gesetze zu sein . . . und zugleich Momente der Totalität eines genetischen (genetischer) gesellschaftlichen Gesetzes zu sein. Diese Doppeleigenschaft muß unbedingt festgehalten werden, da das Verkennen dieser Tatsache die relativ selbständige Bedeutung der nicht-genetischen Typen der gesellschaftlichen Gesetze negiert . . . Gerade die Tatsache, daß in den genetischen Gesetzen die anderen Typen der gesellschaftlichen Gesetze, ungeachtet ihrer relativen Selbständigkeit, auf der Grundlage ihrer Beschränktheit, die selbst auf diese genetischen Gesetze hinweist, als Moment existieren, bedingt, daß die genetischen Gesetze ein reich in sich gegliedertes Ganzes sind« (a.a.O., 113 f.).

Die einfachste Form dieser genetischen Gesetze sind die *kausal-genetischen Gesetze,* welche sich von den einfachen Kausalgesetzen dadurch unterscheiden, daß hier Ursache und Wirkung nicht starr gegenüber stehen, sondern sich im Verhältnis einer wechselseitigen Determination befinden. Damit werden die einfachen Kausalgesetze zu einer Einheit zusammengefaßt, womit es möglich wird, eine Gesamttendenz, eine allgemeine Richtung der Bewegung zu bestimmen. Hier wird auch das Neue der kausal-genetischen Gesetze deutlich: sie vermögen die Abfolge gesellschaftlicher Systeme aus der inneren Entwicklungslogik der Systeme heraus zu begründen.

Die *strukturell-genetischen Gesetze* ähneln in vielem den funktional-strukturellen Gesetzen; sie unterscheiden sich allerdings wesentlich durch die Einbeziehung des genetischen Standpunktes. Sie tragen einerseits Systemcharakter, erfassen die Gesetzmäßigkeiten innerhalb einer Gesellschaftsformation und damit diejenige, die eine relative Systemstabilität begründet, aber andererseits ist hier der historische Charakter der Systeme reflektiert, wenngleich auch in spezifischer Weise. »Die strukturell-genetischen Gesetze bestimmen die Stabilität und innere Kontinuität des historischen Prozesses im Wechsel der Erscheinungen und auch der gesetzmäßigen Zusammenhänge des gesellschaftlichen Lebens. Aber zugleich erscheint in ihnen das historische Moment nur als aufgehoben, als dem Systemcharakter der gesellschaftlichen Zusammenhänge untergeordnet« (a.a.O., 126).

Die letzte Dominanz der Entwicklung gegenüber dem System, des Historischen gegenüber dem Logischen wird durch die höchste Form der gesellschaftlichen Gesetze erfaßt, durch die *genetisch-strukturellen Gesetze,* welche den konkret-historischen Charakter der Sozialgeschichte erfassen und insofern alle Beschränkungen der anderen Gesetzestypen in sich aufheben. »In ihrer Existenz und in ihrem Wirken kommt daher zum Ausdruck, daß jeder Systemzustand (in jeder seiner Beziehungen) die Vielfalt der historischen Formen und Beziehungen nur annähernd erfaßt und bestimmt, und zwar nicht in dem Sinne, daß er nicht unmittelbar seine zufälligen Erscheinungsformen erfaßt, sondern gerade auch in der Hinsicht, daß er die *gesetzmäßige geschichtliche Bewegung* nur annähernd und nicht vollständig bestimmt . . . Die genetisch-strukturellen gesellschaftlichen Gesetze enthalten den Reichtum der historischen Formbestimmungen unmittelbar in sich« (a.a.O., 135 f.). Diese Gesetze erfassen aber die Sozialgeschichte nicht nur in ihrem Formenreichtum, sondern auch das Entstehen neuer Gesetze, besonders solcher, die zur Herausbildung einer höheren Gesellschaftsformation beitragen. Der konkret-historische Charakter impliziert eine je historisch spezifische Einheit von objektiven und subjektiven Momenten, welche es erlauben – abgesehen von äußerlichen Umständen und historischen Zufälligkeiten – von einer eindeutigen Entwicklungsrichtung, und nicht lediglich von einer Tendenz zu sprechen.

Diese Gesetzestypologie von P. Bollhagen beinhaltet *Schwierigkeiten* und Möglichkeiten gleichermaßen: Da sie in der marxistischen Theorie m.W. fast undiskutiert ist (abgesehen von K. H. Tjaden), ist es äußerst schwierig, sie – etwa auf die bürgerliche Gesellschaft – zu konkretisieren, um sie so wirklich fruchtbar zu machen. Die entsprechenden Erläuterungen von Bollhagen selbst haben eher illustrierenden denn fundierenden Charakter. Dieser Mangel kann im Rahmen dieses Buches selbstverständlich nicht beseitigt werden, zumal dessen Thematik die Politische Psychologie und nicht die Gesetzmäßigkeit der Sozialgeschichte ist. – Die *Möglichkeiten* wiederum hängen eng mit unserem Thema zusammen: da wir davon ausgehen, daß die Handlungen eines Individuums die Grundlage der Persönlichkeit ausmachen (siehe unten), ergibt sich daraus, daß sich die Geschichtswirksamkeit der politischen Individuen als individuelle Subjekte danach bemißt, welche Art von Gesetzen durch es produziert bzw. reproduziert werden. Diese Gesetzestypologie bietet dafür ein sehr differenziertes Instrumentarium an und wurde deshalb in unseren Argumentationsgang eingeführt.

## 3 *Die Politik als Wirkungsbereich der gesellschaftlichen Subjekte*

Es ist jetzt schon in vielfältiger Weise auf das Problem der Politik als Bestandteil des gesellschaftlichen Überbaus eingegangen worden, auf ihre Eingebundenheit in den gesamtgesellschaftlichen Prozess, besonders in den ökonomischen, auf die Möglichkeiten und Grenzen der gesellschaftlichen Subjekte, auf diese Verhältnisse Einfluß zu nehmen, sie zu verändern. Was sich dabei andeutete, soll nun auseinandergefaltet werden: daß die sozialen Klassen, Schichten, Gruppen, auch die Einzelindividuen in der Politik am konzentriertesten und komprimiertesten ihre letztlich ökonomischen Interessen wahrnehmen, besonders auch sich ihrer bewußt werden. Dies ist kein zwangsläufiger und automatischer Prozeß, sondern der durch die gesellschaftliche Praxis begründete und vermittelte Konstitutionsprozeß der gesellschaftlichen und damit auch individuellen Subjekte. Dies hat A. Gramsci sehr anschaulich mit dem Begriff »Katharsis« erfaßt. »Man kann den Terminus ›Katharsis‹ verwenden, um den Übergang vom bloß ökonomischen (oder egoistischleidenschaftlichen) Moment zum ethisch-politischen Moment zu bezeichnen, d. h. die Hinaufarbeitung der Basis in den Überbau, die sich im Bewußtsein der Menschen vollzieht. Das bedeutet auch den Übergang vom ›Objektiven zum Subjektiven‹ und von ›Notwendigkeit zur Freiheit‹. Von äußerlicher Macht, die den Menschen erdrückt, ihn sich assimiliert, ihn passiv macht, verwandelt sich die Basis in ein Medium der Freiheit, in ein Instrument zur Schaffung einer neuen ethisch-politischen Form, in den Ursprung für neue Initiativen« (Gramsci (12) 164). Dieser Übergang vom Objektiven zum Subjektiven, von der Notwendigkeit zur Freiheit vollzieht sich allgemein, aber besonders wirkungsvoll in der bürgerlichen Gesellschaft, vermittels des Staates wie der politischen Parteien.

### *3.1 Die Staatstätigkeit als Moment des Klassenantagonismus und der Vergesellschaftung*

Kein Thema ist in der marxistischen bzw. marxistisch orientierten Literatur der letzten Jahre so intensiv diskutiert worden wie der »bürgerliche Staat«; dabei haben sich drei zentrale Mängel herausgestellt, die es gilt zu vermeiden: 1. Der historische Charakter der Staatsform wurde nicht konsequent berücksichtigt bzw. geleugnet, was besonders in der Reduktion der materialistischen Staatstheorie auf eine Theorie des bürgerlichen Staates zum Ausdruck kommt; 2. die notwendige Bindung der Existenz und der Struktur des Staates an die Eigentumsverhältnisse wurde aufgelöst, besonders durch die Versuche, den Staat aus der Warenzirkulation abzuleiten; 3. der Staat wurde meistens nur als Klassenstaat, aber nicht als Moment der Vergesellschaftung (der Produktion) begriffen (vgl. Butterwege (83) 4. Kap.; Katzenstein (85); Schütte (94)).

Diese vielfältigen Fehler hätten vermieden werden können durch eine genauere Rezeption der Quellen der marxistischen Staatstheorie. Denn 1884, also nach der theoretischen Verarbeitung der Erfahrungen der Pariser Kommune, der ersten proletarischen Staatsform in der Geschichte, faßte F. Engels die wesentlichen Einsichten so zusammen: »Der Staat ist also keineswegs eine der Gesellschaft von außen aufgezwungene Macht . . . Er ist vielmehr ein Produkt der Gesellschaft auf bestimmter Entwicklungsstufe; er ist das Eingeständnis, daß diese Gesellschaft sich in einen unlösbaren Widerspruch mit sich selbst verwickelt, sich in unversöhnliche Gegensätze gespalten hat, die zu bannen sie ohnmächtig ist. Damit aber diese Gegensätze, Klassen mit widerstreitenden ökonomischen Interessen, nicht sich und die Gesellschaft in fruchtlosem

Kampf verzehren, ist eine scheinbar über der Gesellschaft stehende Macht nötig geworden, die den Konflikt dämpfen, innerhalb der Schranken der ›Ordnung‹ halten soll; und diese, aus der Gesellschaft hervorgegangene, aber sich über sie stellende, sich ihr mehr und mehr entfremdende Macht ist der Staat« (Engels, MEW 21, 165). Die Historizität der Existenz des Staates sowie seiner Struktur ist somit an die Existenz und Ausprägungsform der Eigentumsverhältnisse gebunden. Die Urgesellschaft (als klassenlose Gesellschaft) kannte keinen Staat, weil sie hauptsächlich durch den Gemeinbesitz bestimmt war; dabei bedeutet Besitz, Eigentum, ganz abstrakt und allgemein eine bestimmte gesellschaftliche Form der Naturaneignung. Die Urgesellschaft zersetzte sich aufgrund der durch die Produktivkraftsteigerung möglich gewordene Erwirtschaftung eines gesellschaftlichen Mehrprodukts und die damit verbundene Entstehung der sozialen Klassen; stützende Prozesse waren die Einteilung der Bevölkerung nach Gebieten, die Errichtung einer öffentlichen Gewalt und die Einsetzung eines Steuersystems. Ausgangspunkt jeder Staatsableitung muß also die Tatsache der Trennung von Arbeit und Aneignung sein. »Die unmittelbaren Produzenten verhalten sich zu den objektiven Bedingungen ihrer produktiven Tätigkeit als ihnen entzogenen, als Nichteigentum; die Nichtproduzenten sind Eigentümer der Produktionsbedingungen« (Schütte (93) 9). Der Staat hat also die Aufgabe, diese Verhältnisse herzustellen bzw. zu sichern, also die Produzenten zu zwingen, für die Nichtproduzenten zu produzieren. »Das Auseinanderfallen von Arbeit und Aneignung konstituiert spezifische nichtökonomische, politische Beziehungen der Gesellschaftsmitglieder . . . Jedes ökonomische Gewaltverhältnis bedarf des nichtökonomischen Zwangs als notwendiger Funktion seiner Reproduktion. Wenn also Staatlichkeit abstrakt eine spezifische Form der Reproduktion von Klassengesellschaften bezeichnet, ist damit die Realität eines besonderen außerökonomischen Verhältnisses zwischen den Individuen ausgedrückt, in dem ›Form‹ und ›Funktion‹ gesellschaftlicher Reproduktion unmittelbare Identität besitzen. Erst wenn klar ist, daß die gesellschaftliche ›Form Staat‹ nichts anderes ist als ein System von Funktionen antagonistischer Reproduktion, kann die Frage nach der spezifischen Form des bürgerlichen Staates sinnvoll gestellt werden« (a.a.O., 17). Und bezogen auf Engels heißt es weiter: »Die Bedeutung der Klassenspaltung und des Klassenkampfes als Entstehungsgrund und Bezugspunkt von Staatlichkeit hervorgehoben zu haben, begründet gerade den *dialektisch*-materialistischen Charakter seiner staatstheoretischen Analyse . . .« (ebenda). – Im Staat, vermittels des Staates bzw. gegen den Staat tragen die sozialen Klassen als gesellschaftliche Subjekte ihre Interessenkämpfe aus, der Staat ist der wesentliche Bezugspunkt der Politik in den Klassengesellschaften. Dabei sind allerdings die antagonistischen Klassen nicht »gleichberechtigt« an der Staatstätigkeit beteiligt, sondern nach Form und Inhalt ist der Staat in der Regel der Staat der herrschenden Klasse; oder anders ausgedrückt: die Staatsfunktionen werden wesentlich durch die *dominierenden* Eigentumsverhältnisse innerhalb einer Gesellschaftsformation geprägt. »Da der Staat entstanden ist aus dem Bedürfnis, Klassengegensätze im Zaum zu halten, da er aber gleichzeitig mitten im Konflikt dieser Klassen entstanden ist, so ist er in der Regel Staat der mächtigsten, ökonomisch herrschenden Klasse, die vermittels seiner auch politisch herrschende Klasse wird und so neue Mittel erwirbt zur Niederhaltung und Ausbeutung der unterdrückten Klasse« (Engels, MEW 21, S. 166 f.).

Alles dies sind abstrakte Verallgemeinerungen konkret-historischer Analysen: In der *Antike* waren die Sklaven prinzipiell von der Staatsbürgerschaft ausgeschlossen, konnte Politik nur betreiben, wer »frei von Arbeit« war, also Sklavenbesitzer; dabei wurde auch zunehmend zwischen reichen und verarmten Sklavenbesitzern differenziert. – Auch im *Feudalismus* besteht eine weitgehende personelle Einheit von ökonomischen Ausbeutern und politisch Macht Ausübenden in Gestalt der Feudalherren (wobei sich auch diese Klasse nochmals differenzierte und damit auch deren Machtbefugnisse). – Im *Kapitalismus* spezifiziert sich die Sache zunächst insofern, als das Lohnverhältnis (der Zwang, seine Arbeitskraft zu verkaufen) sich als ökonomisches Zwangsverhältnis zunächst selbst durchsetzt, es allerdings der politischen und juristischen Sicherung bedarf. »Dieses Verhältnis impliziert, daß die lohnabhängigen Arbeitskräfte sich zu den kapitalverwertenden Produktionsmitteleigentümern *innerhalb* der Produktion als nichtgleiche und nichtfreie verhalten und daß sie *außerhalb* der Produktion als Verkäufer ihrer Arbeitskraft und als Käufer ihrer Unterhaltsmittel freie und gleiche Beziehungen zu den Kapitalisten als Käufer bzw. Verkäufer der jeweiligen Waren eingehen« (Tjaden (97) 135). Dieses Gewaltverhältnis findet seinen juristischen Ausdruck in der Lösung aller persönlichen Bindungen für die Produzenten und damit ihre Vertragsfähigkeit auf der Grundlage des äquivalenten Warentausches. Festsetzung und zur Geltung bringen (mittels Gewalt) dieser juristischen Normen kann nicht Aufgabe der einzelnen Kapitaleigentümer sein, sie ist Aufgabe des Staates; insofern verdoppelt sich die bürgerliche Gesellschaft in Gesellschaft und Staat. Zugleich entsteht aus dieser die funktionale Notwendigkeit der Gewaltenteilung (Legislative, Exekutive, Judikative) als wesentlichem Merkmal des bürgerlichen Staates (vgl. dazu Schütte (93) 24 ff.).

In der marxistischen Staatsdiskussion hat dieser Klassencharakter des Staates, seine Unterdrückungsfunktion, lange Zeit im Zentrum des Interesses gestanden; erst von dem Zeitpunkt an, an dem sich die sozialistische Revolution als eine aktuelle Aufgabe stellte, kam aber der andere Aspekt der Staatlichkeit ins Blickfeld: ein notwendiges Moment der Vergesellschaftung der Produktion zu sein; er ist dies nicht im Sinne einer Zusatzfunktion, sondern er ist als Klassenstaat ein Moment des Vergesellschaftungsprozesses. In der sozialistischen Revolution wird der bürgerliche Staat daher weniger »zerschlagen« (dies unterstellt – zumindest sprachlich – meist eine »totale Negation«), sondern er wird aufgehoben (dies gilt im Prinzip auch für die früheren Übergänge von einer Staatsform in die andere, aber das Vergesellschaftungsmoment war bei ihnen weit weniger entwickelt als beim bürgerlichen Staat). Gerade auf dieses konstruktive Moment hat Lenin entschieden verwiesen. »Außer dem vorwiegend ›unterdrückenden‹ Apparat des stehenden Heeres, der Polizei und der Beamtenschaft gibt es im modernen Staat einen Apparat, der besonders eng mit den Banken und Syndikaten verbunden ist, einen Apparat, der eine große Arbeit auf dem Gebiet der Rechnungsführung und Registrierung leistet, wenn man sich so ausdrücken darf. Dieser Apparat darf und soll nicht zerschlagen werden. Man muß ihn aus der Unterordnung unter die Kapitalisten befreien, . . . muß ihn den proletarischen Sowjets *unterordnen* und auf eine breitere, umfassendere Grundlage stellen, ihn mit dem ganzen Volke verbinden. Und das *kann* geschehen, wenn man sich auf die vom Großkapitalismus schon hervorgebrachten Errungenschaften stützt (wie überhaupt die proletarische Revolution ihr Ziel nur erreichen kann, wenn sie sich auf diese Errungenschaften stützt)« (Lenin, LW 26, S. 89, vgl. 88 ff.; vgl. ders., LW 25, S. 430 ff.). Auch in der Staatsfrage ist die sozialistische Gesellschaft die *bestimmte* Negation der bürgerlichen. So sehr der bürgerliche Staat bei aller Autonomie gegenüber den Einzelkapitalien der Logik des Gesamtkapitals unterworfen bleibt, so sehr die Arbeiterbewegung dies und damit die Notwendigkeit der qualitativen Veränderung dieser staatlich-politischen Strukturen erkennen muß, so wenig kann sie also den in der Staatlichkeit sich ausdrückenden Vergesellschaftungsgrad ignorieren. Gerade unter den Bedingungen des staatsmonopolistischen Kapitalismus, in dem der Staat im Interesse der Systemerhaltung immer mehr reproduktive und regulierende Funktionen übernehmen *muß* (vgl. Huffschmidt (74) 71 ff.; Riepert (92) 78 ff.), wird die Frage der Transformation des bürgerlich-imperialistischen Staates in den sozialistischen zu einer brennenden Frage der Strategie und Taktik der Arbeiterbewegung. »Die Partizipation und Kontrolle der gesellschaftlichen Produzenten und Konsumenten, die Dezentralisierung der staatlichen Entscheidungshierarchie (etwa durch größere regionale und kommunale Autonomie) sowie die Demokratisierung des staatlichen Planungsprozesses stellen daher Elemente eines Programms der demokratischen Transformation des Staates dar, das im Ansatz als das politische Programm einer ›Entstaatlichung‹, als ein Programm begriffen werden muß, das mit der Durchsetzung von Elementen ›direkter Demokratie‹ innerhalb der bürgerlichen Republik wesentliche Inhalte jener Gesellschafts- und Staatskonzeption antizipiert, die die Besonderung des bürgerlichen Staates und die Herrschaftssicherung mit der objektiven Möglichkeit der Vermittlung von gesellschaftlicher Kontrolle des Produktionsprozesses und sozialistischer Selbstverwaltung konfrontiert« (Asseln/Deppe (81) 117, vgl. 110 ff.).

Aus dem Gesagten, besonders aus den konkreten Bestimmungen des bürgerlichen Staates und seiner Transformation, sollte folgendes Grundsätzliche klar werden: 1. Der Staat stellt für die antagonistische Klassengesellschaft keine irgendwie geartete Zusatzfunktion dar, sondern ist ein *notwendiger* Bestandteil ihrer Existenz. Insofern gilt auch und gerade für ihn, was Tjaden allgemein über die Funktion des gesellschaftlichen Überbaus geschrieben hat: »Die ideelle Selbstreflexion von Systemen gesellschaftlicher Produktion – und ihre Weiterentwicklung in kulturellen und politischen Überbauten – ist daher weder als zusätzliche Bedingung des Vollzugs noch als Voraussetzung der Begründung gesellschaftlicher Arbeitsverhältnisse zu verstehen. Sie stellt vielmehr eine Implikation der ökonomischen Selbstregulierung von Systemen gesellschaftlicher Produktion dar« (Tjaden (22) 23). – 2. Daraus folgt auch, daß der Staat der Ökonomie nicht starr gegenübersteht, sondern daß er von der ganzen Dynamik der gesellschaftlichen Klassenbewegung erfaßt wird. »Das heißt, die herrschende Klasse wird mit den allgemeinen Interessen der untergeordneten Klassen konkret koordiniert, und das staatliche Leben wird begriffen als ständiges sich Bilden und Überwinden unstabiler Gleichgewichtsverhältnisse . . . zwischen den Interessen der Hauptklasse und denen der untergeordneten Klassen« (Gramsci (12) 328). – 3. Der Staat als Moment der Vergesellschaftung und des Klassenantagonismus ist in seinem Bedeutungswachstum Teil des gesetzmäßigen Anwachsens des gesellschaftlichen Subjekts in der Sozialgeschichte. Da er in Form und Inhalt in letzter Instanz von der herrschenden Klasse bestimmt wird (innerhalb einer bestimmten Gesellschaftsformation), kann er zwar deren Möglichkeiten besonders intensiv und extensiv wahrnehmen (er ist in letzter Instanz nicht an einzelne Fraktionen innerhalb der herrschenden Klasse gebunden, sondern nur an die Logik ihrer Herrschaft), er teilt aber mit dieser die Grenzen, nämlich *aus sich heraus* nie revolutionäres Subjekt sein zu können. – 4. Die *Dialektik* des Verhältnisses von Vergesellschaftung und Klassenantagonismus in der Staatsfrage äußert sich gerade darin, daß mit der Aufhebung des Klassenantagonismus in der sozialistischen Gesellschaft der Staat nur durch eine Ausweitung seiner Aufgabenbereiche in die Gesellschaft zurückwachsen kann. Er wird also in einem höheren Vergesellschaftungsgrad *aufgehoben* und nicht – wie spontaneistische Kräfte glauben – einfach abgeschafft; *das* ist mit der berühmten Formel vom »Absterben des Staates« gemeint (vgl. Engels, MEW 21, 168; Lenin, LW 25, 470 ff.; bes. 482 ff.).

In der aktuellen marxistischen Staatsdiskussion spielt die Frage nach den »ideologischen Staatsapparaten« eine zentrale Rolle. Im Anschluß an Gramsci (vgl. Prieseter (91) 515, 518) hat Althusser (vgl. Althusser (80) 127) auf dieses Problem hingewiesen. »Ich sage, daß man unterscheiden muß zwischen der Staatsmacht . . . einerseits und dem Staatsapparat andererseits. Aber ich füge hinzu, daß der Staatsapparat zwei Teile umfaßt: der Teil der Institutionen, die den repressiven Staatsapparat darstellen einerseits, und der Teil der Institutionen, die den Teil der ideologischen Staatsapparate darstellen andererseits« (a.a.O., 133). Zu diesen ideologischen Staatsapparaten gehören Kirche, Schule, Familie, Gerichtswesen, Parteien, Gewerkschaften, Massenkommunikationsmittel und Kulturorganisationen (vgl. a.a.O., 128 f.). Nun ist zunächst ganz allgemein nicht zu bestreiten, daß den ideologischen Auseinandersetzungen im gegenwärtigen Kapitalismus eine außerordentlich große und wachsende Bedeutung zukommt, und insofern sind diese Hinweise der Gramsci- bzw. Althusser-Schule wichtig und ernst zu nehmen. Problematisch ist allerdings zweierlei: erstens, daß doch recht unterschiedliche Organisationen wie Kirche, Familie, Massenmedien, Bildungssystem und Parteien unter einem Oberbegriff subsumiert werden, der damit nicht nur noch wenig aussagen kann, sondern der auch gerade den bürgerlichen Pluralismus zwischen diesen Bereichen (trotz aller Tendenz zur Verschmelzung) leugnet und damit auch diesen spezifischen Wirkungsmechanismus aus dem Auge verliert (hinsichtlich der revolutionären Parteien ist diese Auffassung allerdings völlig falsch, worauf noch eingegangen wird); zweitens aber liegt dem die Tendenz zugrunde, den ideologischen Kampf überzubewerten und ihn nur noch in einem relativ losen Zusammenhang mit dem politischen und ökonomischen zu sehen;[19] gerade das aber muß vermieden werden, weil dies ein Rückfall in scholastische, unpraktische, unpolitische Aufklärungsstrategien bedeuten würde. Gerade in den revolutionären politischen

Parteien manifestiert sich diese *Einheit* von ökonomischem, politischem und ideologischem Kampf.[20]

### 3.2 *Die politischen Parteien als Nomenklatur der sozialen Klassen*

Die politischen Parteien, so wie wir sie heute kennen, also mit einer festen Organisation, einem Programm und einer gewissen kontinuierlichen und andauernden politischen Praxis, sind ein relativ spätes Produkt der Sozialgeschichte. Während in der Sklavenhaltergesellschaft und im Feudalismus die vorherrschenden Parteiformen die Fraktionen, die Verschwörungen, die politischen Geheimorganisationen und die Bünde waren, bilden sich erst mit der bürgerlichen Gesellschaft und ihren Formen der politischen Demokratie, besonders des Parlamentarismus, die Parteien im engeren Sinne heraus. Dies allerdings, von Ausnahmen wie den Girondisten in der Französischen Revolution einmal abgesehen, nicht in der Entstehungsphase des Kapitalismus, denn »Parteien im Sinne fester Organisationen mit einem den Abgeordneten verpflichtenden Programm waren mit dem liberalen Modell unvereinbar und angesichts der sozialen Homogenität der Parlamente zunächst auch nicht notwendig« (Kühnl (40) 25; vgl. Habermas (186) 76 ff., bes. 85 f.). Erst als die Arbeiterbewegung durch ihre Organisationen die ihnen formal zugebilligten bzw. von ihr erkämpften Rechte zu realisieren versuchte, gründeten auch die Herrschenden ihrerseits politische Parteien und so wurden sie zu einem relativ kontinuierlichen Moment der Politik.

Die Parteien (im engeren wie im weiteren Sinne) sind also einerseits an den Klassenantagonismus gebunden und bringen andererseits die spezifischen politischen Interessen der verschiedenen sozialen Klassen zur Artikulation und zur Wirkung. »Offensichtlich muß die Gesellschaftsklasse in Betracht gezogen werden, deren Ausdruck und fortgeschrittenster Teil die betreffende Partei ist: die Geschichte einer Partei kann nur die Geschichte einer bestimmten Gesellschaftsklasse sein. Aber diese Klasse ist nicht isoliert: sie hat Freunde, Verwandte, Gegner, Feinde. Nur aus dem vollständigen Bild des gesamten gesellschaftlichen und staatlichen Ensembles . . . wird die Geschichte einer bestimmten Partei resultieren. . . . Eine Partei wird mehr oder minder großes Gewicht oder Bedeutung haben, je nachdem ihre besondere Aktivität mehr oder minder auf den Verlauf der Geschichte eines Landes Einfluß hatte« (Gramsci (12) 302 f.). Je nach Klasseninteresse, also dem Verhältnis zu den Massen und zur Demokratisierung, ergeben sich zwei prinzipielle

Möglichkeiten der Funktion der Parteien: einmal zur Integration in das bestehende Herrschaftssystem, zum anderen zur Mobilisierung der Massen zur Verwirklichung ihrer objektiven Interessen. Bei der Analyse der Parteien, die wie jede soziale Organisation ein zielgerichtetes gesellschaftliches Teilsystem und ein System sozialer Beziehungen darstellen, müssen drei wesentliche Ebenen unterschieden werden: 1. die *soziale Basis* (der Mitglieder und Wähler); 2. der *soziale Inhalt* (des Programms wie auch der politischen Praxis); 3. die *Organisationsstrukturen* (besonders die Frage der demokratischen Entscheidungsstrukturen). Die *Einheit* dieser drei Momente ist entscheidend dafür, inwieweit eine politische Partei progressiv bzw. reaktionär, links oder rechts ist, ob sie der politische Ausdruck der fortschrittlichen oder rückwärtsgerichteten sozialen Klasse ist (vgl. Kühnl (42) 9 ff.; allgemeiner ders. (86))[21]. – Im folgenden werden wir entsprechend unserem Erkenntnisinteresse diese Problematik hauptsächlich am gegenwärtigen Parteiensystem entwickeln, wobei auf verallgemeinernde Aspekte hingewiesen wird. Das Grundproblem der herrschenden Klasse, unter den Bedingungen des Monopolkapitalismus, sogar noch eingeschränkter: der Monopole, ist die Einbindung und Integration solcher sozialen Klassen und Schichten, deren objektives Interesse ein antikapitalistisches bzw. antimonopolistisches ist, in eine Politik im Interesse der Monopole. »Integration gewährleistet den politischen Zusammenhalt aller Gesellschaften. Sie unterscheidet sich in den verschiedenen Gesellschaftsformationen durch ihren jeweils entsprechend verschiedenen sozialen Inhalt und aus ihm resultierende Formbesonderheiten. Da nun der spezifische Inhalt der monopolkapitalistischen Integration das politische Machtinteresse des Monopolkapitals ist, besteht ihre Funktion darin, die von der monopolkapitalistischen Herrschaft in ihren objektiven Interessen notwendig verletzten nichtmonopolistischen Gesellschaftsschichten zur subjektiv freiwilligen Zustimmung zu eben dieser Herrschaft zu veranlassen. Dies aber bedeutet, ihre Aufgabe besteht unter formaldemokratischen Verfassungsbedingungen in einer permanenten Falsifikation des Interessenbewußtseins der nichtmonopolistischen Schichten in einem zur Legitimierung der Herrschaft der monopolkapitalistischen Parteien ausreichendem Maße« (Opitz (64) 588 f.). Daran ist nun zweierlei wichtig: Einerseits sind die monopolkapitalistischen Parteien Ausdruck bürgerlich-demokratisch-parlamentarischer Politik, beinhalten trotz aller ihrer Grenzen ein Moment von Demokratie und damit auch von Politisierung; dieser positive Aspekt wird stets im Verhältnis zum politischen System des Faschismus deutlich.[22] Andererseits aber ist die Politisierung vermittels dieser Parteien (im Vergleich zur gesellschaftlich möglichen) gering, besteht ihre *Hauptfunktion* stets in der Entdemokratisierung und damit Entpolitisierung. Den entscheidenden Transmissionsriemen zwischen nichtmonopolistischer Klassenlage und monopolkapitalistischer Politikabsicherung bildet die undemokratische Organisationsstruktur; das äußert sich »an der Einflußlosigkeit und völligen Machtlosigkeit der Mitglieder, in der völligen Liquidierung der Parteitage als politische Plattform der Parteimitglieder, an der völligen Autonomie der Parteiführung und ihrer Unabhängigkeit von der Mitgliedschaft durch die Möglichkeiten des Parteiausschlusses, durch das Informationsmonopol, durch die Entideologisierungs- und Entpolitisierungskampagne, durch die Finanzierungspraktiken und die Stärkung des Apparates; an dem Einfluß der Führungskader bei der Kandidatenaufstellung; an der völligen Einflußlosigkeit der Parteimitgliedschaft auf die Wahlkandidaten durch das Verbot des imperativen Mandats« (Matthiessen (90) 14; vgl. Abendroth (79) 272 ff.; Jaeggi (39) 175 ff.). Diese verschiedenen Momente, die bei den Parteien wiederum verschieden stark ausgeprägt sind, können nicht als Einzelphänomene, sondern nur als Symptome begriffen werden, eben dieser Integration und Entpolitisierung. – Mit dieser Funktionsbestimmung im engen Zusammenhang steht die sogenannte »Entmachtung« des Parlaments, als des Organs des Staates, worauf sich das politische Handeln dieser Organisationen zunächst bezieht. Weniger denn je kommt dem Parlament im politischen Realprozeß eine relevante Funktion gegenüber der Exekutive und Legislative zu (wenn wir die Geschichte der bürgerlichen Gesellschaft in ihrer Gesamtheit betrachten und autoritäre bis faschistische Formen der bürgerlichen Herrschaftssicherung hier nicht betrachten) (vgl. Jaeggi (39) 146 ff., 162 ff.; Stuby (96)). – Diese Entmachtung des Parlaments ist am Watergate-Skandal besonders kraß hervorgetreten und wurde von Kramer auf die prägnante Formel von der »Verschwörung der Regierung gegen die Regierungsform« gebracht (vgl. Kramer (85a)).

Damit können wir nochmal auf die Frage der ideologischen Staatsapparate zurückkommen: Eine wesentliche Funktion der politischen Parteien besteht genau in der Verbreitung und Stabilisierung der Illusion, daß sie eine Organisation darstellen, mit deren Hilfe man gegenüber der aktuellen Politik des Staates seine Interessen artikulieren und durchsetzen kann, und sie können diese Funktion nur erfüllen, wenn sie relativ selbständige Organisationen *neben* dem – wenn auch in bezug auf den – Staatsapparat sind.

Während also die »Integrationsparteien« die Hauptfunktion haben, auch diejenigen an die bestehende Gesellschaftsformation zu binden, deren objektives Interesse dies nicht ist, ist es gerade die Aufgabe derjenigen Parteien, die die objektiven Interessen ihrer Wähler und Mitglieder in Theorie und Praxis vertreten, diese zu sammeln, ihre politische Bewußtheit herauszubilden und zu stärken, ihre politische Kollektivität zu sichern; dies gilt auch und gerade für die revolutionären Arbeiterparteien, deren wesentliches Merkmal darin besteht, »daß wir der politischen Partei der Arbeiterklasse den Charakter einer Massen- und Kampforganisation zuerkennen, die die breiten Volksmassen auf jene Ziele einer tiefgreifenden Umgestaltung der Gesellschaft orientiert, die sich aus der objektiven Entwicklung der Wirtschaft und aus dem Bewußtsein der werktätigen Klassen selbst ergeben« (Togliatti (98) 198). Eine *solche* Kampf- und Massenorganisation kann sie aber nur sein, wenn gerade der Widerspruch von sozialer Basis und sozialem Inhalt beseitigt wird, und zwar wesentlich durch demokratische Willensbildungs- und Entscheidungsstrukturen, also die geschilderten undemokratischen Strukturen des anderen Parteientypus aufgehoben werden. Nur in einem solchen Fall kann dieser Parteientypus die objektiven Interessen der Klasse artikulieren und verwirklichen. Die Möglichkeiten solcher Parteien sind aber den herrschenden »Integrationsparteien« in doppelter Hinsicht überlegen: Zunächst ist ihre wesentliche Funktion nicht die entdemokratisierende Entpolitisierung, was diesen anderen Parteien noch engere Grenzen setzt als der Staatstätigkeit; ferner sind sie eben auch nicht wie der Staat an die dominierenden Eigentumsverhältnisse innerhalb einer Gesellschaftsformation gebunden, sondern vertreten das Klasseninteresse der revolutionären Klassen und damit das an der Höherentwicklung der Gesellschaft. Anders ausgedrückt: während die herrschenden Klassen in den verschiedenen Gesellschaftsformationen ihre größten politischen Wirkungsmöglichkeiten und damit auch die als gesellschaftliches Subjekt durch den *Staat* entfalten, bilden die politischen Parteien der progressiven Klassen das organisatorische Zentrum zur Entwicklung von der »Klasse an sich« zur »Klasse an und für sich«, also zum gesellschaftlichen Subjekt. »Für die unterdrückte fortschrittliche Klasse ist ihre politische Partei im wesentlichen das einzige Instrument, mit dem sie zum Kampf gegen ihren Gegner antreten kann. Sie muß allein über ihre politische Partei eine solche organisatorische Stärke erringen, durch welche die Kraft, über die ihr Gegner in Form eigener politischer Zusammenschlüsse und der ganzen Macht des Staatsapparates verfügt, übertroffen wird. Außerdem ist sie in der Regel diejenige Klasse, deren Lebensbedingungen so unmittelbar wie die Lebensbedingungen keiner anderen Klasse vom erreichten Entwicklungsstand der Produktionsweise, von allen ihren Widersprüchen, geprägt ist. Sie kann ihre revolutionäre Rolle nur ausführen, indem sie sich nach

Prinzipien organisiert, welche den objektiven Erfordernissen der Veränderung der Produktionsweise entsprechen und damit bereits in Übereinstimmung mit Grundbedingungen des Funktionierens der neuen, erst zu errichtenden, Produktionsweise stehen« (Lassow (16) 544; vgl. Gramsci (12) 285 f.). Die progressiven Parteien stehen damit zur Gesellschaftsformation und den sie charakterisierenden Eigentumsverhältnissen im Verhältnis einer *bestimmten Negation*; damit besteht ein grundlegendes Interesse zunächst an einem Aufbrechen der durch die herrschenden Ideologien mitgesicherten und wesentlich auch durch ihre Parteien getragenen und vermittelten herrschenden Einheit von Basis und Überbau, der herrschenden Hegemonie. »Mit anderen Worten: es gilt, den durch die Ideologien ›zementierten‹ (Gramsci) Block zwischen Basis und Überbau aufzusprengen. Medium dieses Lernprozesses und Organisator des Kollektivbewußtseins ist der ›moderne Fürst‹, die Partei, die politisches Handeln durch Überwindung des unkritischen Alltagsverstandes (woran die herrschenden Integrationsparteien stets ansetzen; K.-H. B.) . . . ermöglicht. Strategisches Ziel ist zunächst die ›bürgerliche Gesellschaft‹. Je stärker das Klassenbewußtsein und damit das Bewußtsein der Historizität gesellschaftlicher Prozesse bei den bisher subalternen Klassen und Schichten anwächst, desto mehr zerbricht der ›historiche Block‹ der herrschenden Klasse« (Priester (91) 527).

Diese progressiven, die bürgerliche Gesellschaft transzendierenden Arbeiterparteien (worauf wir uns hier wiederum beschränken wollen) haben sich in der deutschen Nationalgeschichte nach der »Trennung der proletarischen von der bürgerlichen Demokratie« (vgl. Mayer (62) 152 ff., 166 ff.) zwischen 1863 und 1870 und der damit verbundenen Orientierungs- und Sammlungsphase im Gothaer Vereinigungskongreß 1875 als Sozialistische Arbeiterpartei Deutschlands (Vereinigung des Allgemeinen Deutschen Arbeitervereins mit der Sozialdemokratischen Arbeiterpartei) herausgebildet, die dann später umbenannt wurde in Sozialdemokratische Partei Deutschlands (vgl. Abendroth (46) 22 ff.; Fülberth (53). – Die in der gleichen Zeit entstehende Gewerkschaftsbewegung (vgl. Fülberth (54)) verweist allerdings auf ein anderes Problem: zwar ist es richtig, die politischen Parteien und den Staat als die wesentlichen Bestandteile des politischen Überbaus zu betrachten, aber er ist auf diese nicht reduzierbar. Einerseits hat sich die herrschende Klasse im Kapitalismus immer wieder in verschiedenen eigenen Organisationen zusammengeschlossen, um gegebenenfalls auf die konkrete Staatstätigkeit Einfluß zu nehmen (vgl. Simon (95) II. u. IV. Kap.), und andererseits haben sie zur Integration der Nichtkapitaleigner *neben* den genannten »Integrationsparteien« eine Vielzahl von Verbänden, Vereinen usw. ins Leben gerufen, die meist zur Sicherung bestimmter Aspekte der herrschenden Politik dienten (man denke etwa an die Rüstungs- und Kriegsvereine im Kaiserreich, die die »Massenbasis« für die imperialistische Aufrüstungs- und Kriegspolitik sicherten). Aber auch die progressiven Klassen, hier die demokratische und Arbeiterbewegung, haben sich neben den Parteien andere Organisationen zur Artikulation und Durchsetzung ihrer Interessen geschaffen (man denke aus neuester Zeit besonders an die Bürgerinitiativen zu den Berufsverboten, dem Umweltschutz, den Kernkraftwerken usw.). Dabei sind aber die *Gewerkschaften* von herausgehobener Bedeutung und bilden neben den politischen Parteien der Arbeiterklasse *das* organisatorische Zentrum der Arbeiterbewegung (wir kommen darauf zurück).

Die Historizität der politischen Parteien, daß sie also unter bestimmten gesellschaftlichen Bedingungen entstanden sind und daß sie unter bestimmten Bedingungen auch wieder aufgehoben werden, daß sie also auch ein Moment der Vergesellschaftung und des Klassenantagonismus sind (sich also das Anwachsen des subjektiven Faktors auch hier über den Klassenantagonismus vermittelt), hat gerade Gramsci deutlich gesehen: »Da jede Partei nur Nomenklatur einer Klasse ist, so erreicht offensichtlich die Partei, die sich die Aufhebung der Klassenunterschiede zum Ziel setzte, ihre Vollkommenheit dann, wenn sie nicht mehr existiert, weil es keine Klassen und deren Ausdrucksformen mehr gibt« (Gramsci (12) 303).

# Zweiter Teil

# Die konkrete Persönlichkeit und das Ensemble der gesellschaftlichen Verhältnisse

In der Geburtsurkunde des wissenschaftlichen Sozialismus, den Thesen über Feuerbach, hatte K. Marx 1845 geschrieben: »Aber das menschliche Wesen ist kein dem einzelnen Individuum innewohnendes Abstraktum. In seiner Wirklichkeit ist es das ensemble der gesellschaftlichen Verhältnisse« (Marx, MEW 3, 6). Diese grundlegende Einsicht, daß es nämlich zur menschlichen Persönlichkeit keinen »direkten Weg« gibt, sondern nur den »Umweg« über die Gesellschaft, spiegelt sich auch im Aufbau dieses Buches wider: erst *nach* der Analyse der Bestimmungsmomente der Sozialgeschichte die Frage nach den relevanten Momenten der Individualgeschichte zu stellen.

## *1 Vergegenständlichung und Aneignung*

Mit dem Begriffspaar »Vergenständlichung und Aneignung« ist die Grundlage des menschlichen als gesellschaftlichen Lebens erfaßt. Bevor wir darauf eingehen, müssen wir gemäß der historischen Methode der marxistischen Theorie auf jene Prozesse eingehen, die der Sozial- und damit auch der Individualgeschichte historisch wie logisch vorausgegangen sind, also auf die Naturgeschichte.

### *1.1 Zur Naturgeschichte der menschlichen Natur*

Wir haben uns schon oben einmal mit der Naturgeschichte beschäftigt; während dort aber im Zentrum des Interesses die naturgeschichtlichen Vorläufer der menschlichen Sozialstrukturen gestanden haben, geht es an dieser Stelle um die naturgeschichtliche Entwicklung der biologischen Organismen, die letztlich den Menschen hervorgebracht haben. Es sei an dieser Stelle nochmals betont, daß der Organismus-Umwelt- bzw. der Mensch-Welt-Zusammenhang ein widersprüchlich-einheitlicher Prozeß ist, dessen verschiedene Momente nur gedanklich, analytisch voneinander isoliert werden können.

Die frühesten und einfachsten Bewegungsformen der Materie sind die physikalischen und chemischen Systeme, deren wesentliches Charakteristikum ihre Geschlossenheit darstellt. In ihnen »gelten die Erhaltungssätze der Energie, der Masse, des Impulses sowie der Entropiesatz, der besagt, daß in geschlossenen Systemen die Differenzen der Konzentration, der Temperatur und der Energie sich ausgleichen, so daß sich das Gesamtsystem mit seinen Veränderungen schließlich einem Endgleichgewichtszustand nähert« (Schurig (141) 72). Demgegenüber zeichnen sich biologische Bewegungsformen der Materie durch die Offenheit ihres Systems aus, d. h. sie »zeichnen sich gerade umgekehrt durch einen ständigen Zufluß von Substanzen und Energie aus . . . Fließgleichgewicht und offener Systemcharakter des Organismus sind die biophysikalischen Eigenschaften, mit denen sich lebende Systeme partiell dem energetischen Ausgleich mit der Umgebung entziehen können« (a.a.O., 72 f.; vgl. Holzkamp (129) 65 ff.). Die in offenen Systemen notwendige dynamische Selbststeuerung sichert den Stoffwechselprozeß (der Energieaustausch ist dessen quantitativer Aspekt) des Organismus mit der außerorganismischen Umwelt, der Natur; die naturgeschichtliche Kontinuität des organismischen Lebens wird über die Existenz der zeitlich begrenzten Exemplare hinaus durch die Zellreproduktion und die Mutation gesichert. Daher kann Schurig, Kaplan zitierend, feststellen: »Stoffwechsel, Zellreproduktion und Mutation sind die Schlüsselprozesse der Lebendigkeit. Sie erschließen den mit ihnen ausgestatteten, individualisierten begrenzten Stoffsystemen eine Evolution, die automatisch zu zunehmender Typenvielfalt, Organisationshöhe (Kompliziertheit) und Anpassung im Laufe von Generationen führt« (Schurig (141) 71).

Will man den naturgeschichtlichen Prozeß der Organismen bis zum Menschen hin adäquat, d. h. konkret, umfassend und in seinen entscheidenden Entwicklungsmomenten erfassen, so muß man zwischen den Entwicklungsebenen und den vorwärtstreibenden Faktoren unterscheiden. – Die *Entwicklungsebenen* sind 1. die *Verhaltens*ebene (worunter alle äußeren Reaktionen des Körpers verstanden werden); 2. die *physiologische* Ebene und 3. die *genetische* Ebene, wobei letztere die wichtigste ist, weil sie die beiden ersten Ebenen entscheidend bestimmt (vgl. Schurig (144) 93 f.; ders. (142) 166 ff., bes. 172). – Bei den *vorwärtstreibenden Faktoren* (auf die schon verwiesen wurde) muß unterteilt werden in 1. die *erhebliche Variabilität* durch genetische Kombination, vor allem Mutation; 2. die natürliche *Selektion* durch Erhöhung der überlebenswahrscheinlichen Fortpflanzungsmöglichkeiten; 3. die geographische und biologische *Isolation* und 4. die *Wanderung*, wobei hier die Selektion den übergeordneten Faktor darstellt (vgl. Holzkamp (129) 63).

Ein wesentlicher Fortschritt, d. h. biologisch präzise: Erhöhung der Überlebenswahrscheinlichkeit, bestand in der Entstehung und Entwicklung der tierischen *Lernfähigkeit*. Zunächst war das Verhalten der Tiere weitgehend festgelegt durch das Erbmaterial, Veränderungen innerhalb der einzelorganismischen Existenz (Ontogenese) nicht möglich. Mit der Lernfähigkeit verändert sich dies: Es entsteht die Möglichkeit, sich Veränderungen der Umwelt innerhalb der Ontogenese *anzupassen*, es entsteht die Dialektik von Festgelegtheit und Variabilität des organismischen Lebens (vgl. H.-Osterkamp (132) 139 ff.). Für diese »Lernprozesse der höchstentwickelten Tiere ist charakteristisch, 1. daß die durch Reize hervorgerufenen Erregungszustände neurophysiologisch als Engramme gespeichert werden und 2. außerdem während ihrer ontogenetischen Entwicklung sich verschiedene Verknüpfungen zwischen den unterschiedlichen Reizengrammen als Assoziationen herausbilden, so daß wichtige Reizkombinationen bevorzugt ›gemerkt‹ werden können« (Schurig (142) 50 f.).

Die erste Stufe der Phylogenese der Lernfähigkeit (vgl. insgesamt H.-Osterkamp (132) 112 ff.; Schurig (142) 50 ff., bes. 29 ff., 37 ff.) stellt die *Habituation* dar, die Gewöhnung, die in einer Ausschaltung von nicht lebensrelevanten Umweltreizen besteht. – Als höhere Form entwickelt sich das *Prägungsverhalten*, welches in einer zeitlich begrenzten Öffnung gegenüber Umwelteinflüssen besteht und zu stabilen, fast unveränderbaren Lernprozessen führt. Am bekanntesten sind hier die Graugansversuche von K. Lorenz: Wenn kurz nach der Geburt nicht die Graugans-Mutter, sondern der Forscher sich in der Umgebung des Jungtieres aufhält, so folgen sie ihm wie sonst der Mutter. – Das *problemlösende Verhalten* (Lernen durch Einsicht) stellt die höchste Lernform dar und reicht schon ins Tier-Mensch-Übergangsfeld hinein. Entscheidend ist, daß die Lösung für eine bestimmte (gestellte oder real vorhandene) Aufgabe sofort gefunden werden muß (nur so kann Lernen nach dem trial-and-error-Prinzip ausgeschlossen werden). Hier sind die Affenversuche des Gestalttheoretikers W. Köhler besonders bekannt geworden.

Das problemlösende Verhalten setzt bereits eine hohe Entwicklungsstufe des *Psychischen* voraus, welche selbst auch ein Resultat der höheren Anforderungen an den Organismus ist und in immer genauerer Weise die außerhalb des Psychischen existierende Umwelt widerspiegelt. Der erste qualitative Sprung setzt ein mit der Entstehung des Psychischen und seiner relativen Verselbständigung gegenüber dem Physiologischen, d. h. mit dem Übergang von der rein materiell-biologischen Abbildung zum Informationsaustausch zwischen zwei biologischen Systemen. »Die höchstentwickelte und phylogenetisch jüngste Art des biologischen Informationswechsels . . . ist die Entstehung von Signalen, Signalhandlungen, tierischen Kommunikationssystemen, des tierischen Lernverhaltens, dessen besondere ideelle Widerspiegelungsfähigkeit hier global mit dem Begriff des Psychischen charakterisiert werden soll» (Schurig (141) 77; alle Sperrungen entfernt). – Das Psychische setzt ein Nervensystem voraus, und beides entwickelt sich in wechselseitiger Abhängigkeit zu immer höheren Stufen, wobei der Übergang vom diffusen zum zentralisierten Nervensystem ein wichtiger Entwicklungsschritt ist, denn damit wurde die Konzentration und Zentralisation von Nervenzellen in der Kopfregion geschaffen, als deren wichtigstes Evolutionsprodukt das Gehirn anzusehen ist (vgl. a.a.O., 89 ff., 96 ff.).

Eine spezifische Form der Informationsweitergabe biologischer Systeme stellt der Genaustausch dar, denn *er* sichert primär die naturgeschichtliche Kontinuität. »Biologische Systeme besitzen eine begrenzte Lebensdauer und können nur dann innerhalb phylogenetischer Zeiträume existieren, wenn eine genaue Kopie des vorhandenen Originals angefertigt und diese im Prozeß der Fortpflanzung auf die Nachkommen übertragen wird . . . Die Voraussetzung einer derartigen Merkmalsidentität zwischen Eltern und Nachkommen ist die Existenz von Erbanlagen, ihre identische Verdoppelung und anschließende Verteilung. Die Vermehrungsprozesse als Zellteilung schließen eine genetische Informationsweitergabe ein, die bei höheren Organismen über sexuelle Fortpflanzung realisiert wird« (a.a.O., 75 f.).

Diese hier nur sehr kurz skizzierten naturgeschichtlichen Entwicklungstendenzen führen zu immer erweiterteren Möglichkeiten von Lern- und Entwicklungsvorgängen in der Ontogenese der Organismen und bilden eine notwendige Voraussetzung für den Eintritt in das Tier-Mensch-Übergangsfeld, an dessen Ende der Mensch steht. »Der Mensch verfügt als einziges Lebewesen über die ›artspezifischen‹ biologischen Potenzen zur vergegenständlichenden Naturveränderung durch gesellschaftliche Tätigkeit, damit zur individuellen Teilhabe an gesellschaftlicher Kontrolle menschlicher Lebensbedingungen durch Aneignung vergegenständlichter, historisch kumulierter Erfahrung, womit er gleichzeitig an der Schaffung und Verbesserung der Bedingungen für seine eigene Existenzsicherung teilzuhaben vermag . . . Da jede Gesellungseinheit sich nur über die individuellen Beiträge ihrer Mitglieder erhält, demgemäß auch die Existenz jedes einzelnen hier nur durch die Beiträge der Gesellschaftsmitglieder zur gesellschaftlichen Lebenserhaltung gesichert ist, müssen (unter Voraussetzung gesellschaftlicher und individueller Existenzerhaltung) im gesellschaftlichen Prozeß modal, durchschnittlich, gesehen in den Lern- und Entwicklungsprozessen jeweils einzelner Lebensläufe jene Fähigkeiten, Eigenschaften usw. immer wieder reproduziert werden, die zu Beiträgen zur gesellschaftlichen Lebenserhaltung notwendig sind« (Holzkamp (175) Teil 1, 17; alle Sperrungen entfernt K.-H.B.). Die qualitative Abgrenzung zu den tierischen Organismen ist doppelter Art: Einmal stellt der Mensch *innerhalb* der Naturgeschichte eine besondere Art dar, die über biologisch-organismische Merkmale verfügt, die bei *keinem* anderen Lebewesen zu finden sind; insofern kommt dem Begriff der »menschlichen Natur« ein sehr präziser und wissenschaftlich begründeter Sinn zu. Zum anderen steht der Mensch aber auch *außerhalb* der Naturgeschichte, ist Bestandteil der Sozialgeschichte, bringt selbst Welttatbestände hervor, schafft sich seine »eigene Welt«.

Der Begriff der »menschlichen Natur« ist von konservativen Theoretikern unter Hypostasierung von deren Unveränderlichkeit dazu mißbraucht worden, die bestehenden gesellschaftlichen Verhältnisse als nicht veränderungswürdig bzw. nicht veränderbar hinzustellen und damit die Herrschaft des Menschen über den Menschen zu legitimieren. *Dem* kann von marxistischer Seite aber nicht dadurch begegnet werden, daß man die »menschliche Natur« auf subhumanem Niveau ansiedelt und als spezifisch menschlich *nur* dessen Gesellschaftlichkeit ansieht. Dieser Fehler gehört zu den zentralen Schwächen von Sèves Persönlichkeitstheorie. Er schreibt u. a.: »Die ganze moderne Anthropologie bestätigt die Thesen von Marx und bestreitet diese Ideologie von der menschlichen ›Natur‹. Bei der Geburt ist das menschliche Individuum – psychologisch gesehen eine Frühgeburt – nur ein Anwärter auf Menschlichkeit« (Sève (162) 48). Und noch deutlicher heißt es an anderer Stelle: »Aber die Individuen, sie müssen immer wieder beim ursprünglich Tierischen *anfangen*, da die gesellschaftliche Vermenschlichung sich außerhalb der Organismen vollzieht« (Sève (145) 177; vgl. ders. (146) 178 ff.). Auch wenn es selbstverständlich völlig richtig ist, daß das menschliche Wesen in den gesellschaftlichen Verhältnissen liegt, so darf daraus aber nicht der falsche Umkehrschluß gezogen werden, daß es keine menschliche Natur gibt; bewältigt werden muß demgegenüber die Dialektik von menschlicher Natur und menschlichem Wesen (vgl. H.-Osterkamp (132) 327 ff.).

Auch innerhalb der Kritischen Theorie des Subjekts wird die Frage der menschlichen Natur diskutiert, allerdings in doppelt verkürzter

Weise: 1. Es wird nicht versucht, die menschliche Natur in ihrer Spezifik aus der Naturgeschichte heraus zu bestimmen, sondern sie wird als fix und fertiges Produkt betrachtet. Das hat einerseits zur Konsequenz, daß die naturgeschichtliche Notwendigkeit nicht herausgearbeitet wird und daß – daraus folgend – die Spezifik der *menschlichen* Natur nicht erfaßt werden kann, weil eben die anderen Entwicklungsstufen nicht bekannt sind. 2. Das naturwissenschaftliche Erkenntnisinteresse beschränkt sich auf die physiologische Ebene und klammert die Verhaltensebene und die genetische Ebene aus (dies wird besonders deutlich an A. Lorenzers Kritik der Freudschen Theorie und der frühen Ansätze des Freudomarxismus; vgl. Lorenzer (226) Kap. II u. III). Die notwendige und folgenreichste Konsequenz dieser Verkürzung liegt in der Verkennung der gegenständlichen Tätigkeit und der Arbeit als naturgeschichtlich gewordener Spezifik des menschlichen Lebens.

## *1.2 Persönlichkeitsentwicklung als stufenweise Aneignung des menschlichen Sozialerbes*

Erst nach der Analyse der Naturgeschichte der menschlichen Natur, d. h. der naturgeschichtlichen Gewordenheit des Menschen, lassen sich begründete Aussagen über die Persönlichkeitsentwicklung machen.

### *1.2.1 Menschliches Wesen und konkrete Persönlichkeit*

Wie nun schon öfter herausgestellt, vermögen sich die Menschen zu vergegenständlichen, zu verobjektivieren, aufgrund zweckgerichteter und bewußter Veränderung der Natur Produkte und mit ihnen Verhältnisse außerhalb ihrer selbst zu schaffen, die anderen Menschen, Gruppen, Klassen, Generationen und Völkern als Voraussetzung und Ausgangspunkt ihres Handelns dienen. Diese vom Menschen geschaffenen Objektivationen, dieses menschliche Sozialerbe, müssen sich die Individuen *aneignen*, müssen es individuell reproduzieren. »Auch das Tier paßt sich mit seiner Tätigkeit der Umwelt an, es eignet sich dabei jedoch niemals die Errungenschaften der phylogenetischen Entwicklung an. Während ihm diese in den natürlichen, angeborenen Besonderheiten *gegeben sind*, sind sie dem Menschen dagegen in den objektiven Erscheinungen seiner Umwelt *aufgegeben*. Um diese Errungenschaften in seiner ontogenetischen Entwicklung zu realisieren, muß er sie sich *aneignen;* nur durch diesen, stets aktiven Prozeß ist das Individuum in der Lage, deren wahre menschliche Natur, deren Eigenschaften und Fähigkeiten zutage treten zu lassen, die aus der gesellschaftlich-historischen

Entwicklung der Menschheit resultieren und objektiv-gegenständliche Form erlangt haben« (Leontjew (138) 281). Hieraus ergibt sich die präzise Unterscheidung zwischen der aktiven Aneignung und der passiven Anpassung. »Zwischen den Anpassungsprozessen im eigentlichen Sinne des Wortes und den Aneignungsprozessen gibt es folgenden prinzipiellen Unterschied: Bei der biologischen Anpassung *verändern sich* die Arteigenschaften und das Artverhalten des Individuums. Beim Aneignungsprozeß *reproduziert* dagegen das Individuum die historisch gebildeten Fähigkeiten und Funktionen. Durch diesen Prozeß wird in der Ontogenese des Menschen das erzielt, was beim Tier durch die Vererbung erreicht wird: Die Entwicklungsergebnisse der Art werden in den Eigenschaften des Individuums verkörpert« (a.a.O., 283).[23] Der aktive Charakter der Aneignung liegt darin, daß sie nie unabhängig von der Vergegenständlichung existiert: durch die gegenständliche Weltauseinandersetzung hindurch eignen sich die Menschen das Sozialerbe an, vergesellschaften sich, vermenschlichen sich.

Diesem Konzept der Aneignung liegt aber auch ein spezifisches, die Kritische Psychologie auszeichnendes Verständnis des Verhältnisses von Individuum und Gesellschaft zugrunde, nämlich der Differenz in der Einheit. Wir werden dieses Verhältnis in zweifacher Art aufschlüsseln. Zunächst impliziert die Aneignungstheorie ein bestimmtes Verständnis des menschlichen Wesens, der Humanität. »Das Paradoxon der Humanität läßt sich so formulieren: Jedes Individuum, so scheint es, ›hat an und für sich die Gestalt des Menschenverstandes‹, wie Montaigne sagt. Jedes Individuum ist ein einmaliges Exemplar der Humanität im allgemeinen; und doch wissen wir seit Marx, daß diese Humanität im allgemeinen, die umfassend verstandene Humanität, der Sachverhalt des Menschseins, das menschliche Wesen an und für sich nicht die Gestalt der Individualität, nicht psychologische Gestalt hat. Es ist die historisch veränderliche und konkrete Summe der Produktivkräfte, der gesellschaftlichen Verhältnisse, der kulturellen Errungenschaften usw. *Die Humanität hat dem Wesen nach nicht Menschengestalt.* Und doch erhält jedes Individuum gerade durch dieses Wesen, das nicht Menschengestalt hat, seine Individualitätsform, seine menschliche Gestalt . . . Dieses Paradoxon ist im Grunde nichts anderes als das hochwichtige epistemologische Paradoxon des *konkreten Wesens«* (Sève (146) 260 f.). – Zum anderen leitet sich aus der Aneignungstheorie auch die Unterscheidung von menschlichem Wesen und konkreter Persönlichkeit ab, worauf Holzkamp – mit Bezug auf Sève – hingewiesen hat. »Sève leitet das Erfordernis einer marxistischen Persönlichkeitstheorie ab aus der Unterscheidung zwischen dem *menschlichen Wesen* als Gesamtheit der in den objektiven gesellschaftlichen Verhältnissen liegenden historisch gewordenen und bestimmten menschlichen Entwicklungsmöglichkeiten einerseits und den *konkreten Individuen,* die das menschliche Wesen in einer bestimmten Position innerhalb des arbeitsteiligen Gesamts der gesellschaftlichen Verhältnisse jeweils partiell realisieren, andererseits. Die Persönlichkeitsstrukturen stehen nach Sève demgemäß zwar zu der Gesellschaftsstruktur in einem Verhältnis der Unterordnung, sind aber dennoch nicht allein aus deren objektiver Bestimmtheit abzuleiten, sondern müssen in ihrer Besonderheit als konkrete, einmalige Subjekte erforscht werden« (Holzkamp (130) 51). Es gehört zu den großen Verdiensten von Sèves Arbeit, das auch in der marxistischen Literatur häufig etwas diffus beschriebene Verhältnis von Gesellschaft und Individuum auf den Begriff gebracht zu haben: Diese Differenz in der Einheit von menschlichem Wesen und konkreter Persönlichkeit hat er bezeichnet mit dem Begriff der »Juxtastruktur«. »So sind die Individuen zwar *ebensosehr* wie die Überbauten von der gesellschaftlichen Basis (und von ihren Überbauten) funktional determiniert, aber sie treten nicht mit Überbaucharakteristik *auf* dieser Basis hervor, sondern werden gewissermaßen *von der Seite* in sie *hineinversetzt* und ihr völlig untergeordnet, obwohl sie ihren *Ursprung* nicht in ihr haben. Als Bezeichnung für diesen spezifischen Typ von Wesenszusammenhang . . . schlage ich den Begriff *Juxtastruktur* vor. Es ist wesentlich, nicht den rein äußeren Zusammenhang zweier selbst unabhängiger Strukturen – der also auf *neutrale Wechselseitigkeit* hinausläuft – mit dem zusammenzuwerfen, was ich hier als juxtastrukturelles Verhältnis bezeichne. In diesem ist bestimmungsgemäß die eine Struktur, obwohl ihr Träger unabhängige Existenz und unabhängigen Ursprung besitzt, völlig der anderen untergeordnet, so daß die notwendig wechselseitige Funktionaldetermination dann den Verlauf einer *gerichteten Kreisbeziehung* nimmt: die eine Struktur ist stets die in letzter Instanz bestimmende Struktur« (Sève (146) 162).[24]

Die Aneignung des Sozialerbes stellt also ein Erfordernis dar, dem das Individuum sich nicht in scheinbar freier Entscheidung stellen bzw. entziehen kann (wie individualistische Theorien unterstellen), sondern eine Lebensnotwendigkeit, wenn das einzelne Individuum am gesellschaftlichen Prozeß der allgemeinen und damit auch individuellen Lebenssicherung teilhaben soll (sich dem zu entziehen bedeutet konkret, auf das Entwicklungsniveau des Tier-Mensch-Übergangsfeldes zurückzufallen, wie das Kaspar-Hauser-Beispiel zeigt). – Die sich aus der Differenz von menschlichem Wesen und konkretem Individuum ableitende Aneignungsnotwendigkeit hat Sève mit der hochwichtigen Kategorie der Individualitätsform erfaßt, denn es ist notwendig »die Natur der Funktionaldeterminationsprozesse zu begreifen, durch welche die konkrete Persönlichkeit in gesellschaftlichen Realitäten, die eben nicht ihre *Gestalt* haben, *ihre Gestaltung erfährt«* (a.a.O., 265). Was sich vom Standpunkt der Gesellschaft als notwendig zur Reproduktion ihrer selbst darstellt, sind für die Individuen *»notwendige* Aktivitätsmatrizen, die den Individuen *objektiv bestimmte gesellschaftliche Charaktere* aufprägen« (a.a.O., 267). Daher kann das Wesen der konkreten Individuen »nur auf der Grundlage einer Theorie der *allgemeinen* Formen der Individualität in einer gegebenen Gesellschaftsformation« (ebenda) erforscht werden. Damit ist schon darauf verwiesen, daß die Möglichkeiten und Grenzen des Aneignungsprozesses durch den Charakter und die Spezifik der gesellschaftlichen Verhältnisse entscheidend bestimmt werden.

Aber bevor wir diesen Argumentationsgang fortführen, wollen wir das bisher Gesagte auf die uns interessierende Frage, die nach dem individuellen Subjekt, zuspitzen und präzisieren: Aus der allgemeinen Tatsache, daß die gesellschaftlichen Gesetze Voraussetzung und Resultat menschlichen Handelns sind, ergibt sich der spezifische Tatbestand der Differenz in der Einheit von menschlichem Wesen und konkreter Persönlichkeit, von Menschheit und Menschen. Aus *dieser* Tatsache ergibt sich die Notwendigkeit und Möglichkeit einer matrialistischen Persönlichkeitstheorie; da die Aneignungstheorie gerade diese Vermittlung von Sozialerbe und konkreter Persönlichkeit untersucht, sind Aneignungstheorie und Persönlichkeitstheorie identisch. Aus alledem folgt zwingend, daß das individuelle Subjekt nur als *Aneignungs*resultat verstanden werden kann, sich also im Gang der Aneignung, also der Persönlichkeits*entwicklung*, herausbildet. Da aufgrund des relationalen Charakters der Subjekt-Objekt-Beziehung sich das Verhältnis von Individuum und Gesellschaft *auch* als das von Subjekt und Objekt begreifen läßt, muß daraus die Schlußfolgerung gezogen werden, daß nur die Aneignungstheorie als materialistische Persönlichkeitstheorie die Notwendigkeit der Existenz der individuellen Subjektivität begründen kann; gerade dies muß gegenüber der Kritischen Theorie des Subjekts festgehalten werden, und es wird sich im Gang der Einzelanalysen zeigen, daß sie gerade diesen entscheidenden Zusammenhang – trotz aller entgegengesetzter Intention – verfehlt. Die gesellschaftlich bedingten Aneignungsgrenzen sind daher immer auch Grenzen der Entfaltung des individuellen Subjekts.

### 1.2.2 *Gesellschaftlich begründete Aneignungsmöglichkeiten und -grenzen*

Die Möglichkeiten der individuellen Entwicklung und Entfaltung sind zunächst durch das gesellschaftliche Entwicklungsniveau in seiner Gesamtheit bestimmt, über das die konkrete einzelne Persönlichkeit nur insoweit hinausgelangen kann, als sie einen Beitrag zur Vermehrung des Sozialerbes leistet. In den frühen Stufen der Sozialgeschichte steht daher im Zentrum die einfachste materiell-biologische Sicherung des menschlichen Lebens, findet die kollektive Auseinandersetzung mit der Natur noch in einfach überschaubaren Sozialgebilden statt. Erst mit der Höherentwicklung der Produktivkräfte, besonders der menschlichen Fähigkeiten, werden die sozialen Verhältnisse komplexer, werden die Anforderungen an das einzelne Individuum höher, werden – das ist der reziproke Sachverhalt – seine Entwicklungsmöglichkeiten reichhaltiger aufgrund zunehmender Möglichkeiten der gesellschaftlichen und damit auch der individuellen Kontrolle der natürlichen und gesellschaftlichen Prozesse.

Doch die Höherentwicklung der Gesellschaft, die kontinuierliche Erwirtschaftung eines gesellschaftlichen Mehrprodukts, führt – wie dargestellt – zur Entstehung des gesellschaftlichen Antagonismus von herrschender und beherrschter Klasse. Mit dieser Klassenspaltung verbindet sich auch die herrschaftsbestimmte Trennung von körperlicher und geistiger Arbeit, wobei die tendenzielle Monopolisierung des gesellschaftlichen Wissens innerhalb der herrschenden Klasse dieser auch größere Möglichkeiten der bewußten Kontrolle von Natur und Gesellschaft garantiert. Mit der Entstehung des Klassenantagonismus ist es für die Entwicklungsmöglichkeiten des einzelnen Individuums weniger wichtig, welchen Umfang das Sozialerbe in seiner Gesamtheit hat, als welchen Standort es innerhalb der Gesellschaft einnimmt, also welcher Klasse und Schicht es angehört; anders formuliert: die Aneignungsgrenzen werden zu Klassengrenzen[25], die Persönlichkeitsstruktur repräsentiert in spezifischer und sehr vermittelter Weise die Klassenstruktur. »Die Persönlichkeit als Klassenindividuum sehen heißt also nicht einfach, die statistische Zugehörigkeit eines Individuums zu dieser oder jener Klasse oder Schicht festzustellen . . ., sondern es wird gefragt, in welchem Maße die Persönlichkeit in ihrer Entwicklung einen bestimmten sozialen Charakter angenommen hat und wie dieser in ihrem Verhalten zum Ausdruck kommt, inwieweit sie ein bestimmter sozialer Typus ist« (Meier (120) 57).

Wenn in der materialistisch orientierten Literatur hieraus häufig der Schluß gezogen worden ist, daß damit die Aneignungsmöglichkeiten für die beherrschte Klasse ihre Grenze an den gesellschaftlichen, besonders ökonomischen Interessen der herrschenden Klasse finden, so ist dies eine falsche Vereinseitigung, weil die Anforderungen der Individualitätsform der Beherrschten (z. B. der Sklaven, der Leibeigenen, der Lohnarbeiter) selbst so widersprüchlich wie die gesellschaftlichen Widersprüche sind; d. h. der Unterdrückte ist sowohl Mitglied der unterdrückten Klasse als ausgebeuteter Klasse *als auch* Mitglied der unterdrückten Klasse als Teil bzw. Kern der sozialen Emanzipationsbewegung, als revolutionärer Bewegung (wobei es selbstverständlich eine Vielzahl von Zwischenformen gibt). Wenn man diese *Widersprüchlichkeit* der Individualitätsform zugunsten der Abhängigkeit von der herrschenden Klasse (und ihrer Herrschaftslogik) vereinseitigt, verliert man das gesellschaftliche und damit auch das individuelle Subjekt aus dem Auge (zugleich reduziert man die Klassentheorie auf eine Theorie der Sozialstruktur und »vergißt«, daß diese immer auch und wesentlich eine Theorie der sozialen Triebkräfte ist); vereinseitigt man aber »zugunsten« der Emanzipationsmöglichkeiten und -notwendigkeiten, so verliert man den herrschaftlich bestimmten Systemcharakter der Gesellschaftsformation aus dem Blickfeld und schürt individualistisch-subjektivistische Illusionen. In letzter Konsequenz vermögen beide Vereinseitigungen nicht die Wege und Mittel der sozialen und damit auch individuellen Emanzipation zu benennen, sind also – trotz häufig vorhandener gegenteiliger Absichten – letztlich antiemanzipatorisch.

Das Interesse der herrschenden Klasse an den Aneignungsprozessen der Unterdrückten bezieht sich maximal auf die Ausnutzung der Entwicklungsmöglichkeiten *innerhalb* der bestehenden Gesellschaftsformation und minimal (zumindest in der Regel) auf eine einfache Reproduktion des gesellschaftlichen Zustandes (denn zur Ausbeutung der Unterdrückten bedürfen diese selbstverständlich eines gewissen Aneignungsniveaus). In diesen Minimalanforderungen liegt die sozialhistorische Konkretionsmöglichkeit der Einsicht, daß die Individuen ein durchschnittliches Aneignungsniveau erreichen müssen, um am gesellschaftlichen Lebensprozeß teilnehmen zu können. Sofern dieses Aneignungsniveau *unterschritten* wird, sprechen wir von einer mißlungenen Persönlichkeitsentwicklung, von einer pathogenen Persönlichkeit; Kriterium für die Persönlichkeitsentwicklung ist also das Maß der gesellschaftlich möglichen bzw. nötigen Aneignung des Sozialerbes.

Die Erreichung eines – je nach gesellschaftlichem Standort verschiedenen – bestimmten Aneignungsniveaus ist selbst Entwicklungs*resultat*, d. h. nicht auf einmal da, plötzlich vorhanden, sondern verläuft über Entwicklungsstufen. Die Kritische Psychologie lehnt allerdings

Entwicklungskonzeptionen ab, die Form und Inhalt der einzelnen Stufen *aus dem Individuum heraus* begründen, und vertritt demgegenüber die Auffassung, daß sich Form und Inhalt der Aneignungsstufen durch ihre Bedeutung für die individuelle Lebenserhaltung innerhalb der bestehenden menschlichen Gesellschaft bemessen. »Die Dauer und der Inhalt der Entwicklungsstufen, die den Menschen auf die Teilnahme an der Arbeit und am gesellschaftlichen Leben vorbereiten, sind im Laufe der Geschichte keineswegs immer gleich gewesen. Ihr zeitlicher Umfang ändert sich von Epoche zu Epoche; er nimmt in dem Maße zu, in dem die Forderungen der Gesellschaft an die jeweilige Entwicklungsstufe wuchsen« (Leontjew (138) 403). Diese Entwicklungsstufen, deren (Alters-)Grenzen durch ihren Inhalt (und nicht umgekehrt) bestimmt sind, zeichnen sich durch eine sie bestimmende Tätigkeitsart, einschließlich des dazu notwendigen Bewußtseins, aus. »Jede Stufe der psychischen Entwicklung ist durch eine bestimmte dominierende Tätigkeitsart und durch eine bestimmte dominierende Beziehung des Kindes (und jedes anderen Individuums; K.-H. B.) zur Wirklichkeit gekennzeichnet« (a.a.O., 402). Typisch für die dominierende Tätigkeit sind drei Momente:

»a) In der dominierenden Tätigkeit deuten sich bereits neue Tätigkeitsarten an . . .

b) Die dominierende Tätigkeit führt zur Bildung und Umgestaltung psychischer Vorgänge . . .

c) Die dominierende Tätigkeit führt zu den in der gegebenen Entwicklungsstufe beobachteten grundlegenden Veränderungen der . . . Persönlichkeit« (a.a.O., 402). Im Wechsel der dominierenden Tätigkeit liegt der Motor für den Übergang zu einer neuen, höheren Aneignungsstufe, zu einer vermehrten Kontrolle der eigenen und damit auch der gesellschaftlichen Lebensbedingungen. »Normalerweise entsprechen die Ablösung der dominierenden Tätigkeit durch eine andere und der Übergang von einem Entwicklungsstadium zu einem anderen einer aufkommenden inneren Notwendigkeit, und sie vollziehen sich im Zusammenhang mit den neuen Aufgaben, die die Erziehung dem Kind (bzw. die gesellschaftliche Entwicklung dem Erwachsenen; K.-H. B.) stellt und die seinen veränderten Möglichkeiten und seinem neuen Bewußtsein angemessen sind« (a.a.O., 405). Die von bestimmten Entwicklungspsychologien beklagten Entwicklungs*krisen* sind dabei keine Notwendigkeit, sondern zeigen nur, daß auf die sich anbahnende Höherentwicklung nicht in angemessener Weise eingegangen wurde. Anders gesagt: Die einzelnen Entwicklungsstufen stehen also nicht in einem zufälligen und äußeren Zusammenhang, sondern stellen notwendige Etappen der *Höher*entwicklung des konkreten Individuums dar. In den Überlegungen zum Verhältnis von Historischem und Logischem hatten wir u. a. ausgeführt, daß die niederen Entwicklungsstufen nur von den höheren, entfalteteren aus verstanden werden können, also – vereinfacht – das Kind und der Jugendliche vom Berufsmenschen (Erwachsenen) her – und *nicht umgekehrt* (vgl. H.-Osterkamp (133) 329 ff.). Der psychoanalytische Reduktivismus, der den Erwachsenen vom Kind her erklären will (vgl. z. B. Lorenzer (227) 24), verkennt mit dem widersprüchlichen Verhältnis von Historischem und Logischem auch die entscheidende Determination der Persönlichkeitsentwicklung durch die konkreten gesellschaftlichen Verhältnisse, unter den Bedingungen von Klassengesellschaften also durch die Klassenverhältnisse, und kann damit weder die realen Aneignungsgrenzen erklären noch die Bedingungen ihrer Aufhebung benennen und trennt so notwendigerweise das individuelle gesellschaftliche Subjekt vom gesellschaftlichen Subjekt ab.

Da wir uns mit den klassenspezifischen Aneignungsgrenzen der erwachsenen Persönlichkeit, besonders der im materiellen Produktionsprozeß, noch weiter unten beschäftigen, gehen wir hier auf die Bedeutung des Klassencharakters der Erziehung für die Klassenspezifik der Persönlichkeitsentwicklung ein. – *Erziehung* als eine spezifische gesellschaftliche Tätigkeit gibt es seit dem Bestehen der Gesellschaft, sie war notwendiges Moment der Tradierung gesellschaftlicher Erfahrung, sie war Erziehung zur Teilhabe am gesellschaftlichen Prozeß, also sowohl in der Entstehung als auch in ihrer Funktion stets gesellschaftlich. In der Urgesellschaft war die Erziehung zwar durch Arbeitsteilung, aber eben nicht durch die Klassenspaltung geprägt. »Also schon die älteste Erziehung war zweifellos eine *gesellschaftliche* Erziehung und bestand aus einer *Kombination von Unterricht und gesellschaftlich notwendiger Arbeit*, wobei zwischen Männern und Frauen, Knaben und Mädchen, sowie zwischen den einzelnen Totemgruppen *strengste Arbeitsteilung, aber keinerlei Unterordnung* bestand« (Hoernle (117) 17). – Mit dem Entstehen der Klassengesellschaften ändert sich der allgemeine und gleiche Zugang zur Erziehung. In der antiken Sklavenhaltergesellschaft äußert sich dies in der Beschränkung der öffentlichen Erziehung auf die Mitglieder der herrschenden Klasse, der Beseitigung der Arbeitserziehung, der Benachteiligung des weiblichen Geschlechts und der Religiosität der Erziehung (vgl. a.a.O., 20). – Die *herrschenden* Erziehungsstrategien sind dabei stets von einem spezifischen Widerspruch geprägt: einerseits die Erziehung so umfassend zu gestalten, daß eine optimale Ausbeutung der beherrschten Klasse gewährleistet ist, andererseits die

Erziehung so gering wie möglich zu halten, daß sie weder ökonomisch zu aufwendig noch politisch-ideologisch potentiell gefährlich ist. Demgegenüber hatten die *Beherrschten* in der Regel ein Interesse an der Ausweitung des Erziehungssystems und der Erziehungsinhalte. – Während die Erziehung im Feudalismus der in der Antike sehr stark ähnelte, beginnt mit der bürgerlichen Gesellschaft eine neue Etappe: Unter Beibehaltung der klassenantagonistisch bestimmten Widersprüche wird die Erziehung zu einem gesellschaftlichen Teilsystem (auch dies ist ein Moment zur wachsenden Vergesellschaftung und dem Anwachsen des subjektiven Faktors), d. h. sie ist jetzt nicht mehr Nebenfunktion eines anderen gesellschaftlichen Teilbereichs. Diese Verselbständigung der Erziehung war durch das ungeheure Anwachsen des menschlichen Sozialerbes notwendig geworden und stellt einen qualitativen Fortschritt auch hinsichtlich der dadurch ermöglichten Persönlichkeitsentwicklung dar. Der Klassencharakter auch dieses Erziehungssystems findet seine letzte Ursache in der Notwendigkeit zur Reproduktion des Kapitalverhältnisses und realisiert sich in der klassenspezifischen Schulversorgung und der sozialen Selektion, der weitgehenden Unwissenschaftlichkeit der Lehrinhalte, dem Fehlen der polytechnischen Ausbildung für alle, der Benachteiligung der Mädchen und Frauen (vgl. zum bürgerlichen Erziehungssystem und seiner Geschichte Voigt (121)). – Mit der sozialistischen Erziehung wird der Klassencharakter der Erziehung aufgehoben, also der Zugang allen zu allem eröffnet, die polytechnische Grundausbildung verpflichtend, die Wissenschaft Grundlage der Inhalte. – Dieser historische Abriß sollte einen konkreten Einblick in den Sachverhalt der klassenspezifischen Aneignungsmöglichkeiten und -grenzen bieten und ihn damit vertiefen. Zugleich sollte deutlich werden, daß auch hier der Fortschritt sich zwar seinen Weg durch die Klassenverhältnisse bahnen muß, aber daß er dennoch vorhanden ist, d. h. hier konkret, daß auch die Entwicklungsmöglichkeiten der Individuen der beherrschten Klasse im Laufe der Sozialgeschichte enorm gewachsen sind.

### *1.2.3 Vergesellschaftung und Vereinzelung*

Wir haben den gesellschaftlich bedingten und individuell verlaufenden Aneignungsprozeß hinsichtlich seiner Klassenspezifik differenziert; dies ist zwar unabdingbar und grundlegend, aber nicht ausreichend. Denn auch innerhalb einer Klasse verläuft der Aneignungsprozeß nicht bei allen ihren Mitgliedern gleich, da auch hier trotz der klassenspezifischen Beschränkungen des Aneignungsprozesses das Sozialerbe dennoch zu umfassend ist, als daß es sich ein einziger Mensch zwischen Geburt und Tod in seiner Gänze aneignen könnte; andererseits erfordert das System der gesellschaftlich-technischen Arbeitsteilung Persönlichkeitsunterschiede. Auf diesen Zusammenhang von Arbeitsteilung und Vereinzelung der Persönlichkeiten hat gerade Sève hingewiesen. »Und tatsächlich braucht man nur zu bedenken, was uns der Gesamtvergleich des menschlichen und des tierischen Psychischen offenbart, um die entscheidende Rolle dieser (in allen Wortbedeutungen verstandenen) Teilung der Arbeit zu erkennen: Ohne sie würden sich die menschlichen Individuen nicht stärker voneinander unterscheiden als Tiere gleicher Artzugehörigkeit. Die Teilung der menschlichen gesellschaftlichen Arbeit, mit dem Ensemble ihrer Konsequenzen, ist die tiefste und allgemeine *gesellschaftliche* Grundlage der *Individuation* beim Menschen, die als Konsequenz des allem vorangehenden Sachverhalts der – auf die Individuen bezogen – gesellschaftlichen Äußerlichkeit des menschlichen Wesens erscheint . . . Und je mehr sich das menschliche Sozialerbe entwickelt, je mehr sich das gesellschaftliche System der Teilung der Arbeit kompliziert und vermannigfacht, desto stärker werden die gesellschaftlichen Grundlagen der psychologischen Individuation« (Sève (146) 285). Das wichtigste ist hier, daß Vergesellschaftung und Vereinzelung nicht als zwei äußerlich aufeinander bezogene Prozesse angesehen werden, sondern daß – gemäß dem Juxtastrukturverhältnis von Individuum und Gesellschaft – der Vereinzelungsprozeß aus Spezifika des Gesellschaftsprozesses abgeleitet wird. Damit entsteht eine neue Widerspruchsebene: sowohl die Aneignung wie auch die Vergegenständlichung sind selbst wiederum durch den Widerspruch von Vergesellschaftung und Vereinzelung bestimmt.

Die Vergesellschaftung und Vereinzelung hat – im welthistorischen Maßstab – drei Haupttypen des Verhältnisses von Individuum und Gesellschaft hervorgebracht, nämlich »erstens die Etappe ungegliederter, persönlichkeitsloser Gemeinschaftlichkeit (oder gemeinschaftlicher Persönlichkeitslosigkeit) während der Gentilordnung; zweitens die Etappe des Persönlichkeitsseins bis hin zur Gemeinschaftslosigkeit, zum Individualismus, d. h. die Etappe des persönlichkeitsgerichteten Individualismus (oder des individualistischen Persönlichkeitsseins), die der der antagonistischen Gesellschaft entspricht; drittens die Etappe der persönlichkeitsgerichteten Gemeinschaftlichkeit (oder des gemeinschaftsgerichteten Persönlichkeitsseins) der kommunistischen Formation« (P. M. Egides, Die Persönlichkeit als soziologische Kategorie, in: Persönlichkeit im Sozialismus, Berlin 1972; zitiert nach Meier (120) 84; vgl. Leontjew (138) 224 ff., 235 ff.). In dieser sozialgeschichtlichen Analyse wird auch deutlich, daß Vergesellschaftung und Vereinzelung sich als Widerspruchsverhältnis historisch herausgebildet haben und nicht schon immer zwei Momente eines einheitlichen Prozesses waren; die letzte Entwicklungsstufe findet im Paradoxon der Individualität ihre begriffliche Fassung. »Das Paradoxon der Individualität läßt sich so formulieren: Jedes Individuum ist *einmalig*, folglich ist die individuelle Einmaligkeit ein *allgemeiner*, ein gesellschaftlicher Sachverhalt. Aber dieser *gesellschaftliche* Sachverhalt besteht in der von Grund auf gegebenen Unterschiedlichkeit der *Individuen*. Zudem ist, da jedes Individuum nur insofern Individuum ist, als es einmalig ist, die Einmaligkeit *wesentlich* für die Individualität; da aber die Individualität ein gesellschaftlicher und allgemeiner Sachverhalt ist, erscheint die Einmaligkeit darin als *unwesentlich* . . . Dieses Paradoxon ist im Grunde nichts anderes als das hochwichtige epistemologische Paradoxon der *Wissenschaft vom Individuellen«* (Sève (146) 260).

Hier sind nun einige kritische Bemerkungen zu Sève notwendig: so brillant seine zitierten Ausführungen zu diesem Problem sind, so sehr ist seine Auffassung (hier schließt er an Politzer (178) 45 an, vgl. Sève (146) 236 f., 238; und Jantzen (135) 146 bezieht sich positiv darauf), daß die Individuen in jedem Falle nur Individuen seien, sofern sie einmalig sind, in zweifacher Weise problematisch: 1. setzt die Vereinzelung der menschlichen Persönlichkeit einen gewissen Komplexitätsgrad der gesellschaftlich-technischen Arbeitsteilung voraus, der in der Gentilordnung z. B. nicht vorausgesetzt werden kann; 2. bleibt hier relativ unberücksichtigt, daß doch die unterdrückte Klasse durch den Ausschluß von der Aneignung erheblicher Teile des Sozialerbes auch die Ausbildung einer einmaligen, unverwechselbaren Persönlichkeit weitgehend einbüßt, daß hier eben eher Konformität denn Originalität und Unverwechselbarkeit zu finden sind. Daher kann man m. E. erst mit Beginn der entfalteten sozialistischen Gesellschaft davon sprechen, daß die einmalige Persönlichkeit ein *allgemeines* Entwicklungserfordernis gegenüber *allen* Mitgliedern dieser Gesellschaft ist (vgl. Braun (152) 129 ff.) – Überhaupt scheint sich m. E. in der geistigen Nachfolge von Sève hier eine abgeleitete Fragestellung in den Vordergrund zu schieben: *Entscheidend* ist nämlich für die Lebensbedingungen einer konkreten Persönlichkeit, ob sie über diese Bedingungen (gesellschaftlicher wie individueller Art) eine relevante *Kontrolle* auszuüben vermag; und je umfassender diese Kontrolle ist, desto weitreichender auch der Zugang zum Sozialerbe. Unter diesem Aspekt kann die Einmaligkeit und Unverwechselbarkeit nur als *Ausdrucksform* weitreichender Kontrollmöglichkeiten verstanden werden. Die umgekehrte Betrachtungsweise reproduziert m. E. das bürgerliche Privatindividuum.

Wir haben in den Ausführungen des vorigen Abschnitts die historische Darstellung der Aneignungsgrenzen im wesentlichen auf die Klassengesellschaften auch deshalb beschränkt, weil mit der sozialistischen Gesellschaft diese aufgehoben werden, weil mit ihr die freie Entfaltung der Persönlichkeit immer stärker zu einem Erfordernis wird. Dies verweist auf einen neuen Sachverhalt: daß die Menschen in dem Maße, wie sie sich vereinzeln, die Grundlagen für ihre vielseitige/allseitige Entwicklung schaffen. Nur die intensive und breit angelegte, also vielseitige/allseitige Auseinandersetzung mit den gesellschaftlichen und natürlichen Realitäten macht es möglich, daß eine Persönlichkeit unverwechselbar wird; insofern bilden vielseitige/allseitige Entwicklung und gesellschaftlich bedingte Vereinzelung (nicht Isolierung!) eine widersprüchliche Einheit (vgl. Karras (119) Kap. II).

## 2 *Bestimmungsmomente der konkreten Persönlichkeit*

In den bisherigen Überlegungen haben wir immer von der »konkreten Persönlichkeit« gesprochen und von »dem Aneignungsprozeß«, was einerseits notwendig und andererseits unzureichend ist. Es ist *notwendig,* sofern man auf die Gesamtheit aller Entwicklungsprozesse der konkreten Persönlichkeit hinweisen will; daher ist Politzer völlig Recht zu geben, wenn er schon 1929 schrieb: ». . . die Ganzheit des Individuums darf nicht Abschluß und Krönung der Forschung sein, sondern ihre Ausgangshypothese. Es ist unnötig, aus der Ganzheit ein besonderes Thema zu machen.« (Politzer (178) 47) Im Gegensatz zu den verschiedenen Hauptvarianten der traditionellen Psychologie, die die im Gegenstand der Psychologie selbst liegenden einheitsstiftende Funktion nicht zu realisieren vermögen (vgl. Holzkamp (175) Teil 1, 12), begründet die Aneignungstheorie gerade die Möglichkeit dieser einheitlichen Betrachtung. »Im Aneignungskonzept als konstituierendem Moment des historischen Herangehens an die menschliche Psyche ist auch die . . . unhistorische isolierende Betrachtung der individuellen menschlichen Entwicklung überwunden, die nun nicht mehr als Spezialproblem von Teildisziplinen der Psychologie wie etwa ›Entwicklungspsychologie‹ oder ›Sozialisationsforschung‹ erscheint. Stattdessen gewinnt der Entwicklungsgedanke integrierende Funktion über alle Teildisziplinen der wissenschaftlichen Psychologie hinweg, im Sinne der Erkenntnis, daß die menschliche Persönlichkeit in allen ihren Aspekten allein aus ihrer individualgeschichtlichen Gewordenheit angemessen wissenschaftlich erfaßt werden kann« (Keiler (176) 62). – Anderseits ist dies *unzureichend,* weil die Ganzheit der Persönlichkeit sich selbst nur durch ihre Teile hindurch konstituiert, die selbst der konkreten und spezifizierten Analyse bedürfen, damit die Ganzheit nicht zur leeren Hülse und damit zum unsinnigen Postulat wird.

## 2.1 *Handlungen und Fähigkeiten*[26]

Die durch die Objektivationsfähigkeit von den Menschen geschaffenen Welttatbestände sind nicht beliebiger oder völlig zufälliger Art, sondern sie sind relevant für die individuelle und damit auch gesellschaftliche Lebenshaltung, sind also objektiv bedeutungsvoll. »Welttatbestände, sofern sie Gebrauchswert-Vergegenständlichungen sind, unterscheiden sich dadurch von anderen Gegebenheiten, daß in ihnen *verallgemeinerte menschliche Zwecke in gegenständlich-sinnlicher Form erscheinen.* Gebrauchswert-Vergegenständlichungen sind also in dem Sinne *für die menschliche Orientierung ›bedeutungsvoll‹,* daß in ihnen durch menschliche Arbeit Bedeutungen realisiert wurden« (Holzkamp (129) 118). Diese einzelnen Vergegenständlichungen, Gegenstandsbedeutungen, sind aber – von frühen Stufen der Sozialgeschichte einmal abgesehen – nicht als einzelne angemessen zu begreifen, sondern nur als Einzelmomente des durch sie begründeten n Gesamtzusammenhangs von Gegenstandsbedeutungen, sie bilden also objektive materielle Bedeutungsstrukturen.

Dies muß noch insofern differenziert werden, als damit ebenso die objektive Bedeutung von Sachen wie die von Personen im gesellschaftlichen Lebenszusammenhang erfaßt werden, wobei beide nicht in einem zufälligen und beiläufigen, sondern in einem inneren und notwendigen Zusammenhang stehen. »Wie mit den sachlichen Gegenstandsbedeutungen sinnlich erfahrbar gegeben ist, daß in den Arbeitsprodukten – nach Maßgabe der jeweiligen objektiven Erfordernisse gesellschaftlicher Lebenserhaltung – allgemeine menschliche Zwecksetzungen verkörpert und in menschlicher Tätigkeit zu realisieren sind, so ist mit den personalen Gegenstandsbedeutungen sinnlich erfahrbar gegeben, daß die andere Person in ihren auf Herstellung und Gebrauch von Arbeitsprodukten bezogenen Tätigkeiten und Tätigkeitsdispositionen durch die in den Arbeitsprodukten gemäß den Notwendigkeiten gesellschaftlicher Lebenserhaltung vergegenständlichten oder zu vergegenständlichenden allgemeinen Zwecksetzungen bestimmt ist (a.a.O., 141; alle Sperrungen entfernt, K.-H. B.). – Die wesentlichsten personalen Gegenstandsbedeutungen ergeben sich dabei aus dem Verhältnis von Produktivkräften, besonders aus der Kooperation und den sie überformenden Produktionsverhältnissen; sie begründen die sich in der Tätigkeit und Handlung des einzelnen gründende Bedeutung für die Gesamtgesellschaft. In Klassengesellschaften sind diese Bedeutungsstrukturen damit klassenmäßig ausgeprägte.

In diese objektiv bedeutungsvolle Welt werden die Menschen hineingeboren, in ihr müssen sie leben; dies vermögen sie nur insofern, als sie den in den personalen und sachlichen Gegenstandsbedeutungen liegenden Handlungsaufforderungen, Handlungsnotwendigkeiten gerecht werden, sie sich aneignen. »Tätigkeit bezeichnet . . . im Gegensatz zum behavioristischen Verhaltensbegriff keine rein subjektive Erscheinung, die losgelöst von den praktischen Kontakten zur äußeren Lebenswirklichkeit als Eigenschaft des Subjekts denkbar wäre. Tätigkeit ist vielmehr die an den Gegenstand gebundene und durch ihn bestimmte Beziehung zwischen dem aktiv handelnden Subjekt und seiner Umwelt« (Gleiss (153) 445). Die Handlungen einer Persönlichkeit sind also stets *zielgerichtet* (im allgemeinen Sinn, daß sie das Ziel der individuellen und gesellschaftlichen Lebenserhaltung haben, aber auch im direkten und aktuellen Sinne, daß damit etwas ganz bestimmtes bewirkt wird) und *bewußt* und als solche setzen sie eine Ziel-Aktionsprogramm-Hierarchie voraus. »Mit jedem Ziel ist ein (diesem untergeordnetes) Aktionsprogramm verbunden. Dieses zerfällt bei weiterer Differenzierung zunächst in eine Sequenz von Teilzielen, jedoch sind auch den Teilzielen wiederum Aktionsprogramme attachiert. Diese sind in Teilziele zweiter Ebene und zugehörige Aktionsprogramme aufzusplittern usw. Wird der Vorgang über mehrere Stufen wiederholt, so entsteht schließlich ein ›hierarchischer Baum‹, bei dem mehrere ›Handlungsebenen‹ differenziert werden können« (Volpert (148) 131). Damit ist schon angedeutet, daß menschliches Handeln nicht einfach »anfängt« und dann zielgerecht das erwünschte Ergebnis produziert, sondern daß vermittels der ideellen Antizipation des gewünschten Handlungsresultats ein Plan erstellt wird, der möglichst viele, den Handlungsablauf und -erfolg beeinflussende Momente berücksichtigt; zugleich existiert die Möglichkeit des Vergleichs von Handlungsziel und Handlungsresultat nicht erst am Ende der Einzelhandlung, sondern auch in Form von Zwischenvergleichen, verbunden mit der Möglichkeit der Planungsveränderung. »Flüssiges und dennoch flexibles Handeln ist in unserem Prozeßmodell nur so vorstellbar, daß die Planung zwar der Ausführung vorwegläuft, jedoch in einem optimalen Ausmaß, das rechtzeitige Planungsveränderungen (von kleinen Modifikationen bis zum Handlungsabbruch) zuläßt. Dieses Ausmaß kann ... als ›optimale Antizipationsweite‹ bezeichnet werden. Es hat – dem Modell entsprechend – zweidimensionale Ausdehnung (über die Zeit und die Handlungsebenen) und dürfte im konkreten Fall von vielen äußeren und personalen Handlungsbedingungen abhängen« (a.a.O., 134 f.). – Wir haben damit versucht zu skizzieren, worin die einzelnen Momente einzelner menschlicher Handlungen bestehen; es muß dabei selbstverständlich berücksichtigt werden, daß es sich dabei um eine theoretische Abstraktion aus dem Gesamtsystem der Handlungen und Fähigkeiten handelt, daß also dieses Gesamtsystem innerhalb einer konkreten Persönlichkeit eine Synthese der gesamten Einzelmomente darstellt. »Was dem entwickelten Handeln als *›Fähigkeiten‹* zugrunde liegt, ist kein Repertoire festgelegter Folgen von Handlungselementen, welches – wie immer es auch entstanden sein mag – stets begrenzt wäre, da die Möglichkeiten menschlicher Informationsspeicherung und -verarbeitung (z. B. ›Behalten‹ und ›Erinnern‹) durchaus beschränkt sind. Analog zu den entsprechenden Modellen in der (Psycho-)Linguistik ist anzunehmen, daß es sich hier um einen Prozeß der *Planerzeugung* handelt. Durch ein endliches System von *Planungselementen und Verknüpfungsregeln* wird eine potentiell unendliche Menge gegenstandsadäquater Tätigkeitssequenzen generiert. Dieses System von Regeln und Elementen zur Erzeugung realisierbarer Pläne stellt die wesentliche ›innere‹ Voraussetzung adäquaten Handelns dar. In Anlehnung an die Terminologie der (Psycho-)Linguistik sei es als *Handlungskompetenz* bezeichnet« (a.a.O., 138 f.). Dementsprechend »vollzieht sich die Verinnerlichung von Handlungsforderungen als Handlungsstrukturen nicht als Speicherung von Tätigkeitsabfolgen, sondern als Aufbau eines Systems von Elementen und Verknüpfungsregeln« (a.a.O., 149 f.).

Der Erwerb von Fähigkeiten im genannten Sinne, die Aneignung eines bestimmten Niveaus von Handlungskompetenz (bezogen auf bestimmte gesellschaftliche Teilbereiche) muß stets in der Einheit der Aneignung von sachlichen und personalen Gegenstandsbedeutungen betrachtet werden, d. h. aus dem Maß der Teilhabe am durch die Produktionsverhältnisse überformten gesellschaftlichen Kooperationsprozeß und der darin begründeten Bedeutung der einzelnen Persönlichkeit für die gesamtgesellschaftliche Lebenssicherung. »Die jeweiligen Systeme gesellschaftlich notwendiger ›Fertigkeiten‹, ›Fähigkeiten‹ etc. hängen ab von der Besonderheit und dem Grad der über sachliche Gegenstandsbedeutungen vermittelten Strukturen kooperativ-arbeitsteiliger Tätigkeit auf der jeweiligen Stufe gesellschaftlicher Entwicklung. – Demgemäß bestimmen sich auch die Systeme dispositionsbezogener Personbedeutungen, hinsichtlich deren die Menschen einer Gesellungseinheit im gesellschaftlichen Durchschnitt nach Eigenart und Ausprägungsgrad der ihnen möglichen ›Beiträge‹ angemessen erfaßbar und unterscheidbar sein müssen, damit gesellschaftliche Kooperation möglich ist, nach den jeweiligen objektiven Notwendigkeiten gesellschaftlicher Lebenserhaltung, müssen demnach aus der Struktur der Produktionsweise einer jeweils bestimmten Gesellungseinheit ableitbar sein« (Holzkamp (129) 144 f.; alle Sperrungen entfernt, K.-H. B.). Dieser enge Zusammenhang von sachlichen und personalen Gegenstandsbedeutungen, in die stets der Widerspruch der spezifischen Produktivkräfte und Produktionsverhältnisse voll eingeht, wird auch dadurch nochmals gestärkt, daß sich der Charakter der sachlichen Gegenstandsbedeutungen (vereinfacht: der Werkzeuge) nicht nur auf den aktuellen Kooperationszusammenhang bezieht, sondern allgemeiner auch auf den durch sie ermöglichten und notwendig geforderten. »Das vom Menschen geschaffene Werkzeug hat schon als solches gesellschaftliche Qualität. Seine wesentliche Besonderheit besteht darin, daß gemäß der Allgemeinheit der in ihm verwirklichten Zwecke das Werkzeug nicht nur von denjenigen verwendbar ist, die es hergestellt haben, sondern von jedem, der die jeweiligen Gebrauchswertvergegenständlichungen in einer Weise zu realisieren versteht, die den gemäß der Gebrauchswert-Antizipation vergegenständlichten allgemeinen Zwecksetzungen adäquat ist. Das Werkzeug verkörpert demgemäß als gegenständlich-sinnliches Ding eine potentielle gesellschaftlich nützliche Tätigkeit« (a.a.O., 136; alle Sperrungen entfernt, K.-H. B.). – Schon in der frühesten Stufe des Aneignungsprozesses, beim Spiel des Kindes, ist der Doppelcharakter des Aneignungsprozesses vorhanden: denn die Aneignung elementarer sachlicher Gegenstandsbedeutungen, wie etwa der Gebrauch von Messer, Gabel, Stühlen, Türen usw. ist stets vermittelt durch die unterstützende Tätigkeit der Erwachsenen; das Kind muß gleichermaßen und gleichzeitig den Umgang mit diesen Gegenständen wie mit den Menschen erlernen.

Wir haben an vielen Stellen des Buches den fundierenden Charakter Arbeit hervorgehoben; zugleich haben wir jetzt dargelegt, daß die Handlungen und Fähigkeiten die Grundlage, sozusagen die »Basis« der Persönlichkeit bilden; in welchem Verhältnis stehen also Handlung und Arbeit zueinander? »Die Kategorie der ›Tätigkeit‹ ist der Kategorie der ›Arbeit‹ insofern real nachgeordnet, als die ›Arbeit‹ der materielle Träger des gesellschaftlich-historischen Prozesses ist, der durch vergegenständlichende Veränderung der Natur die Tätigkeit als je individuelle Aktivität erst ermöglicht. Begrifflich gesehen ist ›Tätigkeit‹ gegenüber der ›Arbeit‹ das ›weitere‹ Konzept, da mit ›Tätigkeit‹ jede gegenständlich geprägte, also spezifisch ›menschliche‹ Aktivität gemeint ist, mithin neben der ›Arbeit‹ etwa auch Aktivitäten außerhalb der Produktion, wie ›Spiel‹ etc., sofern diese gegenständlich geformt sind. ›Tätigkeit‹ wird stets dann zur ›Arbeit‹, wenn der individuelle Mensch durch die Tätigkeit einen Beitrag zur Produktion und Reproduktion des gesellschaftlichen Lebens, damit des Fortgangs des gesellschaftlich-historischen Prozesses leistet« (H.-Osterkamp (132) 235). Dabei bilden die Arbeitshandlungen das Zentrum, die Grundlage der Persönlichkeitsentwicklung, hier hat das konkrete Individuum Anteil am Entfaltungsniveau der Gesellschaft, besonders den Produktivkräften, hier leistet es gesellschaftliche notwendige und sinnvolle Tätigkeit. – Gegen diese Fassung des Verhältnisses von Handlung/Tätigkeit und Arbeit sind von Jantzen Einwände prinzipieller Art erhoben worden. »Ich spreche bewußt von Arbeit und nicht von Tätigkeit, insofern ich meine, daß innerhalb der materialistischen Psychologie häufig der Fehler vorliegt, die Kategorie der Arbeit nur im Sinne konkreter als gesellschaftlich gebrauchswertschaffender Arbeit zu benutzen« (Jantzen (154) 177). Und mit Verweis auf die Stelle über die Arbeit im »Kapital« (vgl. Marx, MEW 23, 192 ff.) heißt es dann weiter: »Arbeit liegt demnach vor, wenn im Verhältnis Produkt/Bedürfnis ein bewußter Begriff des Produkts, ein bewußter Plan seiner Erstellung mit vorliegt, wenn Gegenstand und Symbol trennbar sind, spätestens also mit Beginn des Sprechens beim Kleinkind oder seiner gegenständlichen Tätigkeit, sobald diese antizipierte Gebrauchswerteigenschaften des Produkts für das Kind erschließen läßt. Auch die Tätigkeit eines nicht sprachfähigen geistigbehinderten Kindes, das ein Männchen, ein Schüsselchen oder eine Kugel formt, ist Arbeit (a.a.O., 178) . . . Sobald in diesem Prozeß Antizipation und Realisation des Produkts trennbar sind, ist die Tätigkeit des Kindes Arbeit zu nennen« (a.a.O., 179). Sofern hier Jantzen auf die Spezifik zwischen menschlicher Tätigkeit und tierischem Verhalten, also besonders auf die gegenständliche Geprägtheit des Handelns abhebt, kann man ihm nur zustimmen; sofern er die Begriffe »Arbeit« und »Tätigkeit« hier identifiziert, wird man kritisch einwenden müssen, daß damit die Differenzierung in gesellschaftlich notwendige bzw. nicht notwendige, d. h. sinnvolle bzw. nicht-sinnvolle, gar sinnlose Tätigkeit aufgegeben wird (womit z. B. die Analyse der psychologischen Auswirkungen der Arbeitslosigkeit unmöglich würde!). Sofern alles als »Arbeit« bezeichnet wird, bleibt unberücksichtigt, daß der menschliche Arbeitsprozeß Grundlage und Motor des gesellschaftlichen Produktionsprozesses ist, der selbst wieder durch den Entwicklungsstand der Produktivkräfte und damit auch der Produktionsverhältnisse bestimmt ist. Das, was zum Produktionsprozeß gehört, ist sozialhistorisch relativ, nur im Verhältnis zu den anderen gesellschaftlichen Bereichen auszumachen; dies gilt sogar für gleiche Tätigkeiten in ihrer Funktion für verschiedene Persönlichkeiten: für den einen ist Autowaschen Beruf, Arbeit, und für den anderen Freizeit, Hobby. *Prinzipiell:* Arbeit ist gesellschaftlich wie individuell notwendige, auf die Produktion/Reproduktion bezogene Tätigkeit; der inhaltlich bestimmte Status des Kindes ergibt sich gerade daraus, daß es den für den Erwachsenen typischen, gesellschaftlich hervorgebrachten und durch sie relativierten Anforderungen nach eigenständiger Reproduktion *nicht* gerecht wird. – Im übrigen nähert sich hier Jantzen in gefährlicher Weise der Position von A. Lorenzer an, den er ansonsten sehr scharf kritisiert. Bei ihm ist die zum Formalismus tendierende Fassung des Arbeitsbegriffs sozusagen vollendet. Gegenüber der subjektiv-idealistischen Fassung des kommunikativen Handelns bei J. Habermas (vgl. Habermas (193) 33, 44 ff.; siehe auch unsere Überlegungen oben), hebt er zunächst richtig hervor, daß es unzulässig ist, Interaktion in Sprache aufzulösen (vgl. Lorenzer (226) 140 ff.). Dieser richtige Ansatz einer materialistischen Kritik bleibt aber selbst ungenutzt durch die formalistische Fassung des Arbeitsbegriffs. Bei der Analyse der Mutter-Kind-Dyade heißt es dazu: »Der ›praktische Umgang‹ der Mutter mit dem Kind unterscheidet sich nicht grundsätzlich von der körperlichen Bewegung bei der Arbeit. Auch da kann ja ohne Zwang von einer ›Einigung‹ und sogar von Gesten gesprochen werden . . . Die Auseinandersetzung des Arbeiters mit der ›äußeren Natur‹, die Leistung der Vermenschlichung von Natur und die Vergegenständlichung zum menschlichen Produkt wird realisiert gleichfalls in einem praktischen Umgang, der dem praktischen ›formgebenden‹ Umgang der Mutter in der Mutter-Kind-Dyade *in vollem Umfang* vergleichbar ist« (Lorenzer (227) 50 f.; Hervorhebung K.-H. B.; vgl. ders., a.a.O., 26). Dies ist formalistisch in dem doppelten Sinne, daß sowohl von dem durch die Produktivkräfte und Produktionsverhältnisse bestimmten, spezifischen Charakter der gesellschaftlichen Arbeit abstrahiert wird (und diese Formalisierung eine derartige Konkretion auch überhaupt nicht zuläßt) als auch – wie schon bei Jantzen kritisiert – von der Differenz zwischen gesellschaftlich notwendiger und nicht-notwendiger Tätigkeit »vornehm« abstrahiert wird (was also eine sehr schlechte Abstraktion ist). Lorenzers materialistische Intention (gegen Habermas) sei akzeptiert; aber sein Materialismus ist noch lange kein vollständiger, kein historischer. Dabei muß nun nochmals auf die Subjekt-Objekt-Problematik bei Lorenzer zurückgegriffen werden: Wir hatten dort die

Hypothese formuliert, daß die Weigerung, die subjektiven Strukturen aus den objektiven abzuleiten, zu einer Formalisierung der subjektiven führen *muß;* hier sehen wir das bestätigt! – Dabei ist dies nicht nur ein theoretischer Mangel (das wäre nicht *so* bedeutsam), sondern er führt in die praktische Perspektivlosigkeit, weil damit von der die Menschen verbindenden »gemeinsamen Sache« abstrahiert wird; denn die »Beziehungen der Menschen untereinander werden getragen durch eine ›dritte Sache‹, auf die sie sich beziehen, letztlich auf die gesellschaftliche Produktion. Oder metaphorisch gesprochen: Wahrhaft menschliche Beziehungen entstehen dort, wo die einzelnen sich zusammentun, um die Welt wohnlicher einzurichten« (Haug (126) 118). Wenn man aber die sozialen Beziehungen auf rein »menschliche« reduziert, steht man in der großen Gefahr, zu »vergessen«, sich die Welt wohnlich einzurichten; oder falls dies doch im Horizont verbleibt, bleibt unerkannt, *wer* eigentlich die Welt wirklich verbessern kann und *warum* er dies kann. Positiv, kritisch-psychologisch ausgedrückt: die zentrale Bedeutung des Handlungsbegriffs/Tätigkeitskonzepts liegt darin, die Vermittlung von gesellschaftlichem und individuellem Subjekt herzustellen und dabei zu zeigen, daß das eine ohne das andere *nicht* existieren kann!

## 2.2 *Individuelles Bewußtsein*

Wir haben in den bisherigen Darstellungen aus analytischen Gründen unterstellen müssen, daß das menschliche Handeln unabhängig von individuellen Bewußtseinsprozessen existieren kann, was aber eben nur eine gedankliche Trennung ist, da ja beides notwendige Momente einer einheitlichen Persönlichkeit sind. Allerdings mußten die Handlungen und Fähigkeiten vorher behandelt werden, da sie und ihre spezifisch menschliche Qualität die Voraussetzungen des Bewußtseins sind, und daher letzteres aus ihnen abgeleitet werden muß *(wie,* das wird im weiteren gezeigt). Insofern gilt es zu berücksichtigen, worauf F. Engels schon 1873/74 hinwies. »Naturwissenschaft wie Philosophie haben den Einfluß der Tätigkeit des Menschen auf sein Denken bisher ganz vernachlässigt, sie kennen nur Natur einerseits und Gedanken andrerseits. Aber gerade die *Veränderung der Natur durch den Menschen,* nicht die Natur als solche allein, ist die wesentlichste und nächste Grundlage des menschlichen Denkens, und im Verhältnis, wie der Mensch die Natur verändern lernte, in dem Verhältnis wuchs auch seine Intelligenz« (Engels, MEW 20, 498).

### 2.2.1 *Der Widerspiegelungscharakter des Bewußtseins*

Die Grundeinsichten der materialistischen Gesellschaftstheorie fanden ihren Niederschlag u. a. im Verhältnis von Basis und Überbau, in der Einsicht also, daß die materiellen gesellschaftlichen Verhältnisse die ideellen in letzter Instanz bestimmen; in derselben Weise stellt die Widerspiegelungstheorie als materialistische Erkenntnistheorie eine Spezifizierung und Konkretisierung des prinzipiellen Verhältnisses von Sein und Bewußtsein dar. Entscheidungen über das Verhältnis von Sein und Bewußtsein werden von der materialistischen Philosophie – entgegen den Unterstellungen ihrer (offenen oder versteckten) Gegner – nicht als Vorab-Entscheidungen, als vor-wissenschaftliche oder gar un-wissenschaftliche Setzungen gefällt, sondern es sind Entscheidungen aufgrund von umfassenden und sehr komplexen Verallgemeinerungsprozessen und Abstraktionsleistungen. Anders formuliert: Die Frage nach dem Verhältnis von Materiellem und Ideellem muß in spezifizierte und konkretisierte Fragestellungen *überführt* werden. Eine derartige Spezifizierung und Konkretisierung liegt auch bei der Widerspiegelungstheorie vor; diese selbst ist das Resultat von Verallgemeinerungen und Abstraktionen der verschiedenen Einzelwissenschaften, z. B. auch der materialistischen Psychologie.

Das menschliche Bewußtsein mit seiner Fähigkeit, die außerhalb von ihm existierende Welt zu kennen und zu erkennen, ist das Resultat der naturgeschichtlichen Entwicklung der Informationsverarbeitungssysteme der lebenden Formen der Materie. Die früheste Entwicklungsstufe war dabei die Erregbarkeit, welche als entwickelte Form die Sensibilität hervorbrachte. Auf ihrer Grundlage entsteht das Psychische der Tiere. »Der eigentliche Qualitätsumschlag in der Entwicklung informeller Prozesse auf der materiellen Grundlage biologischer Strukturen . . . vollzieht sich damit in der Psychogenese, da hier die rein materiell-biologische Abbildung von Umweltveränderungen, etwa durch spezialisierte physiologische Reaktionen, verlassen wird und der Informationsaustausch zwischen zwei biologischen Systemen erstmals einen qualitativ neuen – psychischen – Charakter erhält« (Schurig (141) 62; alle Sperrungen entfernt, K.-H. B.; vgl. Leontjew (138) 155 ff.). Unter diesem phylogenetischen Gesichtspunkt stellt das menschliche Bewußtsein eine Sonderform des Psychischen dar. »Die materiellen Ursachen der Entstehung eines besonders strukturierten Psychischen als Bewußtsein sind 1. die Existenz eines hochentwickelten biologischen Organs, des Gehirns, 2. die Herausbildung der Arbeit im Tier-Mensch-Übergangsfeld als qualitativ neuer, für den Menschen spezifischer Verhaltensweise, aus deren Organisation 3. jene soziale Systembildung entsteht, die dann als Gesellschaft bezeichnet wird (a.a.O., 63). Dieses Bewußtsein als eine spezifisch menschliche Lebensaktivität ist zunächst einmal zu verstehen als eine qualitativ neue Stufe der Entwicklung des Verhältnisses von innerorganismischer Informationsverarbeitungskapazität und Informationsangebot der Umwelt. »Diese Entwicklung führt mit Notwendigkeit zu dem Punkt, wo durch die interne Informationsverarbeitung der psychisch verfügbare Informationsvorrat größer wird als der der Umgebung und nun nicht nur die Außenwelt in den Organismus abgebildet, sondern die psychische Funktion in einer besonderen Weise, nämlich als Bewußtsein, auf die Außenwelt zurückgespiegelt werden . . . Mit der Bewußtseinsentstehung im TMÜ hat die psychische Informationsgewinnung und organismusinterne Verarbeitung jene Intensität erhalten, die in der Rückwirkung auf die Außenwelt auch zu deren materieller Veränderung führt. Das Bewußtsein ist dementsprechend die psychische Fähigkeit, die ideelle Erfassung der Umwelt auch wieder sekundär in besonderer Weise zu materialisieren« (Schurig (143) 312; alle Sperrungen entfernt, K.-H. B.). Mit dieser Fähigkeit zur Vergegenständlichung ideeller Strukturen ist auch die Subjekt-Objekt-Trennung verbunden. »In der Werkzeugherstellung . . . ist eine Subjekt-Objekt-Trennung insofern vorausgesetzt, als jede Manipulation mit *bestimmten* Objekten auch im menschlichen Kopf das Bewußtsein der Wirkung gegensätzlicher Kräfte voraussetzt, die dann entsprechend den eigenen subjektiven Bedürfnissen ausgenutzt werden . . . Die ideelle Aneignung des Frühmenschen ist in ihrer psychischen Gestalt deshalb von Beginn der Bewußtseinsbildung an immer doppelter Natur und beinhaltet einmal die geistige Reproduktion als objektives Wissen des Gegenstandes und zweitens die subjektive Verwertung dieser Objektivität« (a.a.O., 325; alle Sperrungen entfernt, K.-H. B.). Diese Subjekt-Objekt-Trennung erstreckt sich selbstverständlich auch auf die sozialen Beziehungen, die – wahrscheinlich erst in den Tauschgesellschaften – zum individuellen Subjekt führen.

Die Tatsache, daß die Menschen lebensnotwendig ein wesentlich praktisches, veränderndes Verhältnis zur natürlichen und gesellschaftlichen Realität haben, verbietet mechanistische und undialektische Auffassungen von der Entstehung, Struktur und Funktion des menschlichen Bewußtseins. Bleibt dies unberücksichtigt bzw. ungelöst, so entstehen die für die Erkenntnistheorie typischen Scheinprobleme. »Scheinprobleme entstehen auf dem Felde der Erkenntnistheorie immer dann, wenn die polaren Momente der Erkenntnisbeziehung (Subjekt-Objekt) zum starren leblosen Gegensatz festgestellt und in diesem Gegensatz dualistisch verabsolutiert werden. Die Scheinprobleme tauchen insbesondere dann auf, wenn der Prozeß der Erkenntnisgewinnung 1) auf ein isoliertes Individuum bezogen, also ungesellschaftlich aufgefaßt wird; 2) wenn er kontemplativ aufgefaßt wird, abgetrennt von der wirklichen Lebenspraxis (und von deren Grundprozeß, dem durch Arbeit vermittelten Stoffwechsel des Menschen mit der Natur), also unpraktisch gedacht wird; 3) wenn er zeitlich punktualisiert, also ungeschichtlich aufgefaßt wird« (Haug (29) 561 f.).

Der Materialismus in der Psychologie, in der Persönlichkeitstheorie, um zu unserem eigentlichen Thema zurückzukehren, liegt in der Einsicht, daß das individuelle Handeln das individuelle Bewußtsein hervorbringt, letztlich in seinem Inhalt und in seiner Funktion bestimmt. »Unsere allgemeine Methode verfolgt das Ziel, die menschliche Tätigkeitsstruktur zu finden, die unter den gegebenen konkret-historischen Bedingungen entstanden ist, und, davon ausgehend, die wesentlichen psychischen Besonderheiten der entsprechenden Bewußtseinsstruktur aufzuspüren« (Leontjew (138) 224). Daraus folgt: »Die Tätigkeit eines Menschen kann nur die Struktur haben, die unter den gegebenen gesellschaftlichen Bedingungen und den daraus resultierenden Beziehungen zwischen den Menschen entstanden ist. Sprechen wir allerdings vom Bewußtsein eines einzelnen Menschen, dann müssen wir die konkreten Bedingungen und Verhältnisse betrachten, in die das Individuum durch die Lebensverhältnisse gestellt ist« (ebenda). Menschliches Handeln ist zwar schon als Handeln spezifisch menschlich, es kann aber ohne eine relative Bewußtheit nicht existieren: das Individuum muß bis zu einem gewissen Grade die Anforderungen und Gesetzmäßigkeiten der natürlichen und gesellschaftlichen Realität einschließlich seiner eigenen Handlungs- und Veränderungsmöglichkeiten kennen, um – wenn auch in historisch als auch klassenspezifisch relativierter Weise – eine Kontrolle über die Welt zu erreichen; diese Realitätskontrolle ist überlebensnotwendiges Moment der gesellschaftlichen und individuellen Lebenspraxis. »Der Mensch muß aber, sobald Produktionsverhältnisse seine zentrale Lebensform geworden sind, die Umweltbedingungen, die seine Lebenstätigkeit garantieren, in den *wesentlichen Momenten selber herstellen;* bewußte Handlungen haben hier also nicht nur Entstörungsfunktion; die *vorausschauende Planung* und *bewußte Schaffung* von *künftigen Bedingungen gesellschaftlicher Lebenssicherung* müssen vielmehr – wie unerläßlich ›automatisierte‹ Handlungen in vielen alltäglichen Lebensvollzügen auch sind – in gesamtgesellschaftlichem Maßstab innerhalb einer Gesellungseinheit sich als *bestimmende Weisen der Lebenstätigkeit* durchsetzen; hierin liegt eine gesellschaftliche Entwicklungsnotwendigkeit, deren Alternative Stagnation oder Verfall ist«

(H.-Osterkamp (132) 252). Das individuelle Bewußtsein ist also ein notwendiger Bestandteil jeder auf adäquate Teilhabe am gesellschaftlichen Gesamtprozeß gerichteten Aneignungstätigkeit, d. h. im Prozeß der Entfaltung der konkreten Persönlichkeit wird nicht nur der handelnde Umgang mit den sachlichen und personalen Gegenstandsbedeutungen erlernt, sondern zugleich und notwendigerweise im Zusammenhang damit werden die Erfahrungen der vorausgegangenen Generationen angeeignet. – Damit entsteht ein Verhältnis, eine innere Abhängigkeit von individuellem und gesellschaftlichem Bewußtsein. »Der größte Teil des Wissens, das ein Individuum im Verlaufe seines individuellen Erkenntnisprozesses aufnimmt, entstammt dem Bestand der schon vorhandenen gesellschaftlichen Erkenntnisse. Der individuelle Erkenntnisprozeß besteht überwiegend aus der Reproduktion von bestimmten Teilen des gesellschaftlichen Gesamtwissens durch das Individuum« (Gößler (28) 139). Allerdings übt der individuelle Erkenntnisprozeß »grundlegende Funktionen im gesellschaftlichen aus. Gesellschaftliches Erkennen kann sich nicht anders realisieren denn als Erkenntnistätigkeit von Individuen, die untereinander in direkten oder vermittelten Erkenntnisbeziehungen stehen. Die Erkenntnistätigkeit der Individuen ist daher die reale Grundlage der gesellschaftlichen Erkenntnisgewinnung. Die durch sie gewonnenen Erkenntnisse gehen als Bestandteil in die gesellschaftliche Erkenntnis ein« (ebenda). Die wichtigste Existenzform des gesellschaftlichen Bewußtseins ist die Sprache, sie ist das zentrale Medium der ideellen Tradierung menschlicher Erfahrung und Wissens. Doch bevor darauf eingegangen wird, müssen wir das individuelle Bewußtsein noch differenzierter betrachten, nämlich in seinen rationalen und emotionalen Aspekten.

### 2.2.2 *Die rationalen Aspekte der individuellen Bewußtseinstätigkeit*

Da wir davon ausgehen, daß das individuelle Bewußtsein aus der Tätigkeitsstruktur abzuleiten, also als Handlungsregulation zu verstehen ist, können wir an den Überlegungen zur Spezifik der menschlichen Handlungen anschließen. Sie waren verstanden worden als bewußt, gezielt und geplant, wobei ihre Entstehung, Struktur und Funktion sich primär aus dem System der sachlichen und personalen Gegenstandbedeutungen ableitet. Die gesellschaftliche Arbeitstätigkeit erfordert dabei eine Antizipation der im Arbeitsprozeß herzustellenden Arbeitsresultate. »Bei der Gebrauchswert-Antizipation wird aber nicht die Erreichung eines singulären, realen Aktivitätsziels (wie einer Banane) vorweggenommen, antizipiert werden vielmehr *allgemeine Gebrauchseigenschaften eines Dinges, die ihm jetzt noch nicht zukommen, die es durch die herstellende Tätigkeit erst gewinnen soll.* Gebrauchswert-Antizipationen als notwendige Momente der Arbeit müssen also von vornherein als etwas in irgendeiner Art von dem zu bearbeitenden Ding Verschiedenes, ›Ideelles‹ angesehen werden, in welchem allgemeine Zwecksetzungen auf eine Weise enthalten sind, die eine Steuerung des Arbeitsprozesses in Richtung auf den angestrebten Gebrauchswert ermöglicht« (Holzkamp (129) 122 f.). Das Denken als eine spezifisch menschliche Bewußtseinsqualität zeichnet sich also dadurch aus, daß es sich nicht beschränkt auf die Widerspiegelung des aktuell Vorhandenen, durch die den Sinnen zugängliche Realität, sondern es werden damit auch aktuell nicht vorhandene Gegenstände/Realitätsbereiche einbezogen, also Zusammenhänge und Verhältnisse erfaßt, die *wesentlich,* gesetzmäßig für die menschliche Lebenserhaltung sind. Das Denken muß die personalen und sachlichen Gegenstandsbedeutungen erfassen, die in den äußerlichen, figural-qualitativen Eigenschaften der Gegenstände und Personen zwar ihre Existenzweise, aber nicht ihr Wesen, ihren Grund und ihre Funktion haben.

Damit entsteht die Frage, aufgrund welcher Prozesse das Denken eigentlich entstanden ist. Seine naturgeschichtliche Entstehung verdankt es der Möglichkeit der tierischen Psyche (genauer: der perzeptiven Psyche), gegenständliche Bilder von der Außenwelt widerzuspiegeln und damit *bestimmte* Objekte zum Ziel *bestimmter* Aktivitäten zu machen. »Was im Verhalten des Tieres angezielt wird, ist nichts anderes als das objektive Mittel zur Befriedigung des ›Bedürfnisziels‹, genauer: das Mittel zur Reduktion des organismischen Spannungszustandes« (Seidel (144a) 47). Diese Ziel-Mittel-Relation ist zwar auch beim Menschen vorhanden, aber sie ist umgekehrt, denn »das Ziel, für das das Werkzeug ein Mittel ist . . . ist zum Zeitpunkt der Herstellung des Mittels . . . nicht präsent; im Gegenteil, das Werkzeug . . . wird überhaupt erst im Hinblick auf spätere Verwendung hergestellt und aufbewahrt« (a.a.O., 50). Das Denken setzt zunächst einmal ein *Ziel* voraus, welches sich unter spezifischen Bedingungen als *Aufgabe* darstellt; unter anderem Aspekt stellt die Aufgabe die entfaltete Form der Zielantizipation dar, die entsprechende Aktivität kann damit als Aufgabenerfüllung verstanden werden. Zusammengefaßt: »eine *Aufgabe* liegt vor, wenn ein Subjekt die Erreichung eines Ziels unter gegebenen Bedingungen ideell vorwegnimmt und sich der Notwendigkeit der Erreichung dieses Ziels bewußt ist. In der Aufgabe betrachtet man also die einzelne Tätigkeit vom Standpunkt ihres Anfangs aus und antizipiert das Ziel in entfalteter Form. Aufgaben sind in diesem Sinne entfaltete Ziele« (a.a.O., 54). Sofern die Mittel zur Erreichung des Ziels bekannt bzw. vorhanden sind, ist das Ganze »problemlos«, ist es eine Routineaufgabe; das Denken in seiner entwickelten Form setzt erst ein, wenn kein »automatischer« Zusammenhang von Ziel und Mittel besteht, wenn eine reale Diskrepanz, eine Differenz von Anforderung und Tätigkeitsniveau/Erkenntnisniveau auftritt, wenn die Aufgabenlösung also ein *Problem* darstellt. Denkprozesse, kognitive Prozesse entstehen also dann, wenn ein Problem gegelöst, wenn etwas Neues erarbeitet werden muß. »Zielsetzungen als Antizipation des Arbeitsergebnisses schließen immer das *Erkennen der Unzulänglichkeiten eines gegebenen Zustandes zugleich mit den Mitteln zu seiner Überwindung ein;* ohne Erkennen der Unzulänglichkeiten des Ist-Zustandes besteht keine subjektive Notwendigkeit der Veränderung des Zustandes, ohne Erkennen der Mittel zu seiner Veränderung keine subjektive *Möglichkeit* zur Veränderung, also auch keine Zielsetzung, die die wahrgenommene Realisierungsmöglichkeit impliziert. Vergegenwärtigungen von Soll-Zuständen ohne wahrgenommene Realisierungsmöglichkeit sind ›Wünsche‹, ›Phantasien‹ etc., aber keine Ziele« (H.-Osterkamp (132) 238; vgl. Seidel (144a) 56).

Weil das Denken, verstanden als das Lösen von Problemen, ein wichtiges und notwendiges Moment der menschlichen Lebensaktivität darstellt, ist es in seiner Entstehung und Lösung zunächst allgemein vom Stand der sozialgeschichtlichen Entwicklung abhängig. Im gesellschaftlichen Durchschnitt wurden in bestimmten sozialhistorischen Etappen nur bestimmte Probleme gestellt. Das ist gemeint, wenn Marx schrieb: »Daher stellt sich die Menschheit immer nur Aufgaben, die sie lösen kann, denn genauer betrachtet wird sich stets finden, daß die Aufgabe selbst nur entspringt, wo die materiellen Bedingungen ihrer Lösung schon vorhanden oder wenigstens im Prozeß ihres Werdens begriffen sind« (Marx, MEW 13, S. 9). Bei diesen *geschichtlichen Problemen* muß man zunächst unterscheiden in solche, die sich aus der Notwendigkeit der Naturbeherrschung ergeben, z. B. dem Ackerbau, der Weltraumfahrt, und solchen, die sich aus dem Charakter des menschlichen Zusammenlebens ergeben. In frühen Phasen der Sozialgeschichte hat der erste Problemkomplex notwendig überwogen; mit der Entfaltung der Gesellschaft nimmt der zweite an Bedeutung zu. Das verweist auf einen besonderen Zusammenhang: die sozialgeschichtlichen Probleme sind unter den Bedingungen der Klassengesellschaften zu konkretisieren hinsichtlich ihrer Klassenspezifik. Das allgemeine »Problem« der Herrschenden nach Sicherung der Herrschaft und das der Beherrschten nach Veränderung bzw. Aufhebung der Herrschaft, also das klassenspezifische Erkenntnisinteresse nach Veränderung der sozialen Realität, hat zwar in den verschiedenen Gesellschaftsformationen wie auch innerhalb der verschiedenen Klassen vielfältige Ausprägungsformen erreicht, ist aber in letzter Instanz nur von hier aus begreifbar. – Das gilt im Prinzip auch für die *Aneignungsprobleme,* die sich von den sozialgeschichtlichen dadurch unterscheiden, daß sie solche der Ontogenese und nicht der Phygolenese sind, daß es sich also um Probleme handelt, deren Lösung schon vorhanden ist, und es darum geht, sich diese vorhandenen Problemlösungen individuell anzueignen. Sie bezeichnen den Übergang von einer Entwicklungsetappe der Persönlichkeit zu anderen, höheren. »Das Auftreten und die Lösung von Problemen markiert diejenigen Punkte im Entwicklungsprozeß, die den eigentlichen Kern der Entwicklung ausmachen. Routineaufgaben sind demgegenüber die ausgeprägteste Form desjenigen Aspekts der Tätigkeit, der das ruhende Moment der Entwicklung, die Wiederholung des Alten kennzeichnet« (Seidel (144a) 80). Die Aneignungsprobleme entwickeln in dem Maße ihren gesellschaftlichen und sozialhistorischen Charakter, wie das Individuum sich in den historischen Prozeß »integriert«, wie es sich sein menschliches Wesen aneignet, wie es aufgrund der bewußten Tätigkeit mit anderen Menschen gemeinsam auf die gesellschaftlichen Prozesse Einfluß nimmt und durch sie seine individuelle Selbständigkeit begründet. Die »geträumte« Unabhängigkeit von der Gesellschaft, die kein »Problem« ist, begründet nicht die individuelle Autonomie, sondern deren Verkümmerung und Zerfall. – Eine spezifische Variante der Aneignungsprobleme sind die *»persönlichen« Probleme,* die sich zumeist auf Fähigkeiten bzw. Unfähigkeiten in zwischenmenschlichen Beziehungen gründen (um falschen Universalisierungen vorzubeugen: dabei ist deren pathogene Form in jedem Fall nur eine *spezifische* Variante davon).

Das Denken ist ein notwendiger Bestandteil der gesellschaftlichen wie individuellen Lebensaktivität, notwendig, um die Not zu wenden, also nicht zwangsläufig. Sofern die realen Widersprüche in der Tätigkeit nicht auftauchen bzw. nur in einem sehr geringen Maße, sofern wird auch das Denken in seinen rudimentären Formen verbleiben (dies schließt die individuelle Möglichkeit ein, sich vor den »Problemen zu drücken«). Der Denkprozeß bedarf neben seiner objektiven Notwendigkeit auch der subjektiven Fähigkeit und Bereitschaft, ein real und objektiv vorhandenes Problem auch als solches anzuerkennen und sich um seine Lösung zu bemühen. Die Entwicklung zu einer höheren Stufe der Persönlichkeitsentwicklung setzt also eine sie bestimmende *Subjekt-Objekt-Einheit* voraus.

Diese geschichtlichen, ontogenetischen und persönlichen Probleme lassen sich unter einem anderen Aspekt auch in praktische und theoretische Probleme differenzieren. Unter *praktischen* Problemen sind solche zu verstehen, deren Ziel in einer direkten handelnden Umsetzung eines Ziels besteht; beim *theoretischen* Problem ist das Ziel eine bestimmte Erkenntnis. Beide Probleme bilden dadurch eine Einheit, daß die Praxis immer wieder theoretische Probleme aufwirft, während die Theorie – wie vermittelt auch immer – praktische und politische Folgen mit sich bringt. – So sehr menschliches Denken immer in letzter Instanz auf Praktisches zielt, so sehr ist es – zumindest nach dem Überschreiten der frühen sozialgeschichtlichen Entwicklungsetappen – nicht als *direkter* Reflex derselben zu begreifen, sondern entwickelt sich in einer gewissen Selbständigkeit und Eigengesetzlichkeit (obwohl selbstverständlich Veränderungen in der Praxis, zwar nicht sofort, aber in jedem Falle, zu Veränderungen im Denken führen). Unter diesem Aspekt der Sozialgeschichte der gesellschaftlichen Denkformen, die gegenüber dem individuellen Denken jeweils spezifische Aneignungsnotwendigkeiten darstellen, hat Kuczynski den Vorschlag gemacht, zwischen drei Hauptetappen zu unterscheiden (vgl. Kuczynski (108) 17):

1. Die Periode der noch nicht bewußten Produktion, bzw. die, wo die reflektierte Erfahrung nur eine geringe Bedeutung hat (vgl. auch H.-Osterkamp (132) 255 ff.);
2. die Periode, in der die reflektierte Erfahrung eine notwendige Bedingung des Produktionsprozesses darstellt und die Wissenschaft bereits in Keimformen existiert;
3. die Periode, in der die Wissenschaft, also das wissenschaftliche Denken, die entscheidende Rolle spielt; diese Epoche beginnt mit der bürgerlichen Gesellschaft in Ansätzen, findet ihre wirkliche und umfassende Entfaltung allerdings erst in der sozialistischen Gesellschaft (vgl. Tomberg (114) 94 ff.; Sandkühler (2) 375 ff.).

Mit der zweiten Stufe verbunden ist der Beginn der klassenspezifischen Trennung von *körperlicher* und *geistiger* Arbeit. Die relative Monopolisierung des menschlichen Wissens auf die herrschende Klasse ist weitgehend gleichbedeutend mit der relativen Monopolisierung der gesellschaftlichen und damit individuellen Lebenskontrolle, läßt die klassenstrukturell bedingten Aneignungsschranken zur relativen *Entwicklungslosigkeit* der Individuen werden. Dies gilt, soweit sich die Beherrschten der Logik der Herrschaft beugen; besinnen sie sich (im Stadium der sozialhistorischen Überholtheit einer Gesellschaftsformation) auf ihre progressive Funktion, so müssen sie als Gesamtklasse wie auch als jeweils individuelles Subjekt sich den Fragen und Problemen stellen, die nicht nur über ihren eigenen bisherigen Lebenshorizont hinausgehen, sondern auch den Stand der schon vorhandenen Lösungen (auch innerhalb der herrschenden Klasse) überschreiten; sie müssen zu Pionieren des Denkens werden.

### *2.2.3 Die emotional-motivationalen Aspekte der individuellen Bewußtseinstätigkeit*

Die rationale Erkenntnis der objektiven personalen und sachlichen Gegenstandbedeutungen ist notwendige Grundlage und Voraussetzung der menschlichen Lebenstätigkeit; sie ist aber nicht hinreichend, denn es gehört zur persönlichen Alltagserfahrung, daß Einsicht in bestimmte gesellschaftliche Notwendigkeiten nicht schon per se in individuelle Handlungsbereitschaft umschlägt. Das notwendige Vermittlungsglied zum Umschlag von »Bedeutungen an sich« in »Bedeutungen für das konkrete Individuum«, also von objektiven in subjektive Gegenstandsbedeutungen stellt die Motivation dar. Um sie in ihrer menschlichen Spezifik hinreichend zu erfassen, bedarf es der umfassenderen Analyse der menschlichen Bedürfnisse.

Die menschlichen Bedürfnisse haben ihre biologischen Vorläufer in physiologischen Gleichgewichtsstörungen, besonders in Gewebedefiziten, welche etwa als »Leiblichkeitsempfindungen« bzw. »Organempfindungen« gekennzeichnet werden können (vgl. H.-Osterkamp (132) 158). Motivation liegt auf organismischem Niveau dann vor, »wenn die bereits im Appetenz- und Instinktverhalten liegende, phylogentisch programmierte Gerichtetheit durch *gelernte Individualisierung der emotionalen Valenzen* so spezifiziert ist, daß das Tier andere Befriedigungsmöglichkeiten *aufgrund der lernbedingten Antizipationen der mit diesem einen Objekt verbundenen höheren Befriedigung* verweigert« (a.a.O., 171). – Die qualitativen Veränderungen beim Übergang vom Tier zum Menschen, also der Entstehung einer durch den Menschen selbst geschaffenen gegenständlichen Welt und die damit verbundenen Möglichkeit und Notwendigkeit einer (wie immer beschränkten) Kontrolle der gesellschaftlichen und damit individuellen Lebensbedingungen, führt auch zur Umgestaltung der organismischen und der Entstehung eines völlig neuen Bedürfnissystems. Allgemein kann dabei zunächst einmal festgehalten werden: »Bedarfszustände, die im Zusammenhang der Aktivitäten zu gesellschaftlicher Lebenssicherung stehen bzw. auf gesellschaftlich produzierte Objekte oder gesellschaftlich geprägte Situationen gerichtet sind und deswegen nur durch die Produktion und deren Resultate befriedigt werden können, werden von uns ›Bedürfnisse‹ genannt. ›Bedürfnisse‹ sind also Bedarfszustände in ihrer gesellschaftlichen, d. h. ›menschlichen‹ Spezifik, in denen ihre unspezifisch biologischen Charakteristika aufgehoben sind« (H.-Osterkamp

(133) 18 f.). Dies gilt zunächst für die sinnlich-vitalen Bedürfnisse, also die organischen und sexuellen Bedürfnisse, deren Gesellschaftlichkeit sich im Charakter der Bedürfnisobjekte und der Art und Weise der Bedürfnisbefriedigung äußern, die aber den Bedürfnissen auf organismischem Niveau noch insofern sehr verwandt sind, als sie sowohl die organismischen Spannungszustände zur Grundlage haben, als auch eine direkte Befriedigung als Handlungsziel aufweisen. Demgegenüber sind die »produktiven« Bedürfnisse »auf den Erwerb der Kontrolle über die relevanten Lebensbedingungen gerichtet und umfassen alle Tendenzen zur Ausdehnung bestehender Umweltbeziehungen, somit also auch der sozialen Beziehungen, und zwar in ihrem Doppelaspekt: als Teil der zu erkundenden Umwelt, aber auch als über die Kooperationsbeziehungen ermöglichte Erweiterung der Basis dieser Umweltbegegnung und Erhöhung der damit verbundenen Erlebnisfähigkeit« (a.a.O., 23). Jede menschliche Persönlichkeit verfügt – in mehr oder weniger ausgeprägtem Maße – über beide Bedürfnissysteme; deren wechselseitige Abhängigkeit richtet sich einerseits nach den Entwicklungsmöglichkeiten der einzelnen Bedürfnisse und andererseits nach dem aktuellen Entwicklungsniveau. Die Entwicklungsgrenze der sinnlich-vitalen Bedürfnisse liegt darin, daß sie lediglich *auf das Individuum selbst* bezogen sind, also nur in begrenztem Maße von dessen spezifischer sozialhistorischer bzw. klassenmäßiger Stellung abhängig sind; dies äußert sich auch in der Begrenztheit und Abgeschlossenheit des Handlungsziels, der aktuellen Beseitigung der individuellen Mangel- und Spannungszustände. Ihre volle Gesellschaftlichkeit ist schon dann erreicht, wenn in Antizipation zukünftiger Mangel- und Spannungszustände für deren Befriedigung durch vorsorgende Sicherung der entsprechenden Bedingungen gesorgt wird. Diese begrenzten Entwicklungsmöglichkeiten schlagen sich sozialhistorisch auch darin nieder, daß sie sich in der bisherigen menschlichen Geschichte qualitativ fast überhaupt nicht verändert haben. – Die fundierende Bedeutung der produktiven Bedürfnisse liegt einerseits darin, daß sie die spezifisch menschliche Möglichkeit zur Steuerung des gesellschaftlichen Prozesses subjektiv zum Ausdruck bringen und andererseits prinzipiell unendliche Entwicklungsmöglichkeiten aufweisen. Die Befriedigung der produktiven Bedürfnisse ist also mit einem Gleichgewichtsmodell prinzipiell nicht erfaßbar, sondern ist immer über *relative* Teil- und Zwischenziele bestimmt und auch insofern unendlich; anders formuliert: weil die Geschichte der Menschen (potentiell) kein Ende hat, ist auch das Bedürfnis nach ihrer bewußten Kontrolle und Planung unendlich. – Die progressive Funktion der produktiven Bedürfnisse für die Persönlichkeitsentwicklung äußert sich in der

dadurch begründeten veränderten Funktion der Befriedigung der sinnlich-vitalen Bedürfnisse, in der erhöhten Erlebnisfülle bei ihrer Befriedigung. »Das ›menschliche‹ Bedürfnisleben hat also in dem spannungsvoll-widersprüchlichen Gleichgewicht zwischen ›Produktivität‹ und Sinnlichkeit seine spezifische Qualität: temporäre Vereinseitigungen in zukunftsbezogen-problematischen ›produktiven‹ Erlebnisweisen ›fordern‹ den Ausgleich elementar-›gegenwärtiger‹ Sinnlichkeit, wie umgekehrt der Zustand des Behagens und des zufriedigenen Gegenwartsgenusses . . . aus inneren und äußeren Gründen nicht von Dauer sein kann, sondern mit der stattgehabten Befriedigung und der sich abzeichnenden Perspektive der Entwickelbarkeit bestehender Lebensmöglichkeiten in ›produktive‹ Unruhe und Unzufriedenheit umschlägt, die auf erneute Umweltauseinandersetzung drängt« (a.a.O., 46 f.). Von einer gelungenen Persönlichkeitsentwicklung kann also nur dann gesprochen werden, wenn sowohl die sinnlich-vitalen *als auch* die produktiven Bedürfnisse gemäß ihrer konkreten sozialhistorischen Spezifik angemessen befriedigt werden, wenn das objektive Wechselverhältnis beider Bedürfnissysteme bei Dominanz der produktiven Bedürfnisse sich auch subjektiv-individuell als solches realisiert, also beides angeeignet wurde.

Die konkrete Persönlichkeit wird in eine objektive Welt hineingeboren, wächst in ihr auf, lebt in ihr, die an sie Handlungsanforderungen stellt; in dem Maße, in dem sie diesen Anforderungen (in ihrer Klassenspezifik in den Klassengesellschaften) gerecht wird, in dem Maße hat sie Anteil am gesellschaftlichen Prozeß. Aus den Handlungs*anforderungen* wird aber erst Handlungs*bereitschaft*, wenn die objektiven Gegenstandsbedeutungen subjektiv-individuelle Bedeutung erlangen; sie müssen also in die konkrete Persönlichkeit »hineingenommen« werden, wobei sie dann durch die Subjektivität des Individuums wiederum gebrochen werden. Von *Motivation* (im relativen Unterschied zu Emotionalität im allgemeinen) kann erst dann gesprochen werden, wenn die individuelle Bereitschaft zur gezielten gesellschaftlichen Aktivität zwecks gesellschaftlicher und individueller Lebenssicherung besteht. »›Menschliche‹ Motivation ist also die emotionale Bereitschaft zu zielgerichteten Aktivitäten, in welchen die gegenwärtig gegebene (relative) Hilflosigkeit und Fremdbestimmtheit in Richtung auf eine zukünftig zu erreichende erhöhte gesellschaftliche Integration, damit Kontrolle über allgemeine und individuelle Lebensbedingungen mit vorsorgender Absicherung sinnlich-vitaler Bedürfnisse antizipierbar ist« (a.a.O., 62). Die menschliche Motivation setzt dabei zunächst einmal die rationale, denkerische Erkenntnis der objektiven Gegenstandsbedeutungen (als der Zielgrundlage der Motivation und im Gegensatz zu diffusen Formen der Emotionalität) voraus; ohne sie kann es unter keinen Umständen eine solche subjektive Bereitschaft geben. Ferner macht die Motivation die Bereitschaft notwendig, Anstrengungen und Risiken bei der (relativen) Befriedigung der produktiven Bedürfnisse auf sich zu nehmen. Diese rationale Erkenntnis und emotional-motivationale Bereitschaft entwickeln sich in dem Maße, wie das Individuum am gesellschaftlichen Prozeß teilhat und dadurch eine entsprechende Befriedigung erfährt; Motivation ist also weder »einfach da« noch kann sie per Dekret beschlossen werden, sondern setzt ein bewußtes Verhältnis der Persönlichkeit zu ihrer eigenen Subjektivität voraus. »Bewußtes ›Verhalten‹ des Individuums zu seiner eigenen Subjektivität setzt also immer die kognitive Analyse der Beschaffenheiten des gesellschaftlichen Zieles voraus. Aus dieser kognitiven Zielanalyse, sofern dabei tatsächlich die Zielbeschaffenheit in ihrer Relevanz für das Individuum adäquat erfaßt ist und aus dem Grad der mit der Zielerreichung antizipierten Verbesserung der Kontrolle über die eigenen Lebensbedingungen, damit der Bedürfnisbefriedigung überhaupt, ergibt sich dann, wieweit der Mensch dieses Ziel ›motiviert‹ übernehmen kann und wieweit er dem Ziel gegenüber im Zustand der ›Unmotiviertheit‹ verharren muß bzw. genötigt ist, das Ziel ohne Motivation unter äußerem und innerem Zwang zu verfolgen« (a.a.O., 68). Da unter den Bedingungen der Klassengesellschaft die beherrschten Klassen von der (relativen) Steuerung des gesellschaftlichen Prozesses weitgehend ausgeschlossen sind, können sie daher in der Regel auch nur in geringem Umfange produktive Motivation entwickeln, handeln sie meistens aus dem Zwang einer fremdbestimmten Lebenssicherung.

Wir haben bisher unterstellt, daß sowohl die eigene emotional-motivationale Befindlichkeit als auch die Befriedigungsmöglichkeiten offensichtlich sind; das ist aber nur in Ausnahmefällen so. Meistens stellt sich sowohl die eigene Subjektivität als auch die Abschätzung der Befriedigungsmöglichkeiten aktueller wie langfristiger Art als ein kompliziertes Bedingungsfeld dar, welches sowohl der rationalen Analyse als auch der bewußten Kontrolle bedarf. Die oben erläuterten *Aneignungsprobleme*, als Ausgangspunkt entsprechender Denkprozesse und Weiterentwicklungen, bestehen zu einem wesentlichen Teil genau in dieser Bedingungsanalyse, also der Schwierigkeit, objektive Gegenstandsbedeutungen ins Subjektive zu übersetzen. Sofern durch diese Denkprozesse *neue* Einsichten über die eigenen individuellen und damit gesellschaftlichen Perspektiven gewonnen werden, können auch neue, erweiterte Motivationen entstehen, kommt es zu einer Intensivierung der Auseinandersetzung mit der gesellschaftlichen Realität und damit zur Höherentwicklung der Persönlichkeit. Andererseits können die emotionalen Prozesse die kognitiven auch dadurch beeinflussen, daß sie entweder bestimmte Problemstellungen aus den Denkprozessen ausklammern, weil damit emotionale Risiken verbunden sind, oder daß sie aufgrund von »Vorahnungen« bestimmte Denkanstöße und Denkaufforderungen geben. – In diesem Zusammenhang muß auf den *Willen* als unselbständiges Teilmoment der Motivation hingewiesen werden; seine Bedeutung für die Persönlichkeitsentwicklung liegt darin, daß in Phasen emotionaler Schwankungen und Störungen, emotionaler Durststrecken, die bewußte Disziplinierung, die individualistisch-spontaneistische Abwehr vor der längerfristigen individuellen wie gesellschaftlichen Perspektive verhindert. Als solches unselbständiges Teilmoment ist er Ausdruck einer hohen gesellschaftlichen Bewußtheit bzw. Selbstbewußtheit; wenn er sich allerdings verselbständigt und von seiner emotional-motivationalen Grundlage ablöst, wird er Ausdruck von Handlungen unter äußerem und inneren Zwang.

Der rationale Kern der Psychoanalyse und ihres Triebkonzepts liegt in der Thematisierung der Bedürfnisse; diese Thematik ist als die eigentliche Begründung der Notwendigkeit der Kritischen Theorie des Subjekts immer wieder herausgestellt worden. So heißt es etwa bei A. Lorenzer: »Das unbewältigte Kernproblem aller Vermittlungsbemühungen von Psychoanalyse und Marxismus war und ist die Beziehung zwischen gesellschaftlichen Bedingungen auf der einen und Trieberfordernissen auf der anderen Seite« (Lorenzer (228) 16). Und in ganz ähnlicher Intention schreibt K. Horn: »Sicher ist es für Marx keine Neuigkeit, daß die Menschen, äußere Natur bearbeitend, ihre eigene Natur verändern; doch es ist eine für viele Marxisten. Erst die Psychoanalyse hat die vielfältigen Möglichkeiten des Scheiterns der Kontinuität subjektiven Bewußtseins hinsichtlich der Lebens- und damit auch der Stammesgeschichte zugänglich gemacht und Modellvorstellungen über Formen der Vergesellschaftung entwickelt« (Horn (219) 141). Nun wird aber gerade bei Klaus Horn auch das Dilemma dieses Ansatzes deutlich: Zunächst werden die menschlichen Bedürfnisse auf die sinnlich-vitalen beschränkt, womit ihre eigentlich menschliche Spezifik schon ausgeklammert ist (und damit selbstverständlich auch die damit verbundene individuelle und gesellschaftliche Perspektive). In dieser Beschränktheit wird zwar in gewisser Weise gesehen, daß die Bedürfnisse gesellschaftlich überformt sind, aber unerkannt bleibt auch hier, daß der gesellschaftliche Charakter der sinnlich-vitalen Bedürfnisse gerade in der Vorsorge für spätere Befriedigung liegt, die ausbruchartige Befriedigungshandlungen unnötig macht und erst zum vollen, wirklich menschlichen Genuß führt. Die darin liegende Tendenz zum Biologismus wird offensichtlich, wenn die Triebe als Potential gegen gesellschaftliche Herrschaft angesehen werden. »Äußere Verhältnisse und innere Verhältnisse korrespondieren auch bei der Veränderung äußerer Verhältnisse unmittelbar miteinander, auch und gerade als verdinglichte. Allerdings ist das Subjekt nicht grenzenlos manipulierbar oder fungibel. Warum es das nicht sein kann, wurde bereits begründet: der Widerstand menschlicher Natur gegen Vergesellschaftung, ob er sich nun in bereits verdinglichter Weise oder auch unverstellt äußert, kann relatives Eigengewicht gewinnen, zu einer Größe werden, die nicht im ökonomischen Determinismus aufgeht, sondern nach eigenen, von der Psychoanalyse aufgezeigten Gesetzmäßigkeiten verläuft« (Horn (219) 148).[27] Selbstverständlich findet jede Ausbeutung ihre Grenze in der physischen Existenz der Individuen; aber an der physischen Vernichtung haben auch die Herrschenden selbst in der Regel kein Interesse. Und die Beherrschten haben nicht nur ein Interesse an der Befriedigung sinnlich-vitaler Bedürfnisse, sondern viel umfassender an der der produktiven Bedürfnisse. Erst bei letzteren läßt sich der Klassenzusammenhang überhaupt thematisieren und damit die längerfristige sozialhistorische Perspektive, die der Aufhebung der Klassenverhältnisse, bestimmen. *Das* mißlingt der Kritischen Theorie notwendigerweise. Damit kann sie auch im Bezug auf ihren eigentlichen Gegenstand, die konkrete Persönlichkeit als individuelles Subjekt, nicht die Bedingungen aufzeigen, unter denen sie sich auch zum individuellen Subjekt entwickeln kann bzw. welche gesellschaftlichen Verhältnisse dies verhindern.

## 2.3 *Die Vermittlungsfunktion der Sprache*

Wir haben bisher unterstellt, daß die individuelle Widerspiegelung der Welt und der eigenen Handlungen sozusagen »direkt« und ohne Vermittlung verläuft; dies ist allerdings nicht so, denn diese notwendige Vermittlung stellt die Sprache dar, ohne sie kann es kein Bewußtsein geben. Schon in der »Deutschen Ideologie« wird auf diesen Zusammenhang hingewiesen. »Die Sprache ist so alt wie das Bewußtsein – die Sprache *ist* das praktische, auch für andre Menschen existierende, also auch für mich selbst existierende wirkliche Bewußtsein, und die Sprache entsteht, wie das Bewußtsein, erst aus dem Bedürfnis, der Notdurft des Verkehrs mit andern Menschen« (Marx/Engels, MEW 3, S. 30). – Auch auf organismischem Niveau finden sich bereits Systeme akustischer Signalübertragung (als deren spezielle Ausprägung die Sprache zu verstehen ist). Der Übergang von der tierischen zur menschlichen Kommunikation, zur Sprache, war im wesentlichen durch fünf Prozesse gekennzeichnet: Übergang von der Geschlossenheit zur Offenheit des Signalsystems, den Abbau der Ausdruckfunktion und Steigerung des Symbolgehalts, die Überführung der objektsprachlichen Verständigung in metasprachliche Reflexivität, die Ersetzung der analogen durch die digitale Codierung und – was die anderen Prozesse zusammenfaßt – die Herausbildung einer gesellschaftlich-historischen Traditionsbildung aus der präkulturellen. Neben den materiellen Vergegenständlichungen des menschlichen Sozialerbes bilden die sprachlichen Symbolisierungen die zweite wesentliche Dimension des menschlichen Sozialerbes und sind damit notwendiger Bestandteil des Aneignungsprozesses (vgl. Schurig (143) 231 ff.).

In welchem Verhältnis stehen nun materielle Vergegenständlichung und sprachliche Symbolisierung? Es ist beim gegenwärtigen Forschungsstand noch unklar, ob innerhalb des Tier-Mensch-Übergangsfeldes bereits von einem Zusammenhang der gegenständlichen Naturbearbeitung und der Kommunikation/Sprache ausgegangen werden kann (es handelt sich hier um die gleiche, schon erwähnte Grundproblematik wie beim Verhältnis von gegenständlicher Naturbearbeitung und sozialen Beziehungen im TMÜ). Mit der Entwicklung und Entfaltung der Urgesellschaft, d. h. der Entwicklung der Produktivkräfte, besonders der menschlichen Arbeitskraft, und den damit verbundenen höheren Anforderungen der kooperativen Prozesse menschlicher Arbeit (und so auch mit der Entstehung der Produktionsverhältnisse) wird nicht nur eine gezielte Verständigung zwischen den aktuell zusammenarbeitenden Menschen, sondern auch die Tradierung menschlicher Erfahrungen in symbolisierten Zeichensystemen zur Notwendigkeit; dies macht langfristig gesehen auch den Übergang von der gesprochenen zur geschriebenen Sprache notwendig, deren erste Ansätze, wenn auch weitgehend auf die herrschende Klasse beschränkt, sich in den steinzeitlichen Felsbildern finden. Die frühesten Schriftsysteme sind aus Ägypten, Mesopotamien und dem Indus-Tal überliefert, also ca. 8000 Jahre alt (vgl. Holzkamp (129) 147 f.). – In dem Maße, wie sich die Sprache, besonders die geschriebene, zu einem eigenen gesellschaftlichen Teilbereich entwickelt, wird auch ihre Abhängigkeit von den anderen gesellschaftlichen Momenten, besonders von der Produktion zum theoretischen wie praktischen Problem. »Schlüssel zur historischen Rekonstruktion des Verhältnisses zwischen *Gegenstandsbedeutungen* und *Symbolbedeutungen* . . . ist der Ansatz an der Beziehung zwischen *sachlichen Gegenstandsbedeutungen* als orientierungsrelevantem Aspekt allgemeiner gesellschaftlicher Zwecksetzungen in den Gebrauchswert-Vergegenständlichungen und den *Gebrauchswert-Antizipationen,* die zum Verständnis der kontinuierlichen, geplanten Annäherung an die zu vergegenständlichenden allgemeinen Zwecksetzungen bereits im Prozeß einfacher Werkzeugherstellung als möglich vorausgesetzt werden müssen . . . Wie ausgeführt, ist damit schon zum Verständnis der Möglichkeit einfachster Arbeitsvorgänge eine *Verdoppelung in sinnlich-gegenständliche Bedeutungen auf der einen Seite und Vergegenwärtigungen von zu schaffenden sinnlich-gegenständlichen Bedeutungen auf der anderen Seite* zwingend anzunehmen« (Holzkamp (129) 149 f.). In die sprachlichen Symbole gehen also die auf gegenständlicher Tätigkeit beruhenden menschlichen Welterfahrungen in verallgemeinerter und auf den Begriff gebrachter Form ein; der Symbolgehalt setzt also die Einheit von Wort und Gedanke bei Menschen voraus. »Die Wortbedeutung ist nur insofern ein Phänomen des Denkens, als der Gedanke mit dem Wort verbunden und im Wort verkörpert ist – und umgekehrt: sie ist nur insofern ein Phänomen der Sprache, als die Sprache mit dem Gedanken verbunden und durch ihn erhellt. Sie ist ein Phänomen des sprachlichen Denkens oder der sinnvollen Sprache, sie ist die *Einheit* von Wort und Gedanke« (Wygotski (149) 293). Und Wygotski schließt sein Buch über »Denken und Sprechen« mit der Überlegung: »Das Bewußtsein spiegelt sich im Wort wie die Sonne in einem Wassertropfen. Das Wort verhält sich zum Bewußtsein wie die kleine Welt zur großen, wie die lebende Zelle zum Organismus, wie das Atom zum Kosmos. Das sinnvolle Wort ist der Mikrokosmos des Bewußtseins« (a.a.O., 359). – Was bei Wygotski insgesamt etwas unklar bleibt (vgl. dazu die Kritik von Galperin (125) 368 f. an ihm) ist, daß die Bedeutungen, im einzelnen wie in ihrer Gesamtheit als Bedeutungsstrukturen, zwar in einem Wechselverhältnis von Denken und Sprachen eine notwendige Bedingung, aber nicht ihre Ursache haben, denn diese liegt in den sachlichen und personalen Gegenstandsbedeutungen, also in dem durch die kollektive Arbeit in historischer Spezifik vermittelten Stoffwechselprozeß des Menschen mit der Natur; Entstehung, Struktur und Funktion menschlicher Kommunikation (hier in sprachlicher Art) muß also aus den Anforderungen und Notwendigkeiten der gegenständlich-kooperativen menschlichen Lebenstätigkeit *abgeleitet* werden. »Es sollte klarwerden, wie das Sprachlich-Symbolische gemäß seiner Entstehung aus den objektiven Notwendigkeiten der Produktion nach der einen Seite hin die verallgemeinerte Erfassung von Eigenschaften der durch gesellschaftliche Arbeit angeeigneten realen Außenwelt ermöglicht, nach der anderen Seite hin durch seine repräsentative Funktion die Voraussetzung für die Erweiterung menschlicher Wirklichkeitserfassung in abstraktem Denken bildet, daß also *Wahrnehmung und Denken als Differenzierungsergebnis des Prozesses gesellschaftlicher Arbeit durch den sprachlich-symbolischen Bereich miteinander vermittelt sind«* (Holzkamp (129) 154). Damit ist es nicht nur möglich, die außerhalb des Bewußtseins existierende Welt durch den Begriff hindurch zu erkennen, sondern auch über aktuell nicht präsente Gegenstände und Sachverhalte zu sprechen und zu denken. Hierin gründet sich die relative Selbständigkeit der Sprache (was gegenüber jedem pseudo-marxistischen Ökonomismus festzuhalten bleibt), und mit ihr kann das menschliche Wissen selbst zum Gegenstand des Denkens, zu einem »Problem« werden. Die Fähigkeit der Menschen zur Reflexion gründet in dieser Möglichkeit des gewußten Wissens. »Das Weltverhältnis des gewußten Wissens impliziert eine Distanz des Erkennenden zum Erkenntnisgegenstand, durch welche der Mensch sich selbst in seiner Beziehung zur Welt und zu anderen Menschen reflektierend erfassen kann. Im sprachlich geformten und entäußerten Bewußtsein setzt sich der Mensch mit anderen ins Verhältnis und findet sich gleichzeitig von den anderen als dieses bestimmte Individuum definiert. Das Selbstinnesein und das Weltbewußtsein sind dabei nur zwei Seiten der gleichen Befindlichkeit: Erst im Verwiesensein auf das eigene Selbst durch die anderen verdeutlicht sich auch die Welt als das ›Nicht-Ich, der ›Gegenstand‹ . . .« (a.a.O., 157).

Das so verstandene Verhältnis von Gegenstandbedeutungen und Symbolbedeutungen begründet zunächst eine materialistische *Semantik,* deren zentrale Aufgabe es ist, die Wortbedeutungen in ihrer Genese, Struktur und Funktion als unselbständiges Teilmoment der Gesellschaft zu rekonstruieren (vgl. Schmitz (33) Kap. 2 und 5). – Aus ihr leitet sich auch die materialistische *Hermeneutik* ab, deren Gegenstand die Interpretation von Texten darstellt. »Die materialistische Hermeneutik fungiert als systematische Theorie und als wissenschaftliche Methode der Rekonstruktion und Kritik der Genesis und Geltung ideologischer sprachlich-textuell verfaßter Materiale, die als sozial-historisch determinierte und historisch-logisch vermittelte, objektivierte Widerspiegelungen der Wirklichkeit erkannt werden können« (Sandkühler (2) 402; alle Sperrungen entfernt, K.-H. B.; vgl. hierzu auch programmatisch Sandkühler (35)).

Da die Sprache, sowohl im Sinne der Existenzform des gesellschaftlichen Bewußtseins als auch der Sprechtätigkeit der vergesellschafteten Menschen, in die gesellschaftlichen Entwicklungs- und Systemgesetze voll eingebunden ist, unter den Bedingungen von Klassengesellschaften also in die Klassenverhältnisse und Klassenbewegungen, kommt einer materialistischen Theorie der Sprache auch insofern eine kritische Funktion zu, als sie die klassenspezifischen Sprachstrukturen in deren materiellen Ursachen und ideologischen Konsequenzen aufzeigt[28] und damit auch die Bedingungen benennt, in denen die Sprache ihre Erkenntnisproduktionsmöglichkeiten voll auszuschöpfen vermag. Die Sprache aus diesem Klassenzusammenhang herauszulösen, ist auch deshalb entschieden abzulehnen, weil Untersuchungen sowohl der Massenkommunikationssysteme im Kapitalismus (vgl. Holzer (105) 113 ff., 138 ff.) deren Klassencharakter hinreichend belegen, als auch in Überwindung der These von den Sprachbarrieren und Sprachdefiziten der Arbeiterklasse empirisch hinreichend abgesichert wurde, daß Sprachsystem und Stellung im System der Klassenverhältnisse in Beziehung stehen (vgl. Neuland (110) 61 ff., 65 ff., 71 ff., 82 ff.).

Ausgehend davon, daß die Sprache neben den materiellen Vergegenständlichungen den wesentlichen Bereich des menschlichen Sozialerbes ausmacht, ergibt sich zwangsläufig die Frage nach der Aneignung der Symbolbedeutungen in der Individualgeschichte. Da der Motor der Persönlichkeitsentwicklung die Handlungen und Fähigkeiten sind und die durch sie ermöglichte Aneignung der sachlichen und personalen Gegenstandsbedeutungen, können die Symbolbedeutungen nur in einem relativ engem Zusammenhang damit angeeignet werden. »Da die Symbolbedeutungen nicht auf Dinge als solche, sondern nur auf Dinge, deren Gegenstandsbedeutungen praktisch angeeignet sind, beziehbar sind, stellen die Gegenstandsbedeutungen das *Konstituens für die Inhaltlichkeit, den Realitätsbezug von Systemen symbolischer Bedeutungen,* wie sie das Kind im Aneignungsvollzug auffaßt, dar. Die Aneignung von Symbolbedeutungen ist das Fundament für die Aneignung von Symbolbedeutungen, bildet damit auch die Voraussetzung dafür, daß das Kind die in den ikonischen und diskursiven Symbolwelten auf erweiterter Stufenleiter, in verdichteter und hochverallgemeinerter Form kumulierte gesellschaftliche Erfahrung in seine eigene Erfahrung einbeziehen kann, und so die Möglichkeit zu präsenzentbundenem ›Denken‹, einer reflexiven Stellung der Welt und sich selbst gegenüber und der Bildung historischen Bewußtseins gewinnt . . .« (Holzkamp (129) 194).[29] – Den Versuch, das *Wie* des Verhältnisses von Gegenstands- und Symbolbedeutungen im Rahmen des Aneignungsprozesses zu bestimmen (ohne daß er dabei diese Begrifflichkeit verwendet), hat Galperin unternommen mit seiner Theorie der etappenweisen Herausbildung geistiger Operationen (vgl. Galperin (125); eine knappe Darstellung findet sich auch bei Keseling u. a. (136) 36 ff. und Kleiber (155)), wobei er mit Wygotski davon ausgeht, »daß die Tätigkeit das Ergebnis der Übertragung des äußeren materiellen Handelns in die Form der Widerspiegelung ist« (Galperin (125) 374). Es werden vier Parameter des menschlichen Handelns unterschieden: 1. das Niveau, auf dem sie ausgeführt wird; 2. der Grad ihrer Verallgemeinerung; 3. die Vollständigkeit der faktisch ausgeführten Teiloperationen; 4. der Grad der Beherrschung. Hierbei bestimmen die Parameter 2–4 die Qualität der Handlung, während durch den 1. Parameter bestimmte Stufen der Handlung unterschieden werden. Genau damit befaßt sich die Theorie Galperins, indem sie fünf aufeinander aufbauende Etappen unterscheidet:

1. Etappe: Bildung einer vorläufigen Vorstellung von der Aufgabe (darin ist die Entwicklung von Orientierungstypen eingeschlossen);

2. Etappe: materielle bzw. materialisierte Handlung (die zu erlernende Handlung muß dabei durchgeführt werden, damit eine vollständige geistige Operation entstehen kann);

3. Etappe: Übertragung der Handlung in Sprache (hier besteht einerseits noch ein enger Bezug zur Handlung, andererseits muß diese aber *laut*sprachlich verarbeitet werden;

4. Etappe: Äußere Sprache für sich (die Sprache löst sich relativ vom Handlungszusammenhang ab, entwickelt eine eigenständige, wenn auch nicht unabhängige Existenz);

5. Etappe: Innere Sprache: sie stellt die vollwertige geistige Tätigkeit dar; sie ist nicht einfach Sprache minus Laut, sondern setzt einen komplizierten Umbildungsprozeß voraus; dazu heißt es bei Wygotski:

»Die Eigenarten der inneren Sprache zeigen auch, daß die *innere Sprache eine besondere, autonome und eigenständige Funktion der Sprache darstellt.* Wir haben es tatsächlich mit einer Sprache zu tun, die sich unter allen Gesichtspunkten von der äußeren Sprache unterscheidet. So sind wir berechtigt, sie als besondere innere Ebene des sprachlichen Denkens aufzufassen, die die dynamische Beziehung zwischen dem Gedanken und dem Wort herausstellt« (Wygotski (149) 349). – Diese Interiorisationstheorie Galperins ist seit längerer Zeit Gegenstand intensiver Diskussionen, besonders in der Pädagogischen Psychologie (vgl. etwa Lompscher (139), Leontjew u. a. (137)). Ungeklärt ist dabei allerdings gegenwärtig noch, inwieweit bestimmte Mängel (Vernachlässigung der *Historizität* der Gegenstand- und Symbolbedeutungen, der Motivationsproblematik, der Differenz von orientierendem und begreifendem Denken) *innerhalb* dieses Theorieansatzes gelöst werden können oder ob es dazu eines qualitativ anderen Ansatzes bedarf (vgl. Wilhelmer (165) 52 ff). Zumindest ist an dieser Theorie beispielhaft die *Herangehensweise* zur Rekonstruktion der widersprüchlichen Einheit von Handlung-Sprache-Bewußtsein.

Das Verhältnis von Arbeit und Sprache hat in der neueren Diskussion um die Widerspiegelungstheorie einen breiten Rahmen eingenommen. Ihren theoriegeschichtlichen Ausgangspunkt (neuerer Art) haben diese sprachtheoretischen Angriffe auf die Widerspiegelungstheorie in Habermas' Erkenntnistheorie genommen, der mit seiner Theorie der Interaktion als kommunikativen Handelns wesentlich die Subjektivität, verstanden als Reflexivität, der menschlichen Gattung erklären will; anders gesagt: für Habermas kann die Widerspiegelungstheorie die menschliche Reflexivität nicht erklären, er will dazu eine Hermeneutik entwickeln (vgl. Habermas (187) 12; ders. (190) 59 ff., bes. 71 ff.; zur Kritik daran Ellerbrock u. a. (27) 55 ff.). Daran hat auch – bei aller Kritik in einzelnen Fragen – A. Lorenzer in seinem Entwurf der Psychoanalyse als sozialwissenschaftlich begründeter Hermeneutik angeknüpft. Auch für ihn begründet die Sprache den Unterschied von Mensch und Tier. »Ohne auf die Reservate eines in der Psychoanalyse gefährlich naheliegenden Subjektivismus zurückgreifen zu müssen, wird nun erkennbar, worin der Unterschied menschlicher und tierischer Entwicklung liegt: in der Einbeziehung der bewußtlos eingeübten Interaktionsformen in das System der Sprache« (Lorenzer (227) 80, vgl. 56). Dieses Verhältnis von Interaktionsformen und Sprachfiguren hat Lorenzer an anderer Stelle auseinandergefaltet. »Die bewußten Repräsentanzen haben den Charakter von *Symbolen* (Hervorhebung K.-H. B.), die unbewußten Repräsentanzen dagegen sind nicht-symbolische Strukturen. Ich möchte vorschlagen, sie *Klischees* zu nennen, um Ähnlichkeit und Unterschied zu den Symbolen in einem bezeichnen zu können« (Lorenzer (221) 93); das klischeebestimmte Verhalten ist dabei typisch – so Lorenzer – für das tierische Auslösungsschema. Als Drittes existieren in diesem Modell die *Zeichen,* die sich durch ihre emotionale Entleerung und die Distanzierung von Subjekt und Objekt auszeichnen (vgl. a.a.O., 111). – Richtig daran ist, daß menschliches Bewußtsein sprachunabhängig nicht existieren kann (wie auch von der Kritischen Psychologie akzeptiert und analysiert); es ist auch richtig und wichtig, die Bedeutung der sprachlichen Symbole im Zusammenhang mit der Tätigkeit und den emotionalen Aspekten der Bewußtseinstätigkeit zu analysieren! Falsch ist es aber, menschliche Tätigkeit, die nicht bewußt ist, als tierische zu bezeichnen, denn tierisches Verhalten und menschliche Tätigkeit sind primär und grundlegend durch die Fähigkeit der gegenständlichen Weltveränderung unterschieden; und diese menschliche Arbeitstätigkeit bringt historisch-logisch das Bewußtsein hervor. Der umgekehrte Begründungsweg führt geradewegs in den kommunikationstheoretischen Idealismus und Subjektivismus. Unbegreiflich bleibt damit auch der in dieser Frage konstitutive Zusammenhang von Gegenstandsbedeutungen und Symbolbedeutungen; stattdessen wird auch bei Lorenzer die Sprache in ihrer sinnstiftenden Funktion wieder eingesetzt (vgl. Lorenzer (227) 72 ff.), womit aus dem geschilderten, *inneren* Zusammenhang ein zufälliger, *äußerer* wird. Wir sehen hier, wie die relative Selbständigkeit der Sprache, die Voraussetzung der menschlichen Reflexionstätigkeit ist, bei Theoretikern wie Lorenzer zur Verkehrung der Abhängigkeitsverhältnisse führt. »Tatsächlich stehen Symbol und Sache in einem inneren Zusammenhang miteinander, wenn auch nicht in einem der unvermittelten Wesensähnlichkeit. Die Welt des Menschen ist eine von ihm durch vergegenständlichende gesellschaftliche Arbeit angeeignete Welt. Bedeutungen liegen ›in‹ den Dingen, weil der Mensch im historischen Prozeß durch kooperative Produktion Bedeutungen in ihnen vergegenständlicht hat. Durch die Symbolbedeutungen wird eine bedeutungsvolle Welt keinesfalls erst konstituiert. Symbolbedeutungen sind vielmehr *abstraktive Explikationen von durch Arbeit konstituierten Gegenstandsbedeutungen«* (Holzkamp (129) 151 f.). – Daß es sich bei Lorenzers Hermeneutikentwurf nicht nur um eine einzelne Abweichung von einem historisch-materialistischen Entwurf einer Hermeneutik (die eben *durch* und nicht gegen die materialistische Dialektik begründet wird) handelt, sondern – wie bei Habermas – um eine prinzipielle Ablehnung der Widerspiegelungstheorie, zeigt der nochmalige Rückgriff auf das Problem der »Ableitung« der Persönlichkeitsstrukturen aus den Gesellschaftsstrukturen; in diesem Zusammenhang – im Kontext einer Sève-Kritik – heißt es: »Die Psychoanalyse ist keine Beobachtungswissenschaft, die Ereignis-Erlebnis-Zusammenhänge erschließen kann. Sie ist . . . im Guten wie im Bösen an die Möglichkeiten einer kritisch-hermeneutischen Erkundung erlebnisinnerer Struktur gebunden . . . Weil die Psychoanalyse keine Ereignisermittlung leisten kann, vermag sie auch keine historiographische Rekonstruktion der Lebensgeschichte zu erbringen« (Lorenzer (222) 27). Klarer und eindeutiger kann man sich von der Widerspiegelungstheorie und damit vom Materialismus generell nicht distanzieren; da der Materialismus aber stets in der Sozialgeschichte den Machtanspruch der materiellen Produzenten als der fortschrittlichen Klasse angemeldet hat, heißt Distanz gegenüber dem Materialismus konkret, hier und heute, praktisch-politische Distanz gegenüber *der* Emanzipationsbewegung der Gegenwart, der Arbeiterbewegung. »Wo daher heute Kritik am Widerspiegelungstheorem der materialistischen Erkenntnistheorie geübt wird, kann es sich nur um einen Angriff auf den *Materialismus* im ganzen handeln. Und zwar auf den Materialismus in der Gestalt, in der er heute allein möglich ist. Niemand, der ebenso ernsthaft wie einst die französischen Materialisten sich auf die Wissenschaft zum Zwecke *praktischer Verwirklichung der Freiheit* einläßt, kann sich noch mit der individuell souveränen Haltung einer wenn auch noch so radikalen Aufklärung begnügen« (Tomberg (36) 626 f.; alle Hervorhebungen K.-H. B.). Bei Lorenzer wie überhaupt bei der Kritischen Theorie wird aber eben der politische Realprozeß, die ökonomische und politische Klassenbewegung, der wirkliche Prozeß der gesellschaftlichen und individuellen Emanzipation reduziert auf einen Aufklärungs- und Reflexionsprozeß. Die Folgen davon und die *kritisch-psychologischen Alternativen* dazu sind der wesentliche Gegenstand des folgenden dritten Teils.

# Dritter Teil

## Das politische Individuum als individuelles Subjekt in der Sozialgeschichte

Das zentrale Ziel des Buches ist es, einen ersten Vorschlag zur Rekonstruktion der Trias von objektiven Bedingungen, gesellschaftlichem Subjekt und individuellem Subjekt zu unterbreiten. Um bei den entsprechendem Interessenten an dieser Fragestellung nicht spezifische Unklarheiten entstehen zu lassen bzw. zu helfen, sie zu beheben, also bei den Gesellschaftswissenschaftlern ein simplifizierendes Verständnis von der menschlichen Persönlichkeit und bei den Psychologen eine reduktionistische Auffassung von der Gesellschaft und ihren sozialen Bewegungen, mußten die Gesellschaft und das gesellschaftliche Subjekt bzw. die konkrete Persönlichkeit und das individuelle Subjekt zunächst in relativer Geschiedenheit voneinander behandelt werden. In diesem dritten Teil wird nun der Versuch unternommen, die Vermittlung zwischen den drei Momenten herzustellen, womit wir den Gegenstand der Politischen Psychologie in engerem Sinne behandeln.

### *1 Die Frage nach dem Sinn des Lebens: Marxismus und/oder Existentialismus?*

Wie fast keine andere Frage durchzieht die Frage nach dem Sinn des menschlichen Lebens, hinter der die nach den Wirkungsmöglichkeiten des individuellen Subjekts steht, das alltägliche wie das wissenschaftliche und philosophische Bewußtsein und Denken, keine Frage ist auch so kontrovers beantwortet worden (bzw. seine Beantwortung ist, besonders von Positivisten, überhaupt als unwissenschaftlich abgelehnt worden). Mit selten dagewesener Rigorosität hatte A. Camus diese Frage zur einzig wirklich relevanten philosophischen Frage erklärt. »Es gibt nur ein wirklich ernstes philosophisches Problem: den Selbstmord. Die Entscheidung, ob das Leben sich lohne oder nicht, beantwortet die Grundfrage der Philosophie. Alles andere – ob die Welt drei Dimensionen und der Geist neun oder zwölf Kategorien habe – kommt erst später. Das sind Spielereien; zunächst heißt es Antwort geben. Und wenn es wahr ist, daß – nach *Nietzsche* – ein Philosoph, der ernst genommen werden will, mit gutem Beispiel vorangehen müsse, dann begreift man die Wichtigkeit dieser Antwort, da ihr dann die endgültige Tat folgen muß. Für das Herz sind das unmittelbare Gewißheiten, man muß sie aber gründlich untersuchen, um sie dem Geiste deutlich zu machen« (Camus (231) 9). Nun ist es einerseits nicht sonderlich schwierig, Camus' subjektivistisch-idealistische Konstruktion des Absurden vom Standpunkt eines entfalteten materialistischen Konzepts aus zu kritisieren: seinen hoffnungslosen Individualismus, seine Unkenntnis der realen Sozialgeschichte (die ihn sogar zu einem Anhänger der identifizierenden Totalitarismustheorie machen; vgl. Camus (232) 144 f., 152 ff.), sein antiwissenschaftliches Philosophieverständnis und seine praktische Perspektivlosigkeit (die sich auch von seinem engagierten Antifaschismus während des Faschismus und in der Nachkriegszeit deutlich unterscheidet). Andererseits bleibt das existentialistische Denken (wobei es sich hierbei mehr um eine ideologische Strömung denn um eine philosophische Schule handelt) insofern für die materialistische Theorie eine *Provokation*, solange eben auf diese Frage nicht auch eine befriedigende Antwort gefunden wird. »Die Tatsache, daß sich mit dieser Problematik eine Philosophie befaßt, die wir ablehnen, kompromittiert die Problematik selbst nicht. Dies kompromittiert übrigens auch von einer fremden Philosophie etwa vorgebrachte Teillösungen nicht, wenn diese Lösungen wirkliche Lösungen sind« (Schaff (140) 7). Daher mußte zwangsläufig der Versuch einsetzen, diese Fragestellung (und ihre Teillösungen) in einem marxistischen Gesamtkonzept *aufzuheben* (und nicht abzuschaffen), wobei offensichtlich die Gefahr besteht, daß dabei existentialistische Argumentationsmuster eindringen können. Welche Schwierigkeiten sich daraus ergeben, zeigt sich deutlich am philosophischen Werk Sartres.

Während Sartre in seinen ersten großen philosophischen Werk »Das Sein und das Nichts« (Sartre (238)) noch ganz auf dem Boden der existentialistischen Konstruktion des Absurden steht (vgl. die umfassende Kritik von Haug (102)), hat er in der »Kritik der dialektischen Vernunft« eine Vermittlung von Marxismus und Existentialismus versucht.[30] Dies erschien ihm notwendig, weil der Marxismus auf die Frage nach dem Menschen bisher keine sinnvolle Antwort gegeben habe. »Die *Arbeit* als Reproduktion des menschlichen Lebens durch den Menschen kann nur Sinn besitzen, wenn ihre Fundamentalstruktur im Ent-werfen besteht. Diesem Mangel zufolge – der der faktischen Ausgestaltung der Lehre, nicht aber ihren Prinzipien anhaftet – sieht sich der Existentialismus vor die Aufgabe gestellt, innerhalb des Marxismus und im Ausgang von denselben Gegebenheiten und demselben Wissen seinerseits – und sei es auch nur versuchsweise – die dialektische Entschlüsselung der Geschichte zu versuchen« (Sartre (240) 138). Daher »erweist sich das Existenzverständnis als die menschliche Grundlage der marxistischen Anthropologie« (a.a.O., 139). Zu dem zentralen Problem der Sozialgeschichte wird damit das Verhältnis von Individuum und Gesellschaft erklärt. Auch wenn man dem schon *so* nicht zustimmen kann, so handelt es sich dabei doch wenigstens um *ein* zentrales Problem. Wie sieht also diese Vermittlung, nach unserem Konzept die von objektiven Bedingungen, gesellschaftlichem und individuellem Subjekt, bei Sartre aus? »Da wir aber von der individuellen Praxis ausgehen, müssen wir sorgfältig allen Ariadnefäden folgen, die uns von dieser Praxis zu den verschiedenen Formen menschlicher Ensembles führen« (Sartre (239) 67); und 13 Jahre später sagte er über dieses Buch: »Ich akzeptiere darin ungefähr alle marxistischen Analysen mit Ausnahme derjenigen, die den Menschen in ›Situationen‹ betreffen. Mit anderen Worten: Wenn der Marxismus dialektisch ist, bin ich völlig einverstanden. Aber es gibt einen marxistischen Determinismus über die Wertung der individuellen oder kollektiven Aktion, den ich nicht akzeptiere, weil ich der Idee der Freiheit treu geblieben bin. Ich glaube, daß die Menschen frei sind« (Sartre (241) 92). Und kurz danach: »Nein, die Menschen wollen die Möglichkeit zur Freiheit finden, die sie zweifellos niemals besessen haben, die aber *in ihnen existiert«* (ebenda; Hervorhebung, K.-H. B.). Deutlicher kann man die 6. These über Feuerbach von Marx nun wirklich nicht umkehren, wenn man die Freiheit in das Individuum hineinverlegt, wenn man nicht begreift, daß Freiheit nur Einsicht in die und Realisierung der Entwicklungsnotwendigkeiten sein kann, daß sich das individuelle Subjekt nur in der Verwirklichung der objektiven Inhalte zu seiner wirklichen Höhe und Geschichtsbedeutsamkeit heraufarbeiten kann. Demgegenüber läuft Sartres Vermittlungsversuch auf einen Personalismus und individuellen Subjektivismus hinaus, dessen wesentliche Argumentationsetappen die Leugnung der Natur-Dialektik und Hypostasierung der individuellen Praxis zur Quelle der gesellschaftlichen Dialektik und die mechanistische Entgegensetzung von Freiheit und Notwendigkeit darstellen. Sein (impliziter) Versuch, die Frage nach dem Sinn des Lebens zu beantworten, scheitert daran, daß das Individuum als unabhängig von der Gesellschaft gedacht wird und dessen gesellschaftlichen Bezüge als sekundäres Sichbeziehen auf die Gesellschaft verstanden wird. Daher wird dem im Prinzip weiterhin existentialistischen Grundkonzept der Marxismus *hinzugefügt*, anstatt die existentialistischen Teilwahrheiten *im* Marxismus *aufgehoben.* Mit Recht konnte Garaudy daher über Sartre schreiben: »Es handelt sich in gewisser Weise darum, eine Gesellschaft mit metaphysisch definierten Individuen zu schaffen, mit Zeitlosem aus der Geschichte einen historischen Materialismus ohne Materie zu konstruieren« (Garaudy (100) 78, vgl. 71 ff.; vgl. Holz (104) 30 ff.).

In unserem Konzept ist die Lösung der Frage vorgezeichnet: Sie hat vom historisch entstandenen Mensch-Welt-Zusammenhang auszugehen und die Lebensaktivitäten der Individuen in ihrer Funktion für die individuelle und damit gesellschaftliche Lebenserhaltung zu bestimmen. Der Sinn des Lebens (im Sinne des individuellen Lebens) bezieht seinen Inhalt und sein Fundament also aus den gesellschaftlichen Gesetzen, sie determinieren die konkrete Persönlichkeit, bestimmen ihre Entwicklungsmöglichkeiten und -grenzen zum individuellen Subjekt, indem sie sich durch die Individuen hindurch (einfach oder erweitert) reproduzieren. Insofern gilt allgemein sozialhistorisch, was Holzkamp in bezug auf die Kritische Praxis in der bürgerlichen Gesellschaft geschrieben hat. »Kritische Praxis in ihrer Geleitetheit von begreifender Erkenntnis untersteht *langfristigen Perspektiven der Veränderung objektiver gesellschaftlicher Verhältnisse im Interesse der Arbeiterklasse* ..., Perspektiven, die die *zeitlichen Grenzen des eigenen Lebenslaufs überschreiten,* und in denen jede Teilaktivität, jeder durch Gegebenheitszufälle erzwungene Umweg, jeder Fehlschlag seinen *Stellenwert im Gesamtzusammenhang gesellschaftlicher Praxis* als permanenter Selbstkritik unterliegendem, an der Einsicht in jeweils konkrete gesellschaftliche Notwendigkeiten ausgerichtetem, unabschließbarem Prozeß innehat« (Holzkamp (129) 393).

Unter den Bedingungen der *Klassengesellschaften* tritt aber ein relativer Bruch zwischen individuellem Lebensinteresse und gesellschaftlichem Entwicklungsinteresse ein. Während für die Mitglieder der herrschenden Klasse das individuelle Lebensinteresse mit dem gesellschaftlichen Interesse noch insofern übereinstimmt, als sie auch individuell eine Erhaltung der bestehenden herrschenden Verhältnisse haben (es bricht sich damit allerdings stets dann, wenn die bestehende Gesellschaftsformation ihre absteigende Etappe erreicht hat und somit die entscheidenden gesellschaftlichen Entwicklungsgesetze zu einer qualitativen Umgestaltung drängen), so ist diese Übereinstimmung für die Mitglieder der beherrschten Klassen, und damit auch der individuelle Lebenssinn ihrer Mitgliedern, nicht gegeben, weil *dieser* Sinn sich antagonistisch zum herrschenden verhält. Insofern sind die konkreten Individuen von den herrschenden gesellschaftlichen Interessen *entfremdet.* »Die verdinglichte Form der gesellschaftlichen Gesetze ist untrennbar mit der Warenproduktion überhaupt, mit der kapitalistischen Warenproduktion insbesondere verbunden. Auf der Grundlage der spontanen gesellschaftlichen Arbeitsteilung, in der sich die unmittelbaren Produzenten als Wareneigentümer aufeinander beziehen und ihr gesellschaftlicher Zusammenhang nicht als unmittelbarer, sondern als vermittelter gesellschaftlicher Zusammenhang erscheint, nehmen die gesellschaftlichen Verhältnisse den Charakter des Verhältnisses von Dingen an, die sich hinter dem Rücken der Menschen regeln« (Bollhagen (8) 158). Die gesellschaftlichen Gesetze erscheinen nicht mehr als das, was sie sind, nämlich Voraussetzung und Resultat menschlichen Handelns. Dieser Schein verstärkt sich in der bürgerlichen Gesellschaft deshalb besonders, weil hier auch die menschliche Arbeitskraft zur Ware wird, der materielle Produzent zum Lohnarbeiter wird; W. F. Haug hat die Konsequenz daraus auf die prägnante Formel von der »Bürgerlichen Privatform des Individuums und der Umweltform der Gesellschaft« gebracht. »Die Naturartigkeit der Gesellschaft ist erklärbar durch ihre bürgerliche Formbestimmtheit: Der Zusammenhang der Aktivitäten der einzelnen Warenproduzenten stellt sich hinterrücks, blind, wie zufällig und auf jeden Fall nachträglich her, vermittelt über zirkulierende Dinge; Marx nennt die zu Waren gewordenen Arbeitsprodukte, den Grundwiderspruch sprachlich abbildend, *gesellschaftliche Dinge* und die gesellschaftlichen Beziehungen der Individuen *verdinglicht* . . . Gerade das Gesellschaftliche an ihnen erscheint naturalisiert, das Stofflich-Natürliche als Gesellschaftliches. Diese Verhältnisse rücken notwendig eine Pseudonatur ins Bewußtsein.

Nicht nur die Mittel und Produkte der Arbeit, sondern auch die Individuen erhalten von den gesellschaftlichen Verhältnissen ihre spezifische Form aufgeprägt. In der bürgerlichen Gesellschaft ist das Individuum bestimmt durch die gesellschaftliche Form der Privatheit, ist Privatindividuum oder Privatmann. Es ist also die historisch spezifische Stellung und Handlungsmöglichkeit der Privatperson in warenproduzierender Gesellschaft, was spontan als selbstverständlicher Anfang psychologischer Forschung ins Bewußtsein drängt« (Haug (128) 84 f.). Dies führt allerdings nicht zu einer einfachen Abtrennung der Individuen von der Gesellschaft (denn diese ist ja nur *Schein),* sondern führt zur Widersprüchlichkeit innerhalb des Lebens der konkreten Individuen, führt zu einer Auflehnung gegen die herrschenden Verhältnisse, und – wenn die Zusammenhänge in ihrem Wesen erkannt werden – zur solidarischen Aktion für solche Bedingungen, die wieder eine Integration von individuellem Sinn und gesellschaftlicher Bedeutung zulassen. Dies kann letztlich erst in einer von Herrschaft und Ausbeutung befreiten

Gesellschaft geschehen, denn erst dort vermögen die Individuen als individuelle Subjekte vermittelt über gesellschaftliche Subjekte, beziehungsweise die homogene Gesellschaft als Subjekt, wirklichen und bewußten Einfluß auf die objektiven Bedingungen zu nehmen, sie nach menschlicher Zwecksetzung zu steuern.

Die Frage nach dem Sinn des Lebens als Frage nach den Wirkungsmöglichkeiten des individuellen Subjekts ist also zunächst immer die nach dem *Zweck* des Lebens; sie ist aber immer auch, worauf A. Schaff verwies, die nach dem *Wert* des Lebens (vgl. Schaff (140) 64 ff.). Damit ist, was bei Schaff allerdings undeutlich bleibt, die Frage nach der Emotionalität in bezug auf die gesellschaftlichen Notwendigkeiten angesprochen, also die Frage, inwieweit gesellschaftliche Ziele individuell motiviert übernommen werden können. Eine *wirkliche* Übersetzung objektiver Gegenstandsbedeutungen in subjektive Gegenstandsbedeutungen kann es in Klassengesellschaften deshalb nicht geben, weil die Entwicklung produktiver Motivation nur in rudimentären bzw. Ausnahmefällen möglich ist. – Dies stellt auch den ganzen rationalen Kern des existentialistischen Denkens dar, besonders der Situation der Intellektuellen im monopolistischen Kapitalismus. Damit ist zugleich erklärbar, warum Autoren wie Sartre (und er steht nur für viele) zu den kritisierten Positionen gelangen (eine materialistische Ideologiekritik kann sich nämlich nicht auf den Nachweis der Falschheit einer Position beschränken, sondern muß auch zeigen, *wie* das falsche Bewußtsein entsteht). Dazu einige grundsätzliche Anmerkungen: Das existentialistische Denken (hier etwas eingegrenzt als eine bestimmte intellektuelle Haltung) ist eine spezifische Ausprägungsform der Lebensphilosophie, worunter auch weniger eine bestimmte Schule denn eine geistige, ideologische Strömung zu verstehen ist, die sich besonders in Deutschland gegen Ende des 19. Jahrhunderts entwickelte. Um ihre Hauptfunktion zu erfüllen, die theoretische »Widerlegung des Marxismus«, mußte sie gleichermaßen eine Kritik des Anspruchs der rationalen Welterklärung als auch einen Pseudomaterialismus und eine Pseudoobjektivität ermöglichen. »Im Begriff ›Leben‹, besonders wenn dieser, wie stets in der Lebensphilosophie, mit dem *Erlebnis* identifiziert wird, konnte der Schlüssel zu allen diesen Schwierigkeiten gefunden werden. Das Erlebnis, sein Organon, die Intuition, das Irrationale als sein ›natürliches‹ Objekt konnten alle notwendigen Elemente der ›Weltanschauung‹ hervorzaubern, ohne de facto, nicht deklarativ, auf den Agnostizismus der subjektiv-idealistischen Philosophie, ohne auf das Leugnen der vom Bewußtsein unabhängigen Wirklichkeit, das zur Abwehr des Materialismus unentbehrlich geworden ist, verzichten zu müssen« (Lukàcs

(109) Bd. 2, 96). Prägnant formuliert: Das »Wesen der Lebensphilosophie besteht in einem Umschlagen des Agostizismus in Mystik, des subjektiven Idealismus in die Pseudoobjektivität« (a.a.O., 97). Die Lebensphilosophie (seit Nietzsche) ist dabei der theoretische Ausdruck des objektiven sozialen Interesses, die Intellektuellen von einem gemeinsamen Kampf mit der Arbeiterbewegung für eine gemeinsame bessere Zukunft abzuhalten, es ist der Versuch, die durch die objektiven sozialen Verschlechterungen der eigenen sozialen Lage, die zu einer immer deutlicheren Proletarisierung der Intellektuellen führt, entstehende Unzufriedenheit aufzufangen und für die Herrschenden funktional zu machen. »Der ›soziale Auftrag‹, den Nietzsches Philosophie erfüllt, besteht darin, diesen Typus der bürgerlichen Intelligenz zu ›retten‹, zu ›erlösen‹, ihm einen Weg zu weisen, der jeden Bruch, ja jede ernsthafte Spannung mit der Bourgeoisie überflüssig macht; einen Weg, auf dem das angenehme moralische Gefühl, ein Rebell zu sein, weiter bestehenbleiben kann, sogar vertieft wird, indem der ›oberflächlichen‹, ›äußerlichen‹ sozialen Revolution eine ›gründlichere‹, ›kosmisch-biologische‹ lockend gegenübergestellt wird. Und zwar eine ›Revolution‹, die die Privilegien der Bourgeoisie vollständig bewahrt, die vor allem das Privilegiertsein der bürgerlichen, der parasitären imperialistischen Intelligenz leidenschaftlich verteidigt; eine ›Revolution‹, die sich gegen die Massen richtet, die der Furcht der ökonomisch und kulturell Privilegierten, diese ihre Vorrechte zu verlieren, einen pathetisch-aggressiven, die egoistische Furcht verschleiernden Ausdruck verleiht« (a.a.O., 14). Gerade mit diesem Inhalt und in dieser Funktion konnte sie in Deutschland zum Wegbereiter faschistischer Ideologie werden; doch dies ist *nur eine Seite.* Die andere Seite (und Möglichkeit) der Lebensphilosophie liegt darin, daß sie auch eine Protesthaltung ist, ein erstes Aufflammen von Unzufriedenheit artikuliert, daß sie also auch ein *Durchgangsstadium* zur wirklichen und fundierten Sozialkritik darstellen kann und für viele Gruppen und Einzelindividuen auch war und ist. Gerade diese Funktion der Lebensphilosophie läßt sich an der Entwicklung Sartres beobachten: Während sein erstes philosophisches Werk noch ganz im Bannkreis der Lebensphilosophie und des Existentialismus steht und er selbst noch weitgehend unpolitisch ist (auch wenn er am antifaschistischen Widerstandskampf in Frankreich bis zu einem gewissen Grade teilnimmt), markiert die »Kritik der dialektischen Vernunft« die Wendung zur fundierteren Sozialkritik. Die oben kritisierten Fehler des Vermittlungsversuchs von Marxismus und Existentialismus bringen dabei das Spezifische dieser Sozialkritik zum Audruck: Einerseits eine eindeutige Abkehr von der Theorie und Praxis der herrschen-

den Klasse, andererseits die Unfähigkeit, sich den politischen und gewerkschaftlichen Organisationen der realen Arbeiterbewegung in Theorie und Praxis anzuschließen. So sehr sein Engagement in Fragen der sogenannten »Entwicklungsländer«, z. B. beim Russel-Tribunal gegen den Vietnam-Krieg, bedeutsam ist und Anerkennung verdient (vgl. Russell/Sartre (237)), so wenig weiß er um die realen Triebkräfte der Sozialgeschichte, um das entscheidende gesellschaftliche Subjekt in der gegenwärtigen bürgerlichen Gesellschaft, die Arbeiterklasse. Kein Zufall sind daher seine Ausfälle gegen das Volksfrontbündnis in Frankreich. Im schon zitierten Spiegel-Interview von 1973 sagte er dazu: »Man muß gegen beide kämpfen, das heißt gegen die Kapitalisten sowie gegen die Sozialistische und Kommunistische Partei, die diesen Kapitalismus unterstützen« (Sartre (241) 86). Seine anti-hierarchischen Vorstellungen von einer zukünftigen Gesellschaft finden ihren theoretischen Ausdruck im Verkennen der sozialen Klassen als gesellschaftlichem Subjekt (dagegen wird die Gruppe dazu gemacht ;vgl. Sarte (240) 55 f., 104); sie führen praktisch zum sogenannten »Dritten Weg« zwischen Kapitalismus und Sozialismus, der regelmäßig zum Kapitalismus zurückführt.[31]

Mit dieser Zuspitzung der Kritik wird auch die Bedeutung Sartres für die politische Theorie und Praxis in der BRD deutlich (und warum wir uns hier so ausführlich mit ihm befaßt haben): Alle seine wesentlichen Aussagen stimmen mit denen der Kritischen Theorie überein, was sich besonders bei A. Schmidt auch in häufigen positiven Verweisen auf ihn ausdrückt.[32] Sie artikulieren die Lage der Intellektuellen in einer Phase der Entwicklung des Kapitalismus, wo einerseits ihre Privilegien bedroht bzw. schon real abgebaut sind und wo sie anderseits den Anschluß an die Arbeiterbewegung theoretisch wie praktisch noch nicht gefunden haben. Bei Sartre sind die praktisch-politischen Konsequenzen in vielem deutlicher, weil der hohe Entwicklungsstand der Arbeiterbewegung in Frankreich zu einer praktischeren Haltung eher zwingt als bei uns. Die Provokation, die von dem Vermittlungsversuch von Marxismus und Existentialismus (bzw. bei Sartre direkter, bei anderen vermittelter: damit verbunden die von Marxismus und Psychoanalyse) bleibt so lange bestehen, wie es nicht gelingt, eine Politische Psychologie auf materialistischer Grundlage zu schaffen. Anders ausgedrückt: Die voranstehenden Überlegungen stehen nicht in einem zufälligen Bezug zu unserem Thema, sondern stellen den Versuch dar, das Interesse an diesem Thema unter den Intellektuellen besser zu verorten, es in seiner Entstehung und seinen existierenden vorwärtstreibenden, aber dennoch fehlerhaften Lösungsvorschlägen darzulegen. Die Schwäche der bisherigen materialistischen Antworten auf dieses Problem bestanden darin, daß die Trias von objektiven Bedingungen, gesellschaftlichem Subjekt und individuellem Subjekt von seiten einer materialistischen Psychologie nicht geschlossen werden konnte, daß besonders an dieser Stelle immer wieder individualistische Vorstellungen eingedrungen sind, hier in vielfacher Weise gerade bei der Lebensphilosophie Anleihen gemacht wurden (man bedenke die Fassung des Begriffs »Alltag« bei Lefebvre oder gerade die Abtrennung des Erlebnisses vom Ereignis bei Lorenzer). Das vorliegende Buch will besonders in diesem dritten Teil die durch die Entwicklung der Kritischen Psychologie ermöglichte Schließung der Trias versuchen.

Doch vorher sei ein Einschub zu aktuellen Kontroversen *innerhalb* der Kritischen Psychologie erlaubt, die vor dem Hintergrund des Gesagten verständlich werden: Wenn Jantzen und Sagawe im Rahmen der verstärkten Diskussion des durch Sève in die Debatte geworfenen Persönlichkeitsbegriffs (vgl. Braun (152) 129 ff), die Frage der Einmaligkeit der Persönlichkeit herausstellen und damit z. B. Holzkamp vorwerfen, daß er diese Frage unzureichend behandle (vgl. Jantzen, Diskussionsbeiträge, in: Holzkamp/Braun (131b) 352, 355, 364; Sagawe (159) 335 ff.), so scheint mir das einerseits sachlich *nicht* gerechtfertigt, und andererseits reproduziert sich m. E. hier stark die Theorie und Praxis des bürgerlichen Privatindividuums (besonders des Intellektuellen), deren Schein aufzulösen gerade eine der zentralen Aufgaben der *Kritischen* Psychologie darstellt (vgl. Braun (166) 393 f.). – Gerade diese genannte Tendenz wird bei Lorenzer zur *Grundlage* des gesamten Konzepts; in der *Weigerung*, die subjektiven Strukturen aus den objektiven, die Persönlichkeitsstrukturen aus den gesellschaftlichen *abzuleiten*, reproduziert sich in pseudomaterialistischer Weise die lebensphilosophisch beeinflußte Verkennung des bürgerlichen Privatindividuums; auch in diesem Sinne ist die Kritische Theorie des Subjekts gegenüber den herrschenden, hier verkehrenden Verhältnissen außerordentlich *unkritisch*.

## 2 *Möglichkeiten und Grenzen der großen politischen Persönlichkeiten in der Sozialgeschichte*

Wir befassen uns bei den politischen Persönlichkeiten mit zwei Problemkreisen: an dieser Stelle zunächst mit der Frage nach der Bedeutung der politischen Persönlichkeiten als individueller Subjekte, die überdurchschnittlich auf die konkreten gesellschaftlichen und politischen

Prozesse ihrer Zeit und darüber hinaus eingewirkt haben, *ohne* die also die Sozialgeschichte zwar keinen absolut anderen, aber doch relevant anderen Verlauf genommen hätte (man erinnere sich an die im subjektiven Faktor liegende Alternativstruktur der Geschichte). Im nächsten Kapitel werden wir unsere Überlegungen darauf konzentrieren, von welchen Bedingungen es abhängt, daß die große Mehrheit eines Volkes sich ihrer politischen Verantwortung bewußt wird, sie also in die politischen Auseinandersetzungen ihrer Zeit eingreift und sie mitgestaltet, also die große Mehrheit als Einzelne und als soziale Klasse zum Subjekt werden. Beide Fragenkomplexe hängen eng zusammen, denn die »Großen Persönlichkeiten« sind der offensichtliche Beleg für die Möglichkeiten der gesellschaftlichen und damit individuellen Lebenskontrollen der konkreten Individuen und sie sind letztlich als höchste Aneignungsstufe das Kriterium zur Einschätzung anderer, weniger entwickelter Persönlichkeiten. »Sind die großen Menschen, Ausnahmen einer Epoche *insofern, als die gewaltige Mehrheit der übrigen Menschen durch die gesellschaftlichen Bedingungen verkrüppelt wird,* nicht in gewissem Sinn die *normalen Menschen* dieser Epoche, und ist der Regelfall der Verkrüppelung nicht gerade *die Ausnahme,* die Erklärung verlangt« (Sève (146) 203). – Dieser innere, theoretische Zusammenhang wird hier auch als sozialgeschichtlicher gefaßt: Die Beispielanalyse zu Thomas Münzer soll nicht nur zeigen, an welche unüberschreitbare Grenzen auch große Persönlichkeiten stoßen (und in diesem Fall an ihnen scheitern), sondern hier wird auch der gesellschaftliche Perspektivenreichtum der bürgerlichen Revolution selbst erhellt, ein Reichtum, den die bürgerliche Klasse in dem Maße aufgeben mußte, wie sie ihre Klassenherrschaft auf- und ausbaute. Besonders in der Phase der objektiven historischen Überholtheit des Kapitalismus, im Imperialismus, verrät das Monopolkapital offen seine eigene Geschichte und ihre Ideale, werden die theoretischen und praktischen Traditionen des Fortschritts von der Arbeiterbewegung getragen. Insofern führt die Arbeiterbewegung die Traditionen des deutschen Bauernkrieges fort, besonders die von Thomas Münzer, der schon damals – wenn auch in theologischer Verbrämung – die Umrisse einer klassenlosen Gesellschaft entwarf.

## *2.1 Abstrakt-allgemeine Merkmale der Geschichtswirksamkeit großer politischer Persönlichkeiten*

Die Geschichtswirksamkeit großer politischer Persönlichkeiten stellt eine spezifische Ausprägungsform des Verhältnisses von konkreter Persönlichkeit und menschlichem Wesen dar. Die Möglichkeiten und Grenzen solcher Persönlichkeiten sind also zunächst und grundlegend vom Entwicklungsstand der *Produktivkräfte* (genauer: dem System der Produktivkräfte) abhängig. Das Niveau der Auseinandersetzung mit der Natur bestimmt dabei auch die materiellen gesellschaftlichen Verhältnisse der Menschen zueinander, also die *Produktionsverhältnisse.* Dies sind unter den Bedingungen von Klassengesellschaften Klassenverhältnisse, d. h. sie bringen die Haupt- und Nebenklassen (einschließlich sozialer Schichten innerhalb, zwischen und neben diesen Klassen) hervor. Diese Klassen und Schichten sind nicht nur Momente der Sozialstruktur, sondern auch und entscheidend die Triebkräfte des sozialhistorischen Prozesses, sind die *gesellschaftlichen Subjekte.* Diese sozialen Klassen (und Schichten) bringen als gesellschaftliche Subjekte ihre Interessen im gesellschaftlichen *Überbau* (Institutionen und Bewußtseinsformen), besonders im politischen, zum Ausdruck und tragen ihre Widersprüche dort aus. Die Art und Weise, wie diese Widersprüche ausgetragen werden, kennzeichnet das *Niveau* der gesellschaftlichen *Klassenbewegungen.* – Unabdingbare Voraussetzung für das Verständnis der großen politischen Persönlichkeiten ist also zunächst die Einsicht, daß sie als *Teil* einer sozialen Klasse und damit eines gesellschaftlichen Subjekts handeln, daß sie hierin ihre Entwicklungs- und Veränderungsbedingungen finden; erst wenn dieser Zusammenhang als realer besteht, wenn ein individuelles Subjekt im Rahmen eines gesellschaftlichen Subjekts die objektiven gesellschaftlichen Verhältnisse verändert, kann es geschichtswirksam Handeln (Denken und Fühlen). Dies ist zumindest die Regel (und diese ist hier von Interesse).

Wie aber kann eine Persönlichkeit dazu werden? Zunächst müssen die konkreten Aneignungsbedingungen während der Kindheit und Jugend analysiert werden, besonders in bezug auf die durchschnittlichen Aneignungsbedingungen einer gegebenen Gesellschaft, d. h. unter den Bedingungen von Klassengesellschaften in ihrer Klassenspezifik. Hieraus wird sich in der Regel ergeben, daß bedeutsame Persönlichkeiten überdurchschnittliche (bezogen besonders auf ihre Klassenlage, aber etwa auch das Niveau der sozialen Auseinandersetzungen) Aneignungsbedingungen hatten (diese können auch durch Zufälle bedingt sein, sind also nicht immer klassen-notwendig). Da die Geschichtswirksamkeit erst mit dem Erwachsenenalter einsetzt, müssen die spezifischen Systemzustände der bestehenden Gesellschaftsformation während der individuellen Lebensspanne analysiert werden. Etwas vereinfacht lassen sich grundsätzlich drei Systemzustände unterscheiden: 1. Der *Aufstieg* einer Gesellschaftsformation (ökonomische Grundlage: die Produktionsverhältnisse bieten den Produktivkräften Entwicklungsmöglichkeiten); 2. der *Abstieg* einer Gesellschaftsformation (die Produktionsverhältnisse sind zu Fesseln der Produktivkräfte geworden); 3. der *Wechsel* der Gesellschaftsformationen (die soziale Revolution verändert die Produktionsverhältnisse qualitativ)[33]. Für die verschiedenen sozialen Klassen stellen diese Systemzustände verschiedenartige Anforderungen dar: als gesellschaftliche Subjekte müssen sie die in den Systemzuständen liegenden Notwendigkeiten (in unterschiedlichem Maße freilich) versuchen zu verwirklichen; und vermittelt über die gesellschaftlichen Subjekte werden sie für das individuelle Subjekt zur Entwicklungsanforderung. »Dazu, daß jemand, der ein Talent bestimmter Art besitzt, dank dieses Talents einen starken Einfluß auf den Gang der Ereignisse gewinne, ist die Erfüllung zweier Bedingungen notwendig: Erstens muß sein Talent ihn mehr als alle anderen den gesellschaftlichen Bedürfnissen dieser Epoche entsprechen lassen . . . Zweitens darf die bestehende gesellschaftliche Ordnung nicht der Persönlichkeit den Weg versperren, die die gegebene, gerade in der gegebenen Zeit notwendige und nützliche Besonderheit besitzt« (Plechanow (158) 44 f.). Anders ausgedrückt: »Ein großer Mann ist nicht dadurch groß, daß seine persönlichen Besonderheiten den großen geschichtlichen Geschehnissen ein individuelles Gepräge verleihen, sondern dadurch, daß er Besonderheiten besitzt, die ihn am fähigsten machen, den großen gesellschaftlichen Bedürfnissen seiner Zeit zu dienen, die unter dem Einfluß der allgemeinen und besonderen Ursachen entstanden sind« (a.a.O. 52).[34] Die verschiedenen Systemzustände als Notwendigkeiten beziehen sich dabei auf das System in seiner Gesamtheit; die Wirkung einer bestimmten Persönlichkeit bezieht sich aber in der Regel auf einen bestimmten gesellschaftlichen Teilbereich und von seiner Bedeutung für das Gesamtsystem ist daher auch die Bedeutung der einzelnen Persönlichkeit abhängig. Im Rahmen unserer Analyse ist dies der politische Überbau einer Gesellschaft und der Geschichtswirksamkeit einer politischen Persönlichkeit darin, deren Geschichtswirksamkeit von zwei Momenten abhängt: 1. Welchen Systemnotwendigkeiten wird dadurch sie zur Realisierung verholfen? 2. Welchen Stellenwert hat der politische Überbau für die bestehende bzw. u. U. auch für die angestrebte Gesellschaftsformation? Zurückgreifend auf unsere Überlegungen zum Verhältnis von Basis und Überbau und der Bedeutung des Staates und der Parteien können wir diesen Fragenkomplex konkretisieren: Während der *Aufstiegsphase* einer Gesellschaftsformation bilden der Staat und *in* ihm die politischen Organisationsformen anderer Art das entscheidende politische Subjekt; in der *Abstiegsphase* muß zwischen dem Staat (der ja bei allen Differenzierungen und Widersprüchlichkeiten in letzter Instanz immer der Staat der herrschenden Klasse ist und bleibt) und den progressiven Kräften in Form von Parteien u. ä. unterschieden werden, denn die Abstiegsphase bringt ja gerade die Notwendigkeit einer sozialen Revolution hervor; in der Phase des *Systemwechsels* werden die revolutionären politischen Organisationen der revolutionären sozialen Klasse(n) zum geschichtsentscheidenden politischen Subjekt, und sie verändern entsprechend den neuen politischen Notwendigkeiten und vermittels der Staatsmacht die Staatsorganisation. Die Bedeutung des politischen Überbaus ist dabei sozialhistorisch relativ: die letzte Determiniertheit durch die Basis setzt sich in der feudalen und bürgerlichen Revolution insofern »direkter« durch, als sich die neue Gesellschaftsformation bereits ökonomisch in der alten entwikkeln kann und so – etwas schematisch ausgedrückt – zunächst eine ökonomische Umgestaltung und in deren *Nachfolge* die politische Umgestaltung vor sich geht bzw. zumindest gehen kann. Anders bei der sozialistischen Revolution: Wie wir noch später genauer begründen werden ist die Erringung der politischen Macht hier die *Voraussetzung* zur Veränderung der Produktionsverhältnisse. Bezogen auf die politische Persönlichkeit und auf das eine, aber zentrale Moment zugespitzt heißt dies, daß der Revolutionär in der feudalen oder bürgerlichen Revolution nicht unbedingt eine politische Persönlichkeit (allerdings im Sinne einer vollentfalteten!) sein muß; ein sozialistischer Revolutionär ist dies unabdingbar (dies ergibt sich auch zusätzlich aus der Bedeutung des sozialistischen Staates für die gesamtgesellschaftliche Planung).

Wenn wir den gesellschaftlichen *Fortschritt* als Kriterium für die Bedeutung eines gesellschaftlichen und damit auch des individuellen Subjekts zugrundelegen, dann läßt sich aus dem Gesagten unschwer eine Bedeutungshierarchie ableiten: an *oberster* Stelle steht dabei der Systemwandel, weil hier eine qualitativ neue Stufe in der Höherentwicklung der Menschheit erreicht wird; an *mittlerer* Stelle liegt der Aufstieg einer Gesellschaftsformation, der gewissermaßen die Erfüllung des revolutionären Auftrags ist; und an *unterster* Stelle der Abstieg der Gesellschaftsformation, deren Verteidigung ja gerade ein Kampf gegen den gesellschaftlichen Fortschritt darstellt. – Damit diese sehr abstrakten Merkmale nicht schematisch mißverstanden werden, seien zwei Dinge klargestellt: 1. Es gibt eine große Zahl von Zwischengliedern *innerhalb* und auch *zwischen* den einzelnen Hierarchisierungsgliedern; 2., und dies ist noch wichtiger, ist stets entscheidend, wie die gesellschaftlichen Subjekte sich vor diesem Hintergrund entwickeln, also wie der konkrete Stand der gesellschaftlichen Klassenbewegung ist, denn es kann durchaus dazu kommen, daß aufgrund der Entfaltung der verschiedenen gesellschaftlichen Subjekte die reaktionären Kräfte gegenüber den progressiven in einer bestimmten Zeitspanne über mehr Wirkungen verfügen (man denke etwa an Phasen der Revolution und Konterrevolution), gerade hier muß zwischen zeitweiligen und langfristigen Wirkungen unterschieden werden.

Wenn man die Bedeutung der großen Persönlichkeiten in der Sozialgeschicht analysiert, treten regelmäßig zwei Arten von »optischen Täuschungen« (Plechanow) auf, die dann die Grundlage personalistischer Geschichtstheorien bilden: Erstens erscheint es so, als ob diese und gerade nur diese Persönlichkeit geschichtswirksam werden konnte und keine andere; dem ist aber in aller Regel nicht so, denn eine bestimmte Gesellschaft und Klasse bringt meistens entsprechend ihren Bedürfnissen eine Reihe ähnlicher Persönlichkeiten hervor. Allerdings kann meistens nur *eine* die bestehende Aufgabe wahrnehmen und wer das ist, das ist häufig auch von Zufällen abhängig. Die hieraus abgeleitete große Bedeutung des Zufalls in personalistischen Geschichtstheorien ist also nur »Schein«. Zweitens muß das Handeln einer jeden Persönlichkeit an den gesellschaftlichen Erscheinungen ansetzen (was zu dem Irrtum verleitet, daß die Gesellschaft eine Ansammlung individueller Handlungen sei). Dabei muß aber beachtet werden, daß die Erscheinungen die Daseinsweise der Gesetze darstellen, daß also *bestimmte* Erscheinungen *bestimmte* Gesetze zur Grundlage haben. Die Bedeutung einer Persönlichkeit richtet sich also danach (und das ist nur eine vertiefende und differenzierende Darstellung der genannten Systemzustände), *welche* gesellschaftlichen Entwicklungs- bzw. Systemgesetze sie realisiert, welche sozialhistorische Bedeutung diese also haben. Diese gesellschaftlichen Gesetze bilden auch die unüberschreitbare *Grenze* der Geschichtswirksamkeit (während der individuellen Lebensspanne). »Die Notwendigkeit ist gewissermaßen die Grenze für die Wirkung des subjektiven Faktors bei der bewußten oder unbewußten Gestaltung historischer Ereignisse. Wenn die Menschen den Rahmen der historischen Notwendigkeiten überschreiten, verfallen sie entweder in Utopie, oder aber sie versuchen vergebens, den historischen Verlauf der Ereignisse aufzuhalten. Der Marxismus schließt diese Möglichkeiten nicht aus. Sowohl in dem einen wie dem anderen Fall erfolgt früher oder später eine Rückkehr zur historischen Notwendigkeit. Die Freiheit des Menschen ist die Erkenntnis der Grenzen der Notwendigkeit und die Entfaltung der schöpferischen historischen Aktivität auf der Grundlage dieser Erkenntnis« (Čagin (9) 83). Dabei bilden nicht nur die objektiven Bedingungen, sondern auch der Entwicklungsgrad des gesellschaftlichen

Subjekts eine relative Grenze für die Entfaltung des individuellen Subjekts; relativ in dem Sinne, daß gerade die höchste Wirksamkeit der konkreten Persönlichkeit darin besteht, den Entwicklungsprozeß des gesellschaftlichen Subjekts soweit voranzutreiben, daß er die objektiven Notwendigkeiten in vollem Umfang zur Wirklichkeit werden läßt. Denn nur wenn die Trias von objektiven Bedingungen, gesellschaftlichem Subjekt und individuellem Subjekt sich in Übereinstimmung befinden, kann es zu großen geschichtswirksamen Leistungen kommen.

Wir haben bisher die Geschichtswirksamkeit der großen politischen Persönlichkeiten nur insofern betrachtet, als sie schon *während* ihres individuellen Lebenslaufs geschichtswirksame Prozesse realisiert haben. Dies ist zwar die wichtigste und höchste Ausprägungsform, aber nicht die einzige. Häufig ist es, besonders selbstverständlich in Klassengesellschaft (wo die Leistungen von Mitgliedern der beherrschten Klasse kontinuierlich unterdrückt werden – auch deren Tradierung – und wo erst nach der Machtergreifung der progressiven Klasse diese Traditionen wieder gefördert werden), daß bestimmte Handlungen, Ideologien und Theorien, die von einer Persönlichkeit hervorgebracht wurden, erst nach seinem Tode geschichtswirksam werden, nämlich dann, wenn die objektiven und subjektiven Bedingungen dazu herangereift sind; Geschichtswirksamkeit ist also sowohl im kurzfristigen wie auch im langfristigen Sinne zu verstehen. – Die folgende Beispielanalyse Thomas Münzers wird gerade beide Arten von Geschichtswirksamkeit verdeutlichen.

## *2.2 Beispielanalyse: Die Möglichkeiten und Grenzen von Thomas Müntzer im Deutschen Bauernkrieg*

Der deutsche Bauernkrieg, der seinen absoluten Höhepunkt in den Jahren 1524 bis 1526 fand, ist die letzte Phase der gescheiterten frühbürgerlichen Revolution in Deutschland und hat seine Ursache in der revolutionären Zuspitzung der Widersprüche der feudalen Gesellschaftsformation. Über diesen Zeitraum schrieb F. Engels später: »Auch das deutsche Volk hat seine revolutionäre Tradition. Es gab eine Zeit, wo Deutschland Charaktere hervorbrachte, die sich den besten Leuten der Revolutionen anderer Länder an die Seite stellen können, wo das deutsche Volk eine Ausdauer und Energie entwickelte, die bei einer zentralisierteren Nation die großartigsten Resultate erzeugt hätte, wo deutsche Bauern und Plebejer mit Ideen und Plänen schwanger gingen, vor denen ihre Nachkommen oft genug zurückschaudern« (Engels, MEW 7, 329).

Die feudalen Produktionsverhältnisse bringen die beiden Hauptklassen, den Feudaladel (Adel und Geistlichkeit; später differenzierte sich letztere in Aristokratie und Plebejer) und die hörigen bzw. leibeigenen Bauern hervor; die feudale Herrschaft gründet sich im Besitz am Hauptproduktionsmittel der damaligen Zeit, am Boden und das gesellschaftliche Mehrprodukt, welches von den Bauern erwirtschaftet wurde, eigneten sie sich in Form der Grundrente an (deren Hauptformen sind die Arbeitsrente, die Produktrente und die Geldrente). – Diese ökonomische Basis brachte einen entsprechenden politischen Überbau hervor, der durch ein hierarchisches Über- und Unterordnungsverhältnis der Feudalherren untereinander einerseits gekennzeichnet war, wobei dem übergeordneten Lehensherren von seinen Vasallen Gehorsam geleistet werden mußte und wo die einzelnen Feudalherren in ihrem eignen Herrschaftsbereich weitgehende staatliche Befugnisse (besonders militärischer und juristischer Art) hatten; andererseits waren die Bauern politisch völlig rechtlos und durch die monotheistische Weltreligion und die religiöse Philosophie wurde der »historische Block« zusammengeschweißt, d. h. als gottgewollt und gottgefällig legitimiert.

Die Grenze der feudalen Gesellschaftsformation, also die feudale Nutzung der Produktivkräfte durch die Hauptproduktivkraft Bauer war erreicht, als eiserne Arbeitsinstrumente, insbesondere der eiserne Pflug, allgemein eingeführt worden waren und neue Zweige der Landwirtschaft wie Weinbau, Kelterei, Gemüsebau, Viehzucht und Buttererzeugung erheblich verbessert worden waren. Der im Prinzip konservative Charakter der feudalen Gesellschaftsformation erlaubte keine Höherentwicklung der landwirtschaftlichen Produktion auf maschineller Grundlage, denn diese setzt die »Große Industrie« voraus, eine Errungenschaft der bürgerlichen Gesellschaft. – Die ersten Keime der Auflösung der Feudalordnung entwickelten sich aus der Trennung der gewerblichen Produktion in den Städten von der der landwirtschaftlichen auf dem Lande. Obzwar die Handwerker zunächst zwar von den Feudalherren ausgebeutet wurden, schafften sie doch mit der schrittweisen Entwicklung der Handarbeit die Voraussetzung zur Einführung der maschinellen Produktion. Hinzu kommt die Entstehung des Handelskapitals in den Städten, dem historischen Vorläufer des Industriekapitals. Die Überformung des feudalen Grundwiderspruchs von Feudaladel und Bauern durch den Widerspruch von Feudalismus und Kapitalismus äußert sich im Widerspruch zwischen feudalistischer Naturalwirtschaft und Warenproduktion in den Städten. Gerade diese aufkommende Warenproduktion und mit ihr die Geldwirtschaft führte zu einer verschärften Ausbeutung der Bauern aufgrund des Klassenkampfes zwischen Stadt und Land. »Überall, wo am Ausgange des Mittelalters die um sich greifende Geldwirtschaft die Begehrlichkeit der Herren und die Widerstandskraft der Bauern zur Siedehitze schürt, kommt es in irgendeiner Gestalt zur Austragung der sich verschärfenden Klassengegensätze. Ihren Höhepunkt finden diese sozialen Auseinandersetzungen regelmäßig, verblüffend regelmäßig, in gewaltsam offenen Bürgerkriegen, deren Heftigkeit und Verlauf natürlich je nach den sozialökonomischen Sondervoraussetzungen des jeweils in Frage stehenden Landes verschieden sind« (Wittvogel (45) 125; vgl. Ziffermann (71) 120 ff.).[35] Hinzu kommt, daß sich die Weltmarktlage Deutschlands durch Verschiebung von deren Zentrum nach Westen, an die Atlantikküste, sich verschlechterte und daß aufgrund eines Stillstandes in der städtischen Produktion auch die Abwanderungsmöglichkeiten der Bauern erheblich sanken. Ferner führte die zunehmende ökonomische Zwangslage der Feudalherren gegenüber den Städten, die sich aufgrund ihrer ökonomischen Möglichkeiten zunehmend selbständig machten, nicht nur zum verschärften Druck auf die Bauern, sondern auch zum Raub des bäuerlichen Gemeineigentums.

Die *Städte* selbst bildeten ebenfalls eine widersprüchliche Sozialstruktur heraus. Als herrschende Klasse waren die Patrizier entstanden, die nicht nur ökonomisch die Herrschaft, sondern auch politisch die Macht ausübten. Im Widerspruch dazu befanden sich sowohl die reicheren wie mittleren Bürger, aber auch und besonders die Plebejer (speziell die Handwerker, aber auch die Tagelöhner).

Unsere allgemeine Einteilung im vorangegangenen Abschnitt aufnehmend können wir also feststellen, daß es sich hier um eine Phase des *Systemwechsels* handelt: die Widersprüche zwischen den Produktivkräften und Produktionsverhältnissen, zwischen den sozialen Hauptklassen machen eine prinzipielle, qualitative, revolutionäre Umgestaltung notwendig, sie fordern sie um-die-Not-zu-wenden. Aber die gesellschaftliche Notwendigkeit und Möglichkeit wird nur dann auch zur Wirklichkeit, wenn die gesellschaftlichen und individuellen Subjekte vorhanden sind, die diese Revolution auch durchführen. Die wichtigsten sozialen Klassen, die objektiv ein antifeudales Interesse hatten, waren die Fürsten, das Bürgertum und die Bauern, und von ihrem Bündnis hingen Erfolg und Niederlage ab. »Gelingt es den Bauern, ihre Forderungen im Bunde mit den aufstrebenden Klassen geltend zu machen, dann besteht, trotz mancher Niederlage, Aussicht auf Erfolg. Daher verlaufen die Bauernaufstände regelmäßig glücklich, wenn ihnen die aufsteigende Zentralgewalt, der Landesfürst, sein Wohlwollen oder seinen Beistand leiht. Ebenso schafft ein Bündnis mit der jungen, aber wichtigen Bourgeoisie der Städte den Bauern eine vortreffliche Kampfstellung gegen die auf diese Weise von zwei Seiten angegriffenen Adeligen . . . Findet dagegen der Bauer nur die Unterstützung der besitzlosen Massen der Städte – diese ist ihm übrigens in jedem Falle gewiß – findet er, sagen wir, nur die Unterstützung dieser vorproletarischen Klasse, die in jener Zeit durchaus noch ökonomisch unbedeutend und politisch unreif ist, dann Gnade Gott den Bauern!« (Wittvogel (45) 126 f.).

Die ersten Anzeichen der Formierung der Bauern zum geschichtswirksamen gesellschaftlichen Subjekt (diesen Prozeß hatte – wie zitiert – Gramsci ›Katharsis‹ genannt) finden wir in der Bundschuhbewegung, deren bekanntester und bedeutendster Führer Joß Fritz war[36], und die ihre Höhepunkte in den Aufständen von 1493 und 1502 fand. Doch handelt es sich noch um keine umfassende Massenbewegung, sondern um eine zwar streng organisierte, aber nur einer kleinen Zahl von Eingeweihten und Auserlesenen zugängliche Verschwörung.

Die *1. Phase* der frühbürgerlichen Revolution stellt die Zeit der Reformation dar, die wiederum untrennbar mit dem Namen von Martin Luther verknüpft ist. Seinen individuellen Intentionen zufolge richteten sich seine 95 Thesen, die er am 31. Oktober 1517 an die Schloßtür in Wittenberg nagelte, zwar nur gegen den Ablaß, faktisch aber richteten sie sich gegen die Ausplünderung durch die römische Kirche und die geistlichen Feudalherren und konnten daher sowohl unter den Bauern, dem aufsteigenden Bürgertum als auch den Landesfürsten Anhänger finden. Zugleich vereinte die Reformation als eine religiös-politische Lehre die durch soziale Widersprüche und lokale Bornierungen zersplitterte Bewegung. Diese Formierungen der anti-feudalen Kräfte hatte nicht nur Rückwirkungen auf Luther selbst, der immer deutlicher den Standpunkt der bürgerlichen Religiosität vertrat und damit gegen Papsttum, Reich und König auftrat (man bedenke, daß er 1520 die Bannbulle verbrannte), sondern sie zwang seine Gegner auch ihn selbst und seine Bewegung ungeschoren zu lassen (Luther erhielt zur Verteidigung seiner Lehre auf dem Reichstag in Worms 1521 freies Geleit). In dem Maße, wie sich dieses anti-feudale Klassenbündnis entfaltete, in dem Maße wurde Luther einerseits zu immer konsequenteren Positionen gezwungen, andererseits hat er sie vorangetrieben und konnte so in dieser Etappe ihr führender Ideologe sein. Luther und seine Bewegung erreichten ihren Zenit 1520/21. In diesen Jahren erscheinen die großen reformatorischen Werke.[37] Wichtiger als diese war für den Fortgang der Bewegung die Veröffentlichung der deutschen Übersetzung des Neuen Testaments, womit sowohl die Begründung einer deutschen Nationalsprache gelungen war, als auch die Voraussetzung zur Vermassung der religiösen Ideologie in deren spezifischer Ausprägung. Im Jahre 1522 gelangt dieses Klassenbündnis und damit dieses gesellschaftliche Subjekt an seine historische Grenze: »Obwohl das städtische Patriziat, der Adel und diejenigen Fürsten, die sich der Bewegung gegen die geistliche Feudalität angeschlossen hatten, ihr Ziel noch nicht erreicht hatten, wandten sie sich gegen diejenigen Kräfte, welche die Reformation zu einer Beseitigung der Herrschaft sowohl der weltlichen als auch der geistlichen Feudalität weiterzutreiben versuchten« (Streisand (44) 66).[38] Dieser Wendepunkt ist einerseits durch den Übergang der Landesfürsten, des niederen Adels und des hohen wie mittleren Bürgertums (die zusammen das bürgerlich-gemäßigte Lager bildeten) von der anti-feudalen Koalition mit dem bürgerlich-plebejischen Lager in das pro-feudale Bündnis mit dem konservativ-katholischen Lager bestimmt und andererseits durch den Verlust der historischen Initiative. Denn mit dem Übergang zur pro-feudalen Koalition findet die objektive Notwendigkeit der bürgerlichen Revolution in dieser Bewegung nicht mehr das notwendige gesellschaftliche Subjekt. Damit wird auch Martin Luthers Wirken radikal beschränkt, auch er geht als führender Ideologe des bürgerlich-gemäßigten Lagers über in die pro-feudale Koalition und wendet sich offen gegen seine einstmaligen Verbündeten; erstmals 1521/22 mit seiner Schrift »Eine treue Vermahnung zu allen Christen, sich zu hüten vor Aufruhr und Empörung« und besonders kraß in seinem Pamphlet »Wider die aufrührerischen und mordenden Rotten der Bauern« (vgl. Luther (60) 102 ff.). – Ein anderes gesellschaftliches Subjekt, das Bündnis aus Plebejern und Bauern, und ein anderes individuelles Subjekt, Thomas Münzer, betreten die Bühne der Weltgeschichte.

Thomas Münzer[39] wurde 1490 in Stolberg/Harz als Sohn einer begüterten Handwerkerfamilie geboren[40], studierte 1506 in Leipzig und 1512 in Frankfurt/Oder und erwarb sich in dieser Zeit den Titel eines Magisters der freien Künste und des Bakkalaureus der heiligen Schrift; er war 1513 Hilfslehrer in Halle/Saale, 1514/15 in Ackersleben, 1516/17 als Propst in einem Kloster und 1520 Prediger in Zwickau. »Sein Leben war von Jugend an hart und schwer: lange Jahre ein Ringen um die Existenz, sichere Anstellungen, notwendigste Einkünfte. Es war zugleich steter Kampf gegen die aus den Fugen geratene Gesellschaft. Man wird nicht fehlgehen, die Unruhe des jungen Müntzer, seine Wanderung von Ort zu Ort, seine vielen Zusammenstöße mit städtischen und kirchlichen Instanzen, die immer wieder zum Bruch oder gar zur Vertreibung führten, auf das tiefe Mißbehagen des werdenden Revolutionärs gegenüber den Zeitverhältnissen zurückzuführen. Was dieser Unzufriedenheit das besondere Gepräge verlieh, ist die Hartnäckigkeit, mit der jedes Zugeständnis abgelehnt, jede Anpassung an die Mächte der Zeit zurückgewiesen, jeder Versuch eines voreiligen Friedens mit den herrschenden Zuständen aus dem Weg gegangen wurde« (Steinmetz (68) 154). – Dieser Entwicklungsweg ist für einen Ideologen des Bauernkriegs in doppelter Weise typisch: einerseits ermöglichte nur die Kirche durch ihre (tendenzielle) Monopolisierung der geistigen Arbeit jene Aneignungsprozesse, die theoretische Reflexion der und damit praktisches Eingreifen in die gesellschaftlichen Verhältnisse erlaubte; andererseits hat seine Herkunft aus der plebejischen Klasse der Stadtgesellschaft und seine Stellung als Plebejer innerhalb der Geistlichkeit ihn eng mit der Lebenslage und politischen Bewegung der Unterdrückten und Ausgebeuteten verbunden. – Was Münzer gegenüber den anderen auszeichnete und später sehr bedeutsam wurde, ist sein schon früh auftauchendes reformatorisches Interesse an der Bibelinterpretation. Da nur eine religiös-politische Weltanschauung zur vereinheitlichenden Ideologie der revolutionären Bewegung werden konnte (deren wissenschaftliche Erforschung setzte erst in der Spätphase der bürgerlichen Gesellschaft ein), konnten nur solche Persönlichkeiten geschichtswirksam werden, die die politisch-religiöse Ideologie mit den konkreten sozialen Widersprüchen und Tendenzen zu vermitteln wußte. – Dabei war Münzer zunächst ein Anhänger Luthers und seiner Bewegung. Mit der Kehrtwendung Luthers und der ihn tragenden und von ihm ideologisch geführten Bewegung 1520/21 war auch der Bruch mit ihm und seiner Lehre unvermeidbar, wurden die Klassengegensätze wirksam. »Mit dem Voranschreiten der reformatorischen Bewegung, mit dem sich versteifenden Widerstand der Papstkirche, landesherrlicher und patrizischer Obrigkeiten und des Kaisers traten die Klassengegensätze unter der Oberfläche allgemeinreformatorischer Losungen immer deutlicher hervor. Sie schufen neue Fronten, zwangen zur Präzisierung des eigenen Standpunkts, sobald die Reformation aus den Geleisen des Gelehrtendisputs und Mönchsgezänks in die konkrete Aktion zur Veränderung des bisherigen Zustands hinübergeleitet wurde. An den Klassenfragen schieden sich die Geister« (Brendler (49) 30). Dies bedeutete für Müntzer eine qualitativ neue Stufe seiner Entwicklung und macht zugleich Prinzipielles deutlich: die Entfaltung der konkreten Persönlichkeit zum geschichtswirksamen individuellen Subjekt ist entscheidend davon abhängig, inwieweit das gesellschaftliche Subjekt sich entfaltet, besonders inwieweit es zum *Klassensubjekt* wird. Anders formuliert: die Entfaltung des gesellschaftlichen Subjekts stellt an das individuelle Subjekt Entwicklungsanforderungen, die es erfüllen muß, um geschichtswirksam zu werden bzw. zu bleiben. Andererseits haben wir auch gesagt, daß die höchste Wirksamkeit des individuellen Subjekts im Aufbau und in der Stärkung des gesellschaftlichen Subjekts liegt und genau diese Aufgabe prägte die weitere Tätigkeit von Müntzer.

Nach dem theoretischen und praktischen Bruch mit Luther und seiner Bewegung zieht er sich zum intensiven Quellenstudium zurück; er befaßt sich mit den Quellen der christlichen Religion, mit der Geschichte des Christentums, er entwickelt seine Gegnerschaft zur buchstabengelehrten Bibelinterpretation. Aus dem Volke wird für ihn derjenige subjektive Faktor, welcher die biblische Offenbarung zur weltlichen Wirklichkeit werden lassen kann, es wird aus einer Objektrolle befreit (vgl. Smirin (66) 179 ff.). Mit diesem Verständnis der Bibel wird aus dem christlichen Glauben eine kämpferische, diesseitig orientierte Weltanschauung, womit einerseits der Übergang von der Reformation zur Volksreformation und adererseits die Notwendigkeit der Gründung »Christlicher Vereinigungen« verbunden ist. »Die Idee der ›Christlichen Vereinigung4 . . ., mit deren Realisierung er überall seine revolutionäre Tätigkeit begann, ist keine formale ›Gemeinde der Gläubigen‹ . . ., sondern eine bestimmte soziale Organisation der Unterschichten des Volkes, die allen anderen Schichten der Gesellschaft ihren Willen als einzig richtigen Ausdruck des Willens Gottes aufzwingt« (a.a.O., 324). Das explizite Ziel dieser Organisation ist die Abschaffung des Privateigentums und die Errichtung einer nur dem Gemeinwohl dienenden Gesellschaft. – Thomas Müntzer ist allerdings immer »nur« der Theologe, der Ideologe dieser Bewegung gewesen, nie ihr Organisator. So sehr seine Aufklärungsarbeit unter den Volksmassen belegt ist, so wenig gibt es Beweise dafür, daß er selbst direkt organisierend in die Bewegung eingegriffen hätte. Zwar hat er stets an der Bewegung teilgenommen und sie nicht – wie Luther – aus der Gelehrtenstube betrachtet, aber eben auf *spezifische* Weise und aus dieser spezifischen Weise muß *seine* Geschichtswirksamkeit erklärt werden; das berühmteste Beispiel dieser Aufklärungsarbeit ist die »Fürstenpredigt« vom 13. Juli 1524 (vgl. Müntzer (63) 47 ff.). – Diese geschilderte Formierung des Bündnisses von Plebejern und Bauern unter der ideologischen Führung Müntzers stellt die *2. Phase* der frühbürgerlichen Revolution dar.

Nach dem fast dreißig Jahre währenden Gären der sozialen, politischen und ideologischen Verhältnisse, nach immer stärker werdender Zuspitzung der gesellschaftlichen Widersprüche, brechen 1524 mit der *3. Phase* alle diese Widersprüche auf, erreicht der deutsche Bauernkrieg seinen Höhepunkt. In dieser Zeit weilte Müntzer in Thüringen, dem Zentrum der Bewegung, bereiste – freiwillig oder zur Flucht gezwungen – eine Vielzahl von Orten; gründete u. a. in Allstedt den «Ewigen Bund Gottes«, der auf der programmatischen Grundlage der »Elf Mühlhauser Artikel« arbeitete. In dieser Zeit, vom April bis Mai 1515, standen ca. 200 000 Aufständische unter Waffen, stellten die feudale Gesellschaftsordnung praktisch-politisch in Frage. »In der Praxis des revolutionären Kampfes war die Zerstörung von Burgen, Schlössern und Klöstern (es wurden ca. 1000 zerstört; K.-H. B.) auch ein Akt der Brechung der politischen Macht der Feudalherren. Wo die Bauern und ihre Verbündeten die Macht eroberten, begannen sie sofort, eigene Verwaltungsorgane an die Stelle der vertriebenen fürstlichen Amtleute zu setzen. Die von den Bauernhaufen eingesetzten neuen Amtleute und Kanzleien liquidierten die feudalen Einrichtungen und übten staatliche Hoheitsrechte aus. So entstanden Elemente einer neuen politischen und gesellschaftlichen Ordnung, erste Ansätze einer revolutionären Volksmacht. Damit wurde der Sturz der feudalen Gewalten in Angriff genommen und die zentrale *politische* Frage jeder Revolution angepackt« (Laube (59) 15 f.). Doch dies war zweifellos nur ein Anfang; das, was notwendig war, die Vereinheitlichung der revolutionären Einzelbewegungen in ganz Deutschland und um welche sich Müntzer auch intensiv bemühte, konnte nicht hergestellt werden. Und an diesem Punkt beginnt auch die Grenze von Müntzers Wirkungsmöglichkeiten, hier stößt er an die Grenzen in Gestalt der unendlichen Zersplitterung des deutschen Reiches und der damit verbundenen bzw. durch sie begründeten Bornierungen der Einzelbewegungen. Und nur eine solche einheitliche Bewegung hätte das gemäßigt-bürgerliche Lager *zwingen* können (allein um ihre eigenen Interessen zu wahren) sich dieser Bewegung anzuschließen, ein anti-feudales Klassenbündnis zu schließen. (Eben aus Gründen dieser Zersplitterung war das bürgerlich-gemäßigte Lager selbst auch nicht in der Lage, die historische Initiative zu behalten). – Nach der Niederlage in der entscheidenden Schlacht am 14./15. Mai 1525 wird Müntzer auf der Flucht gefangen genommen, zunächst bestialisch gefoltert, am 27. Mai 1525 enthauptet, sprich: *standrechtlich ermordet* und sein Kopf aufgespießt; er erleidet damit das Schicksal vieler Bauernführer und Bauern, die nach dem Sieg der Feudalherren deren ganze Brutalität und Rache erfahren mußten (es starben im Bauernkrieg ca. 100 000 Menschen). Auch diese Art der »Abrechnung« zeigt, daß die Herrschenden zu allen Zeiten ihre Herrschaft und ihre Macht mit allen zu Gebote stehenden Mitteln verteidigt haben, auch mit dem Mittel der massenhaften physischen Vernichtung ihrer Gegner. Der deutsche Faschismus ist dafür nicht das einzige, sondern das bestialischste Beispiel. Mit Recht konnte der bürgerliche Revolutio-

När Zimmermann, der 1848/49 der Linken in der Frankfurter Nationalversammlung angehörte, schreiben: »Zu allen Zeiten ist die Reaktion grausamer gewesen als die Revolution ...« (Zimmermann (71) 684).

Diese Beispielanalyse der Möglichkeiten und Grenzen von Thomas Müntzer, dieser für viele Psychologen (noch) ungewohnte Ausflug in die konkrete Sozialgeschichte, sollte den allgemeinen Zusammenhang von objektiven Bedingungen, gesellschaftlichem Subjekt und individuellem Subjekt deutlich machen, sowohl in der historischen Vielfältigkeit der Bedingungen, als auch in den Schwierigkeiten ihrer praktisch-politischen Vermittlung. Das interessante wie das tragische an der Situation von Thomas Münzer liegt darin, daß er und seine Bewegung einerseits über die objektiven Möglichkeiten der Zeit weit hinausgegangen sind und andererseits darin, daß diese Bewegung ihn in der Schlußphase zu Handlungen zwang, die er selbst so nicht wollte, weil er deren Scheitern klar sah. Diese Schwierigkeiten und Widersprüchlichkeiten hat gerade F. Engels herausgestellt, wenn er schreibt: »Es ist das Schlimmste, was dem Führer einer extremen Partei widerfahren kann, wenn er gezwungen wird, in einer Epoche die Regierung zu übernehmen, wo die Bewegung noch nicht reif ist für die Herrschaft der Klasse, die er vertritt, und für die Durchführung der Maßregeln, die die Herrschaft dieser Klasse erfordert. Was er tun *kann,* hängt nicht von seinem Willen ab, sondern von der Höhe, auf die der Gegensatz der verschiedenen Klassen getrieben ist, und von dem Entwicklungsgrad der materiellen Existenzbedingungen, der Produktions- und Verkehrsverhältnisse, auf dem der jedesmalige Entwicklungsgrad der Klassengegensätze beruht. Was er tun *soll,* was seine eigne Partei von ihm verlangt, hängt wieder nicht von ihm ab, aber auch nicht von dem Entwicklungsgrad des Klassenkampfes und seiner Bedingungen; er ist gebunden an seine bisherigen Doktrinen und Forderungen, die wieder nicht aus der momentanen Stellung der gesellschaftlichen Klassen gegeneinander und aus dem momentanen, mehr oder weniger zufälligen Stande der Produktions- und Verkehrsverhältnisse hervorgehn, sondern aus seiner größeren oder geringeren Einsicht in die allgemeinen Resultate der gesellschaftlichen und politischen Bewegung. Er findet sich so notwendigerweise in einem unlösbaren Dilemma: Was er tun *kann,* widerspricht seinem ganzen bisherigen Auftreten, seinen Prinzipien und den unmittelbaren Interessen seiner Partei; und was er tun *soll,* ist nicht durchzuführen« (Engels, MEW 7, 400 f.).

## *2.3 Zur Kritik und Funktion personalistisch-psychologistischer Geschichtstheorien*

Der Grundfehler jeder personalistisch-psychologistischen Gesellschafts- und Geschichtstheorie liegt in der Abtrennung der konkreten Individuen von ihrem Wesen, dem Ensemble der gesellschaftlichen Verhältnisse. Dieser Individualismus kann in zwei Hauptvarianten auftreten: einmal als Theorie von den »Großen Männern«, die die Geschichte machen und andererseits als Reduzierung der gesellschaftlichen Verhältnisse (und damit Gesetze) auf individuelles Handeln (auch kollektiver Art).

Die Theorie von den »Großen Männern« bestimmt weitgehend die herrschende deutsche bzw. bundesdeutsche Geschichtswissenschaft und den entsprechenden Geschichtsunterricht.[41] Dabei werden die »Großen Männer« nicht im Zusammenhang mit dem gesellschaftlichen Entwicklungsstand und den gesellschaftlichen Aneignungsbedingungen analysiert, sondern ihre Geschichtswirksamkeit wird *in* die einzelnen Persönlichkeiten hineinverlegt, bei gleichzeitiger Unterstellung, daß die konkrete Persönlichkeit »frei« von allem handeln und entscheiden könne. Das geschieht implizit dort, wo *nur* von den Individuen die Rede ist, wo Geschichte auf biographische Abrisse reduziert wird; dies geschieht explizit dort, wo deren direkte und unvermittelte Geschichtswirksamkeit behauptet wird. Als häufigste Begründung (und nur auf diese soll hier noch eingegangen werden, denn die wichtigsten anderen Argumentationsvarianten ergeben sich reziprok aus unserer positiven Darlegung im Kap. 2.1 dieses Teils) für die Außergewöhnlichkeit solcher Persönlichkeiten wird deren »Begabung« angeführt, wobei in der Regel unterstellt wird, daß eine spezifische, individuelle Ausprägung der »menschlichen Natur« die Entwicklung zur außergewöhnlichen Persönlichkeit entscheidend begründe.[42] Dies ist nicht nur im allgemein-gesellschaftlichen, sondern auch im enger psychologischen Sinne falsch, denn es zeichnet den Menschen gerade aus, daß er *biologisch* die Fähigkeit besitzt, sich das menschliche Sozialerbe anzueignen und damit am gesellschaftlichen Lebensprozeß teilzunehmen, daß also bei gleichem Genotyp sich eine Vielzahl qualitativ verschiedener Phänotypen herausbilden können und auch herausbilden. Das soll nicht heißen, daß die biologische Organisation die individuelle Biographie überhaupt nicht beeinflußt – wie etwa Sève (161) in seinem ansonsten brillanten Aufsatz unterstellt –, sondern daß sie nur einen sehr unspezifischen Einfluß ausüben. Denn wie oben schon dargelegt »hat sich das genetische Potential des Menschen seit der Urgesellschaft, etwas genauer vermutlich seit dem Beginn der eigentlichen Produktionswirtschaft, nicht mehr wesentlich verändert. Die in der Menschheit vorhandene genetische Variabilität muß also auch heutzutage auf dem Niveau dessen liegen, was sich damals über den Evolutionsmechanismus artspezifisch herausgebildet hat. Anlageunterschiede können also gar nicht auf dem Niveau der heutigen Phänotypie definiert werden, sondern nur auf dem – vom heutigen gesellschaftlichen Stand aus höchst unspezifischen – Niveau urgesellschaftlicher Lebensweise« (Seidel/Ulmann (160) 507). Auf diesem Niveau spielen gewisse motorische Fähigkeiten, die Geschwindigkeit physiologischer und sinnlicher Vorgänge, die unterschiedlich ausgeprägte Fähigkeit der Koordination unterschiedlicher Sinnesleistungen u. ä. eine Rolle (vgl. a.a.O., 507 f.) – allesamt Merkmale, die die Geschichtswirksamkeit bedeutender Persönlichkeiten noch nicht einmal ansatzweise zu erklären vermögen.[43]

Diese unveränderliche »menschliche Natur« (in einem offen antiwissenschaftlichen bzw. pseudo-wissenschaftlichen Sinne) der »Großen Männer« wird auch bei denen unterstellt, auf die diese Männer einzuwirken haben, bei den »Massen«, aber in negativer Umkehrung der biologistischen Medaille, daß sie eben minderbegabt seien, daß sie eines Führers bedürfen, der für sie denkt und handelt. Die tatsächlich vorhandenen klassenspezifischen Aneignungsgrenzen werden dabei in typisch elitärer und anti-demokratischer Weise als »Natur« der Menschen, der »Massen«, unterstellt, womit Veränderungen nicht nur als unerwünscht, sondern auch als unmöglich abgelehnt werden. (Abgesehen einmal von der empörenden Arroganz, daß diejenigen, die so etwas schreiben, von denjenigen letztlich am Leben erhalten werden, über die sie das schreiben, von den materiellen Produzenten.)

Es ist offensichtlich, daß derartige Konzeptionen keine Einsicht in die Gesetzmäßigkeit der Sozialgeschichte zu bieten vermögen, daß sie diese im Gegenteil prinzipiell verstellen, daß sie den Individuen nicht zu zeigen vermögen, daß sie diese Gesellschaft verändern können, daß sie vermittelt über die gesellschaftlichen Subjekte diese Verhältnisse und damit auch die eigenen Lebensverhältnisse zu kontrollieren vermögen. So unterstützen sie entpolitisierende, die »Großen Männer« und »Starken Führer« wenn nicht bejahende, so doch wenigstens duldende Bewußtseinsformen, die zur Entmündigung der Individuen, zu ihrer Entsubjektivierung beitragen. Es ist eben kein Zufall, daß solche personalistisch-psychologistischen Auffassungen unsere Geschichts- und Sozialkundebücher, aber auch die Massenkommunikation, eindeutig beherrschen (vgl. Bergmann (116) 61 f.; Holzer (105) 159 ff.).

Viel schwieriger gestaltet sich das Personalismusproblem in der Kritischen Theorie, die sich häufig gerade gegen diese oben kritisierten Geschichtstheorien gewendet hat und wendet, die durchaus von sozialen Gesetzen, von Klassen, von gesellschaftlichem Fortschritt spricht. Sie spricht allerdings regelmäßig in dem Sinne von sozialen Gesetzen usw., daß diese den Individuen äußerlich und fremd sind, daß sie seine Entwicklungsmöglichkeiten einschränken (und nicht bedingen). Diese Auffassung findet in der Ablehnung der Natur-Dialektik und der Widerspiegelungstheorie ihre notwendige Voraussetzung und Ergänzung; nur in *diesem* Zusammenhang kann die folgende Stelle aus dem Postscriptum von Adornos berühmtem Aufsatz über das »Verhältnis von Soziologie und Psychologie« richtig interpretiert werden. »Die Trennung von Psychologie und Soziologie, welche die Landkarte der Wissenschaften verzeichnet, ist kein Absolutes, aber auch kein Nichtiges und beliebig Widerrufliches. In ihr drückt ein perennierend falscher Zustand sich aus, die Divergenz zwischen dem Allgemeinen und seiner Gesetzlichkeit hier, dem Individuellen in der Gesellschaft dort. Wäre Gesellschaft einmal nicht mehr repressiv, so verschwände der Unterschied der Soziologie und des spezifisch Psychologischen, obwohl der Überbau – dem, während der Vormacht der Ökonomie, der gesamte psychologische Bereich zuzurechnen ist – langsamer sich umwälzt; viel Zeit würde vergehen, bis das gesellschaftlich Allgemeine wahrhaft der Inbegriff der individuellen Bedürfnisse wäre und bis das Individuum die Züge los würde, die Male seiner äonenalten Repression sind« (Adorno (184) 87 f.). So sehr daran richtig ist, daß die Klassenverhältnisse die Individuen der unterdrückten Klassen verkümmern lassen (auch wenn dies bei Adorno nicht so klar gesagt ist), so sehr ist die Vorstellung einer Einebnung der Differenz von menschlichem Wesen und konkreter Persönlichkeit eine idealistische wie individualistische Fiktion. Sie ist aber politisch außerordentlich folgenreich, weil auch hier die Frage bestehen bleibt, *wie* denn dieser gesellschaftliche Fortschritt erreicht werden kann. Dazu schreibt der Adorno-Schüler Schmidt im Anschluß an ihn: »Es besteht hier die Schwierigkeit, daß die unverstümmelten, wirklich lebendigen Menschen, die sich einer neuen Gesellschaft verdanken würden, schon dasein müssen, damit sie entsteht« (Schmidt in Post/Schmidt (197) 90). Konsequenter kann man die 6. Feuerbachthese nicht umkehren, unwirklicher kann man den Weg zur realen Emanzipation (fast) überhaupt nicht bestimmen.

Der hier dargelegte Personalismus und Individualismus ist nicht einfach eine theoretische Unschärfe oder ein von der Gesamttheorie relativ unabhängiges Moment, sondern er ist gleichermaßen Konsequenz wie

Kern dieser Theorie. Im Sinne einer zusammenfassenden Kritik der Kritischen Theorie der Gesellschaft wie des Subjekts (die beide nur in ihrem Zusammenhang, in ihrer gegenseitigen Verwiesenheit angemessen verstanden werden können!) seien diese Argumentationsschritte nochmals rekonstruiert: *Gesellschaftstheoretisch* wird die Natur-Dialektik geleugnet, werden die sozialen Gesetze (im strengen Sinne als Entfremdung verstanden) auf die bürgerliche Gesellschaft beschränkt bei ihrer gleich zeitigen Ablehnung im Sozialismus, wird die Theorie der Produktivkräfte technologisch verkürzt und die Theorie der sozialen Klassen in ihrer Bedeutung gemindert bzw. eliminiert, wird die Allgemeingültigkeit des Basis-Überbau-Theorems abgelehnt und der Widerspiegelungscharakter des gesellschaftlichen Bewußtseins. – *Persönlichkeitstheoretisch* sind die Aussagen zur menschlichen Natur diffus bzw. reduktionistisch, wird die widersprüchliche Einheit von menschlichem Wesen und konkreter Persönlichkeit verkannt durch Ablehnung der Ableitung der Persönlichkeitsstrukturen aus den Gesellschaftsstrukturen bzw. der subjektiven aus den objektiven Strukturen, wird der Inhalt der menschlichen Tätigkeit in einem formalistischen Interaktionskonzept aufgelöst, werden die Grenzen der Persönlichkeitsentwicklung nicht als klassenspezifische Aneignungsgrenzen erkannt, bleibt das eigentliche Ziel der menschlichen Lebensaktivität, die Kontrolle der gesellschaftlichen und damit auch individuellen Lebenspraxis außerhalb des analytischen Rahmens. – Der kritische Impetus dieser Theorie wird dadurch aufgegeben und verspielt, daß versucht wird (sowohl von der Kritischen Theorie der Gesellschaft wie des Subjekts) eine Theorie der individuellen Emanzipation unabhängig und z. T. *gegen* die Theorie der sozialen Emanzipation, also besonders gegen die Theorie der sozialen Klassen und des gesellschaftlichen Subjekts (einschließlich deren Klassenorganisationen) zu begründen. So sehr diese Intention einer Theorie der individuellen Emanzipation, verbunden mit treffenden Beobachtungen und scharfssinigen Einzeleinsichten, sie den herrschenden konservativen und reaktionären Geschichts- und Gesellschaftstheorie überlegen macht (und daher auf viele ehrliche kritische Geister großen Einfluß ausüben konnte und noch ausübt), so wenig können ihre schweren theoretischen Mängel und letztliche praktische Perspektivlosigkeit übersehen werden. Jopke hat die Funktion dieser Theorie in Übereinstimmung mit unserer Einschätzung von Sartres Philosophie wie der gesamten Lebensphilosophie so gekennzeichnet: »In der heutigen Situation der antiimperialistischen Bewegung, beim heutigen Stand des Selbstverständnisses der gegen das Monopolkapital kämpfenden Kräfte, angesichts der heutigen Aufgaben und Möglichkeiten breiter Bündnisse, wirkt die ›kritische Theorie‹ Horkheimers und Adornos (wie auch die der anderen Varianten, mehr oder weniger deutlich; K.-H. B.), vor allem auf Teile der kultur- und gesellschaftswissenschaftlichen Intelligenz hemmend und destruierend. Sie hat die Funktion, deren oppositionelle Stimmungen und Haltungen ins politisch Unverbindliche, damit feinsinnig-Apologetische zu kanalisieren« (Jopke 210 a) 68).

### *3 Die kämpferische Persönlichkeit als Paradigma des politischen Individuums*

Während wir in den vorangegangenen Abschnitten die Geschichtswirksamkeit besonderer, außergewöhnlicher politischer Persönlichkeiten analysierten, geht es nun um eine Individualitätsform, die allgemeinen Charakter hat: die *kämpferische Persönlichkeit* als den bewußt und organisierten, politisch aktiven Proletarier; diese ist nicht auf eine kurze Zeitspanne beschränkt, sondern existiert solange es die Arbeiterbewegung gibt. Die Bedingungen dieser Individualitätsform zu analysieren ist deshalb von einem genuin demokratischen Interesse und damit auch wesentliche Aufgabe der Kritischen Psychologie, weil diese Individuen im Sinne des gesellschaftlichen Fortschritts, der gesellschaftlichen Höherentwicklung tätig sind, sie also die objektiven Entwicklungsnotwendigkeiten subjektiv-individuell realisieren, durchsetzen. Zugleich kann aus dem Entstehen dieser Individualitätsform zumindest hypothetisch auf solche geschlossen werden, in denen sich die objektiven Entwicklungsnotwendigkeiten überhaupt nicht bzw. nur begrenzt durchsetzen oder gar diesen Notwendigkeiten diametral entgegenstehen (wie wir es bei der Massenbasis des Faschismus etwa finden). Auch gilt es, den methodischen Grundsatz der Einheit von Historischem und Logischem in dem Sinne zu beachten, daß die niederen Entwicklungsstufen nur von den höheren aus verständlich sind.

Die individuellen Aneignungsnotwendigkeiten als gesellschaftlich begründet zu begreifen, heißt zugleich, sie in ihrer Widersprüchlichkeit herauszustellen, wobei diese in den Klassengesellschaften eine antagonistische Widersprüchlichkeit ist. Im vorliegenden Falle müssen die Lohnabhängigen einerseits begriffen werden in ihrer Bestimmtheit durch das Kapitalverhältnis und andererseits als Teil des historischen Subjekts, welches dieses Kapitalverhältnis letztlich aufhebt.[44]

### *3.1 Der Lohnarbeiter in seiner Bestimmtheit durch das Kapitalverhältnis*

Die Arbeitstätigkeit des Proletariers ist zunächst durch den erreichten Entwicklungsstand der Produktivkräfte gekennzeichnet, besonders durch die Kooperation als der Arbeitsteilung und dem Arbeitsverbund der menschlichen Arbeitskraft. Dabei läßt sich zwischen Einzelarbeit (hier besteht fast kein direkter Kontakt zwischen den Arbeitern) und Kolonnenarbeit, teamartiger, linierartiger, gefügeartiger und technisch-kolonnenartiger Kooperation unterscheiden (vgl. Oppolzer (78) 96 ff.), soweit man Kooperation im engeren Sinne innerhalb eines Betriebes faßt (im umfassenden Sinne bildet das gesellschaftliche Gesamtsystem ebenfalls einen Kooperationszusammenhang), wobei sich nach der Stellung innerhalb der Kooperation die Bedeutung der konkreten Persönlichkeit in bezug auf das Produktivkraftsystem ergibt. Gleichzeitig sind aber die Produktivkräfte die Bewegungsform der Produktionsverhältnisse, sind das Ziel und der Inhalt der Produktion durch die Produktionsverhältnisse bestimmt. In der bürgerlichen Gesellschaft ist das entscheidende ökonomische Ziel die Produktion von Mehrwert. Sie ist möglich dadurch, daß im Rahmen der ursprünglichen Akkumulation (*einem* Prozeß beim Übergang vom Feudalismus zum Kapitalismus) die Produzenten von ihren Produktionsmitteln getrennt wurden, bei gleichzeitiger »Befreiung« von Verpflichtungen gegenüber dem Feudalherren. Der kapitalistische Lohnarbeiter ist »frei« in jenem doppelten Sinne, daß er seine Arbeitskraft verkaufen »kann« und daß er dies auch »darf«. Der Verkauf seiner zur Ware gewordenen Arbeitskraft erfolgt auf dem »Arbeitsmarkt« und er erhält für seine Ware Arbeitskraft die zu ihrer Reproduktion notwendigen Reproduktionsmittel, in der Regel in Form von Geld, als Lohn.[45] Da aber seine Arbeitskraft Werte in Form von Waren schafft, die über den Wert seiner Ware Arbeitskraft hinausgehen, also Mehr-Wert schafft, sichert diese Art der Warenproduktion die für die Klassengesellschaft konstitutive Ausbeutung: das von der ausgebeuteten Klasse erwirtschaftete Mehrprodukt wird hier in der Form des Mehrwerts von der ausbeutenden Klasse angeeignet. Diese kapitalistische *Wirklichkeit* wird sozusagen verdeckt durch den *Schein* der Gleichheit, weil oberflächlich betrachtet Gleiches gegen Gleiches, Ware gegen Ware getauscht wird. Dieser *Warenfetischismus* ist die Grundlage aller Mystifikationen des bürgerlichen Bewußtseins, also des Lohnfetischismus, des Staatsfetischismus usw. (vgl. Marx, MEW 23, 85 ff.).

Indem die menschliche Arbeitskraft so zur Ware wird, wird auch von ihrer konkreten Nützlichkeit, von ihrem Gebrauchswert abstrahiert, denn vom Standpunkt des Kapitals ist es *völlig gleichgültig*, was produziert wird, entscheidend ist nur die Produktion von Mehrwert. Mit der Abstrahierung vom Gebrauchswert der menschlichen Arbeitskraft wird aber zugleich auch von der »gemeinsamen Sache«, dem verbindenden Dritten zwischen den Arbeitern abstrahiert. An die Stelle der wirklichen »gemeinsamen Sache« der Proletarier tritt an der Oberfläche das Interesse an der eigenen, individuellen Reproduktion (und der Familie), wird die Arbeit (in Verkehrung des gesellschaftlichen Realzusammenhangs) anstatt zum Ziel zum Mittel des Lebens. Die sachlichen und personalen Gegenstandsbedeutungen werden so durch den Widerspruch jeder Ware, durch den von Abstraktem und Konkretem geprägt. »Die mit den Gebrauchswert-Vergegenständlichungen widerspruchsvoll verbundenen Tauschwert-Vergegenständlichungen als Moment der historischen Bestimmtheit bürgerlicher Lebensverhältnisse prägen mithin nicht nur die sachlichen, sondern auch die personalen Gegenstandsbedeutungen. Demnach gewinnt durch den Prozeß der individuellen Aneignung von Bedeutungsmomenten, die Gebrauchswert- wie Tauschwert-Vergegenständlichungen enthalten, auch die *interpersonale Wahrnehmung* Besonderheiten als Funktion des Menschen in der bürgerlichen Gesellschaft« (Holzkamp (129) 222). Aus dem einen Proletarier, mit dem den anderen die gleiche Klassenlage verbindet, wird der Konkurrent um den Arbeitsplatz, die Lohnhöhe, den Aufstieg, die Privilegien usw. In relativer Übernahme des Verwertungsstandpunkts des Kapitals wird in Abstrahierung von der konkreten Kooperationsfähigkeit und der Fähigkeit der Schaffung von Gebrauchswert-Vergegenständlichungen der Persönlichkeiten deren abstrakte, rein quantitative *»Leistungsfähigkeit«* zum grundlegenden Persönlichkeitsmerkmal (vgl. a.a.O., 242 ff.; Tjaden-Steinhauer (69) 153 ff.). Dies ist darüber hinaus auch ein trügerisches Kriterium, weil – wie dargelegt – die Lohnhöhe nicht in einem Zusammenhang mit den Arbeitsresultaten steht, sondern mit den Reproduktionskosten der Arbeitskraft (in ihrer sozialhistorischen Spezifik). »Durch die Qualitäten der Unsicherheit, des Lohnneides, des befürchteten Lohnneides des anderen, des Mißtrauens, der Geheimhaltungstendenz als Umfeldtatbestände der Wahrnehmungsdimension der ›Leistungsfähigkeit‹ wird das früher geschilderte, aus der Eigenart der ›Leistung‹ und ›Leistungsfähigkeit‹ unter kapitalistischen Produktionsverhältnissen stammende – potentielle oder aktuelle – *Konkurrenz-Verhältnis zwischen den Arbeitern noch verschärft.* Die Arbeiter werden noch *stärker voneinander isoliert, jeder auf sein individuelles*

*Schicksal zurückgeworfen:* Wesentliches Kennzeichen der Lebensthematik des Arbeiters ist so *die jeweils individuelle Sorge um die eigene Zukunft* . . .; die Unsicherheit über die Beziehung zwischen Lohn und Leistung bedeutet auch Unsicherheit hinsichtlich des *zukünftigen Schicksals auf dem ›Arbeitsmarkt‹* . . .« (Holzkamp (129) 247). Die durch die Konkurrenz auf dem Arbeitsmarkt (primär) begründete *soziale Desintegration* der einzelnen Lohnabhängigen, ihre Atomisierung und Vereinzelung, die von seiten des Kapitals in vielfacher und vielfältiger Weise bewußt gefördert wird, ist Ausdruck der Tatsache, daß unter kapitalistischen Verhältnissen die Mitglieder der Arbeiterklasse von der Kontrolle ihrer eigenen und damit auch der gesellschaftlichen Lebenskontrolle (zunächst einmal) ausgeschlossen sind. Trotz allen Scheins ist dabei auch die »Freizeit« wesentlich bestimmt durch den Produktionsbereich, sowohl in ihrer zeitlichen Ausdehnung als auch in ihrer inhaltlichen Gestaltung (dies einerseits durch die allgemeinen gesellschaftlichen Bedingungen als auch direkt durch die Lohnhöhe), wobei entscheidend ist, daß die »Freizeit« freie Zeit zur Reproduktion der Ware Arbeitskraft ist (vgl. Oppolzer (78) 122 ff.). Der Schein der »Freiheit in der Freizeit« entsteht dadurch, daß die einzelnen hier nicht direkt der Kommandogewalt des Kapitals unterliegen. »Der ›Privatbereich‹ des Arbeiters, da er die abstrakte Negation der subjektiv sinnentleerten Arbeit im beruflichen Bereich darstellt, ist in der Perspektivlosigkeit bloß individueller Konsumtion befangen und deswegen genauso sinnentleert wie dieser . . . Während der Arbeiter ›Berufsmensch‹ ist, kann er nicht ›Privatmensch‹ sein, weil er nicht sich selbst gehört; während er ›Privatmensch‹ ist, kehrt er der subjektiv sinnentleerten Berufstätigkeit den Rücken zu, sucht die Entfaltung seiner Lebensmöglichkeiten notwendig außerhalb der produktiven Tätigkeit – und kann die Erfüllung seiner Lebensansprüche in der gesellschaftlichen Perspektivlosigkeit seines ›privaten‹ Daseins notwendig niemals finden« (Holzkamp (129) 249; alle Sperrungen entfernt, K.-H. B.); vgl. Volpert (148) 171 ff.). Anders ausgedrückt: Wenn der Arbeiter am Sozialerbe, besonders am Entwicklungsstand der Produktivkräfte, teilhat, dann ist er fremdbestimmt; wenn er selbstbestimmt ist, ist er gerade vom entscheidenden Teil des Sozialerbes ausgeschlossen.

Wir haben bisher die Persönlichkeitsentwicklung des Proletariers in ihrer Bestimmtheit durch das Kapitalverhältnis in ihrer Gesamtheit betrachtet; wir wollen diese jetzt hinsichtlich der verschiedenen Ebenen der Persönlichkeitsentwicklung differenzieren und vertiefen. – Weil seine Arbeit fremdbestimmt ist, weil sie von anderen gesteuert wird, fallen Tätigkeitsmotiv und *Handlungsprozeß* auseinander. Dabei ist der

Arbeiter nicht nur von den Produktionsmitteln und den Produkten getrennt, sondern auch von der Planerzeugung und der Realisierungskontrolle, also den höheren Regulationsformen individueller Handlungen, »er selbst wird reduziert auf die Ausführung von Teilhandlungen, welche ihm eine äußerliche Arbeitsorganisation und Handlungsregulation vorschreibt . . . Die Arbeitsteilung tritt nunmehr insbesondere als horizontale Zerteilung der Handlungsstrukturen auf; diese verbindet sich jedoch mit einer verschärften vertikalen Parzellierung der Individuen« (Volpert) 148) 162). Horizontale Parzellierung meint dabei »die Verlagerung komplexer Planungsvorgänge nach außen und die Ausschaltung des Individuums von diesen Planungsvorgängen« (a.a.O., 168) und vertikale Parzellierung die Reduzierung auf bestimmte Detailarbeiten, häufig lebenslang. – Diese Reduzierung der individuellen Handlungsmöglichkeiten hat direkte Folge für die *kognitiven Prozesse,* also Art und Charakter der Probleme, die Mittel und Ziele ihrer Lösung; denn weil die entscheidenden »Probleme« der gesellschaftlichen Kontrolle, oder auch unmittelbar des Betriebs, des Produktionsprozesses in die private Verfügungsgewalt des Einzelkapitals fallen (bei der gesamtgesellschaftlichen Kontrolle vermittelt sich dies über den Staat als ideellen Gesamtkapitalisten), ist der Arbeiter von dieser Art des Problemdenkens ausgeschlossen. Die klassenspezifische Spaltung von körperlicher und geistiger Arbeit verschärft sich unter den Bedingungen der bürgerlichen Gesellschaft durch den Bedeutungszuwachs der Wissenschaft. »In dieser Trennung vollendet sich jene Trennung von Zielfunktion und ausführender Tätigkeit . . . In dem Maße, wie sich die Produktion verwissenschaftlicht, wie das schöpferische Denken in die Produktion eingreift, entwickelt sich in der Klassengesellschaft die vorher angelegte Trennung von Problem und Routineaufgabe zu einer Trennung von Problemdenken und mechanischem Denken« (Seidel (144a) 94 f.). Diese Reduzierung des Denkens der Lohnarbeiter auf mechanisches Denken oder – nach Holzkamp – auf anschauliches Denken, findet sich besonders ausgeprägt im Konkurrenzkapitalismus und ist auch heute noch verbreitet anzutreffen. Allerdings hat der außerordentliche Aufschwung der Produktivkraftentwicklung im Monopolkapitalismus auch erhöhte Anforderungen an die Handlungskompetenz und die Denkfähigkeit der Lohnarbeiter mit sich gebracht (was nicht zuletzt in den Diskussionen um die Bildungsplanung und die »Qualifikation« in der Pädagogik deutlich wird). Es muß konkreten Analysen vorbehalten sein, *wie weit* sich damit die Möglichkeiten der Denkentwicklung verbessert haben; wir wollen an dieser Stelle lediglich deutlich machen, an welche *prinzipielle* Grenze ein im Warenfetischismus befangenes Denken stößt: Die Umwelthaftigkeit der Gesellschaft, ihre scheinbare Abgelöstheit von den Individuen führt dazu, daß die Probleme, der Ausgangspunkt des Denkens, entsubjektiviert werden, daß sie einen abgeschlossenen Charakter erhalten, daß Problemstellung, Zielsetzung und Mitteleinsatz als quasi vorgegeben erscheinen, also Rahmenbedingungen setzen, die quasi naturartige Schranken bilden, die unüberschreitbar sind. »Das entsubjektivierte Problem ist ja dadurch gekennzeichnet, daß der eigentliche Prozeß des Problem-Stellens, des Setzens von Zielen, das gerade den subjekthaft-aktiven Charakter der menschlichen Tätigkeit zum Ausdruck bringt, dem Subjekt entzogen ist. Die reale Bedeutung, die problemorientiertes Denken der Möglichkeit nach hat, nämlich gerade an den Springpunkten der Entwicklung der Tätigkeit die grundlegenden Widersprüche festzuhalten, zu erkennen und aufzulösen, wird in ein passives Auflösen von irgendwoher, quasi naturhaft entstandenen schwierigen Situationen reduziert« (Seidel (144a) 192), vgl. Holzkamp (129) 356 f.). Man kann die begründete Vermutung, die Hypothese, formulieren, daß sich die Denkstrukturen des Lohnarbeiters, soweit sie durch das Kapitalverhältnis bestimmt werden, zwischen dem mechanischen/maschinellen und diesem problemlösenden Denken befinden. – Bei der Ausgeschlossenheit von der gesellschaftlichen und individuellen Lebenskontrolle kann sich wirkliche *produktive Motivation* nicht entwickeln, d. h. das wirklich menschliche Niveau der Bedürfnis- und Motivationsentwicklung muß notwendig qualitativ unterschritten werden. Vermittels des Lohnes, der ja die Grundlage zur Reproduktion der Ware Arbeitskraft bildet, das individuelle Leben sichert, können nur sinnlich-vitale Bedürfnisse, besonders eben organische befriedigt werden – selbstverständlich in ihrer gesellschaftlichen Spezifik und auf erreichtem kulturellem Niveau. Die Ausgeschlossenheit von der eigenen und gesellschaftlichen Lebenskontrolle verschärft sich nochmals dadurch, daß – aufgrund der Konkurrenzsituation – der einzelne Arbeiter, je bedeutsamer sein Beitrag im »Beruf« ist, desto mehr sozial desintegriert wird. » Daraus ergibt sich im Hinblick auf den emotional-motivationalen Aspekt der Realisierung der Individualitätsform des Lohnarbeiters hier das radikale Widerspruchsverhältnis, daß einerseits unter kooperativem Aspekt der eigene Beitrag und die dafür zu entwickelnden Fähigkeiten eine emotionale Integration in die Arbeitsgruppe antizipierbar machen würde und deswegen motiviert angestrebt werden könnte, andererseits aber unter dem Verwertungsaspekt der eigene Beitrag und die eigenen Fähigkeiten, je größer sie sind, in umso höherem Maße von den anderen Arbeitern als potentielle oder aktuelle Bedrohung ihrer Existenz erlebt werden müssen, was gerade eine steigende Ablehnung durch die Kollegen, also *soziale Desintegration* zur Folge haben muß« (H.-Osterkamp (133) 98).[46]

L. Sève hat in prinzipieller Übereinstimmung mit dem Gesagten den Versuch unternommen, diese Verhältnisse *auf den Begriff zu bringen* und hat die Hypothese formuliert, daß (zumindest) die Lohnabhängigen durch den Widerspruch von abstrakter und konkreter Persönlichkeit gekennzeichnet seien. »Die konkrete Persönlichkeit erscheint zunächst als Gesamtheit von nichtentfremdeten persönlichen, ja auch interpersonellen Aktivitäten, die sich als Selbstbetätigung entfaltet; doch auch abgesehen davon, welcher geschichtliche Weg ihr seine Male hinterlassen hat, ist der Regelfall der kapitalistischen Gesellschaft, daß diese konkrete Persönlichkeit von der gesellschaftlichen Arbeit getrennt und zugleich wesentlich unter deren Produkte subsumiert ist, also unter die abstrakte Persönlichkeit, die sie umzingelt, überwuchert, erdrückt, ihr Gefüge mehr oder minder tief nicht nur von außen, sondern auch von innen her zerstört.

Die abstrakte Aktivität dagegen erscheint gleich als entfremdete Aktivität, die der äußeren Notwendigkeit unterworfen und den Bestrebungen der konkreten Persönlichkeit mehr oder minder fremd ist; und doch hat das Individuum gerade in der abstrakten Aktivität Kontakt mit den entwickelten Produktivkräften und gesellschaftlichen Verhältnissen, den im Verlauf der Menschheitsgeschichte geschaffenen immensen Mitteln zur Beherrschung der Natur und zur Organisierung der Gesellschaft, kurz, mit dem Hauptteil des Erbes, des wirklichen Wesens der Humanität; das heißt, in *dieser* Aktivität müßte sich das Individuum tatsächlich das menschliche Wesen aneignen können« (Sève (146) 349 f.). Dieser Vorschlag ist zweifellos originell, verdient die Diskussion, bedarf dieser aber auch (vgl. z. B. Jantzen (118) 171 ff.). Gewarnt werden muß aber in jedem Fall vor drei Tendenzen, die bei Sève in dieser Frage auftauchen: 1. Der Begriff der »konkreten Persönlichkeit« darf nicht kurzschlüssig als auf das Individuum direkt bezogene Lebensäußerung verstanden werden, denn das führt zum offensichtlichen Individualismus des bürgerlichen Privatindividuums; 2. es darf nicht schon alles und jedes unter dieses Widerspruchsverhältnis gefaßt werden, sondern es muß darauf ankommen, aus dieser *Grundwidersprüchlichkeit* die verschiedenen anderen Ebenen und Erscheinungsweisen *abzuleiten;* 3. auch wenn es diskussionswürdig ist, auch für die Mitglieder der herrschenden Klasse diese Grundwidersprüchlichkeit anzunehmen (vgl. Sève (146) 209 ff.), so darf dies in keinem Falle dazu führen, daß die *Klassenspezifik* der Persönlichkeitsentwicklung verlorengeht.

Gerade in der Art der Sèveschen Problemfassung ist nochmals deutlich geworden der persönlichkeitsbeschränkende Charakter der abstrakten Arbeit unter kapitalistischen Verhältnissen. So wenig dies zu leugnen ist, so sehr ist das nur die halbe Wahrheit, denn zugleich bedeutet die abstrakte Arbeit einen ungeheuren *Gewinn* für die Entwicklung der Gesellschaft und damit auch der Individuen. »Die Gesellschaftlichkeit der Arbeit, wie sie im Kapitalismus ungeheuer weiterentwickelt wurde, gilt Marx als Element der neuen Gesellschaft, das sich im Schoße der alten entwickelt, als Bildungselement einer kommenden ›gesellschaftlichen Produktion‹. Mit diesem Ausdruck, ›gesellschaftliche Produktion‹, erfaßt Marx . . . häufig den Sozialismus als eine Produktion, die unmittelbar gesellschaftlich ist, die gesellschaftlich geplant, gesellschaftlich koordiniert und gesellschaftlich durchgeführt wird« (Haug (73) 116). Es ist also rückwärts gewandt, gegen den gesellschaftlichen Fortschritt gerichtet, ja im Grundsatz reaktionär-romantisch, wenn als Alternative zum Entwicklungsniveau der kapitalistischen Arbeitsteilung die Rückkehr zur unmittelbaren Produktion proklamiert wird, wenn die »abstrakte« Arbeit stets das Negative und die »konkrete« Arbeit stets das Positive sein soll, wenn also lediglich die Teilung nicht aber die damit untrennbar verbundene Entfaltung der Gesellschaft gesehen wird. Die *bestimmte* Negation, der wirkliche Fortschritt, sieht anders aus: »Nicht die Arbeitsteilung, sondern die Unterordnung der Individuen unter sie ist aufzuheben. Das heißt, was zu fordern ist, ist eine Beweglichkeit der Individuen im *gesellschaftlichen* System der Teilung der Arbeit. Damit ist vom Standpunkt des Individuums diese Teilung aufgehoben; andererseits ist dann das allseitig entfaltete sozialistische Individuum in Sicht« (a.a.O., 117).

Nicht nur die Ansätze zur gesellschaftlichen Produktion, die Tendenzen zur gesellschaftlichen Planung als Bildungselemente einer neuen, sozialistischen Gesellschaft bilden sich in der bürgerlichen Gesellschaft heraus, sondern auch Ansätze zur Entwicklung allseitiger, sozialistischer Persönlichkeiten. Das, was später unter den Bedingungen einer entfalteten sozialistischen Gesellschaft Entwicklungsanforderung gegenüber *allen* ihren Mitgliedern ist, ist es in der bürgerlichen Gesellschaft nur in geringerem Umfang und nur für solche, die als Teile der revolutionären Arbeiterbewegung für die sozialistische Gesellschaft in Theorie und Praxis eintreten. Von dieser Individualitätsform soll nun die Rede sein. – Doch vorher soll noch vor einer falschen Interpretation des voranstehenden Abschnitts gewarnt werden: der Lohnabhängige, der nur durch das Kapitalverhältnis bestimmt ist, hört bei aller Beschränktheit seiner Persönlichkeitsentwicklung *nie* auf, individuelles

Subjekt zu sein (wie manche spontaneistischen bzw. ultralinken »Theoretiker« immer wieder unterstellen), auch er verändert, auch er wirkt produktiv auf die Gesellschaft ein. Allerdings handelt es sich nur um ein relativ geringeres Aneignungsniveau, und der folgende Abschnitt soll deutlich machen, *wie weit* eine Persönlichkeitsentwicklung auch in der bürgerlichen Gesellschaft gehen kann.

## 3.2 *Der Lohnabhängige als entfaltetes individuelles Subjekt*

Die folgenden Überlegungen analysieren die Möglichkeiten und Grenzen der Persönlichkeitsentwicklung der Lohnabhängigen unter dem Aspekt und der Voraussetzung, daß er als individuelles Subjekt und (damit) Teil des gesellschaftlichen Subjekts als eines Klassensubjekts in der bürgerlichen Gesellschaft ist, daß er das objektive Interesse seiner Klasse am Sozialismus subjektiv-individuell dadurch realisiert, daß er durch seine gesellschaftlichen Aktivitäten die Bedingungen (mit-) schafft, die zur sozialistischen Revolution und zum Aufbau des Sozialismus führen. Das Entscheidende an den folgenden Abschnitten ist die Auffassung, daß dieser Arbeiter als politisches Individuum Mitglied der politischen Partei der Arbeiterklasse sein muß, daß also ein enger Zusammenhang von materialistischer Persönlichkeitstheorie und materialistischer Organisationstheorie besteht. Dieser Zusammenhang ist in dieser Konsequenz von seiten der Kritischen Psychologie noch nicht formuliert worden, sondern er findet sich in den Theorien zu den Entstehungsbedingungen des proletarischen Klassenbewußtseins und ist auch dort nicht ernsthaft umstritten (ein erster Versuch, diesen Ansatz für die Kritische Psychologie fruchtbar zu machen, findet sich in (Asseln/Braun (150) ).

### 3.2.1 *Die revolutionäre Arbeiterbewegung als notwendig politische und organisierte Bewegung*

Der Grundwiderspruch in der bürgerlichen Gesellschaft, nämlich der von gesellschaftlicher Produktion und privater Aneignung, äußert sich auch im Widerspruch von Lohnarbeit und Kapital und existiert als solcher so lange, wie die bürgerliche Gesellschaft existiert. Damit existiert auch die Auseinandersetzung dieser beiden Hauptklassen in den verschiedensten Bereichen der Gesellschaft – oder umgekehrt: alle Auseinandersetzungen in dieser Gesellschaft müssen letztlich auf diesen Widerspruch zurückgeführt werden (womit nicht Differenzierungen eingeegnet, sondern in ihrer Genese überhaupt erst begreifbar werden). Das objektive, sozioökonomisch fundierte Interesse der beiden Klassen ist dabei notwendigerweise ebenfalls antagonistisch: Das Kapital hat ein Interesse an der Aufrechterhaltung des Kapitalverhältnisses (wie weit das zu verstehen ist, läßt sich sowohl aus der Geschichte der bürgerlichen Gesellschaft als auch aus den nationalen Besonderheiten entnehmen), während die Arbeiterklasse ein Interesse an der Aufhebung der Ausbeutung generell hat. Darin liegt die Spezifik des Interesses der Arbeiterklasse, die mit dem Begriff der »historischen Mission der Arbeiterklasse« gefaßt wird[47], denn im Gegensatz zu den früheren revolutionären Klassen, deren objektives Interesse in der Errichtung einer *neuen Klassenherrschaft* bestand, kann die Arbeiterklasse ihre historische Mission, die Überwindung der bürgerlichen Gesellschaft, nur dadurch erfüllen, daß sie *private* Aneignung des gesellschaftlich Produzierten in eine *gesellschaftliche* Aneignung überführt und so eine demokratische, sowie planmäßige und gesteuerte Entwicklung der Gesellschaft ermöglicht (vgl. Hahn (55) 13 ff.). – Die entscheidende Bedingung zur Verwirklichung dieser historischen Mission stellt der politische und organisierte Charakter der Bewegung dar.

Die revolutionäre Arbeiterbewegung ist notwendig eine *politische*, d. h. hier auf die Staatsmacht und die Staatsorganisation bezogene Bewegung, da ein spontanes, inselhaftes ökonomisches Hineinwachsen in den Sozialismus nicht möglich ist. Einerseits würde die nationale und internationale Herrschaft und Macht des Kapitals solche Versuche sofort zunichte machen und andererseits hätte das zur Voraussetzung, daß der erreichte Stand der *gesellschaftlichen* Produktion verlassen und auf das vor-bürgerliche Produktionsniveau zurückgegangen würde, was auch insofern reaktionär wäre, als diese gesellschaftliche Produktion Voraussetzung der gesellschaftlichen Aneignung ist.

Zwar ist die revolutionäre Arbeiterbewegung ihrem Inhalt nach international, sie ist aber der Form nach national, muß in den historisch entstandenen nationalen Gesellschaftsdimensionen die Staatsfrage für sich entscheiden (eine Beschränkung auf lokale Auseinandersetzungen ist also auch nicht möglich) und in diesem nationalen Rahmen entwikkeln sich auch die spezifischen Ausprägungsformen der Arbeiterbewegungen.

Die proletarische Klassenbewegung ist aber nicht nur eine notwendig politische, sondern auch eine notwendig *organisierte* Bewegung (vgl. dazu insgesamt Togliatti (98)). Dies ergibt sich zunächst daraus, daß die Tatsache, daß die sozialistische Revolution die erste Mehrheitsrevolution der Weltgeschichte ist, nur dann zur Wirkung kommen kann, wenn die Konkurrenz und Anarchie innerhalb der Arbeiterklasse (und ihrer

Verbündeten) überwunden wird, wenn an ihre Stelle die Kollektivität der durch die Organisation ermöglichten Aktion tritt. »Das Proletariat besitzt keine andere Waffe im Kampf um die Macht als die Organisation. Durch die Herrschaft der anarchischen Konkurrenz in der bürgerlichen Welt gespalten, durch die unfreie Arbeit für das Kapital niedergedrückt, ständig in den ›Abgrund‹ völliger Verelendung, der Verwilderung und Degradation hinabgestoßen, kann und wird das Proletariat unbedingt nur dadurch eine unbesiegbare Kraft werden, daß seine ideologische Vereinigung auf Grund der Prinzipien des Marxismus gefestigt wird durch die materielle Einheit der Organisation, die Millionen Werktätiger zur Armee der Arbeiterklasse zusammenschweißt« (Lenin, LW 7, 419 f.). Dies belegt die ganze Geschichte der Arbeiterbewegung in allen kapitalistischen Ländern, die ihrer gewerkschaftlichen und politischen Organisationen. – Dies verweist aber auch darauf, daß die Bewußtheit über die sozialen Gesetzmäßigkeiten und Aufgaben der Arbeiterbewegung die politische Organisation ebenfalls zur Voraussetzung haben. E. Hahn hat die wichtigsten Stufen und Elemente des proletarischen Klassenbewußtseins als dem richtigen Bewußtsein über die historische Mission systematisch zusammengestellt (vgl. Hahn (55) 99 f.): 1. Das Selbstbewußtsein der Arbeiterklasse, die Einsicht in den Klassencharakter der Gesellschaft, in den Klassencharakter der bestehenden Interessen; 2. Die Einsicht, daß diese Interessengegensätze der kapitalistischen Gesellschaft unversöhnlich sind, daß daher die Klassenbewegung der Arbeiterklasse notwendig ist, um sie zu überwinden, daß diese Klassenbewegung die Organisierung unumgänglich macht; 3. die Einsicht in den Klassencharakter des Staats und der Politik; 4. die Einsicht, daß es im Ergebnis des gemeinsamen, einheitlichen und organisierten Handelns der Arbeiterklasse möglich ist, nicht nur Einfluß auf die Politik zu nehmen, sondern das bestehende Herrschaftssystem insgesamt zu überwinden; 5. die Einsicht in den Klassencharakter der Macht in den bestehenden sozialistischen Ländern. – Die Entstehung dieses proletarischen Klassenbewußtseins, welches wesensmäßig ein politisches Bewußtsein ist, ist an die Existenz einer politischen Partei der Arbeiterklasse gebunden: Zunächst einmal ist das spontane Bewußtsein, auch der einzelnen Mitglieder der Arbeiterklasse, durch den Warenfetischismus und die aus ihm abgeleiteten Mystifikationen bestimmt. Die objektive Falschheit dieses Bewußtseins und die wirkliche Erkenntnis der sozialen Realität muß aber *wissenschaftlich* erfolgen. Obwohl die ökonomischen Kämpfe der Arbeiterbewegung eine außerordentliche Bedeutung haben (nur Ultralinke können das bezweifeln), beziehen sie sich in letzter Instanz *positiv* auf das Kapitalverhältnis, indem sie unter Akzeptierung seiner Existenz für die Verbesserung der Lage der Arbeiterklasse eintreten. »Die spontane Arbeiterbewegung ist an und für sich nur fähig, Trade-Unionismus hervorzubringen (und bringt ihn auch unvermeidlich hervor), die trade-unionistische Politik der Arbeiterklasse ist aber eben bürgerliche Politik der Arbeiterklasse. Die Teilnahme der Arbeiterklasse am politischen Kampf und selbst an der politischen Revolution macht ihre Politik noch keineswegs zur sozialdemokratischen Politik« (Lenin, LW 5, 452, vgl. 402 f., 429; vgl. Tjaden-Steinhauer (69) 168 f.; vgl. Sandkühler (2) 354 ff.). Das revolutionäre politische Bewußtsein muß über diesen (engen) ökonomischen Rahmen hinausgehen, muß ökonomisches, rein gewerkschaftliches, trade-unionistisches Bewußtsein in sozialistische Bewußtheit transformieren. – Last not least verfügt die herrschende Klasse über unendlich mehr Möglichkeiten zur Verbreitung ihrer Anschauungen und Auffassungen, kann sie – bei aller Falschheit – ein umfassendes (wenn auch selten noch geschlossenes) Weltbild in Gestalt der bürgerlichen Ideologie »anbieten«, dem der Marxismus hinsichtlich des Komplexitätsgrades aufgrund seiner sozialgeschichtlichen Jugendlichkeit *so* nicht gewachsen ist; auch hier drängt sich das mystifizierte Bewußtsein tagtäglich auf. – Diese drei Momente in ihrer inneren *Einheit* machen erst die Notwendigkeit der politischen Partei der Arbeiterklasse für die Bewußtseinsentwicklung klar, erst sie machen jenes so richtige wie angegriffene und umstrittene Theorem klar, daß dieses proletarische Klassenbewußtsein nicht spontan innerhalb der gesamten Arbeiterklasse entsteht, sondern von den bewußten und organisierten Kräften *innerhalb* der Arbeiterklasse *»von außen«* an die spontanen Kräfte innerhalb der Arbeiterklasse bzw. der Arbeiterbewegung herangetragen werden muß. An berühmter Stelle heißt es dazu: »Das politische Klassenbewußtsein kann dem Arbeiter *nur von außen* gebracht werden, das heißt aus einem Bereich außerhalb des ökonomischen Kampfes, außerhalb der Sphäre der Beziehungen zwischen Arbeitern und Unternehmern. Das Gebiet, aus dem allein dieses Wissen geschöpft werden kann, sind die Beziehungen *aller* Klassen und Schichten zum Staat und zur Regierung, sind die Wechselbeziehungen zwischen *sämtlichen* Klassen« (Lenin, LW 5, 436).

### *3.2.2 Die kämpferische Persönlichkeit als höchste Aneignungsstufe in der bürgerlichen Gesellschaft*

Die revolutionäre Arbeiterbewegung und damit auch die politische Partei der Arbeiterklasse existieren nicht als abgeschiedene Wesenheiten, sondern durch die kämpferischen Persönlichkeiten hindurch, also diejenigen, die unter den konkret-historischen Bedingungen der bürgerlichen Gesellschaft das Optimum an gesellschaftlicher und damit individueller Lebenskontrolle entwickelt haben. »Solange die bewußte gemeinsame Planung menschlicher Lebensverhältnisse unter Beteiligung aller, darin die vielseitige Entfaltung menschlicher Lebensmöglichkeiten, nicht gesellschaftliche Wirklichkeit geworden ist, ist der *bewußte solidarische Kampf um die Schaffung einer solchen gesellschaftlichen Wirklichkeit die einzige sinnvolle übergreifende Lebensperspektive.* Die ›*gemeinsame Sache*‹, über welche die Menschen verbunden sind, ist hier die *sozialistische Perspektive kritischer gesellschaftlicher Praxis;* diese Perspektive mündet mit dem Grad ihrer Verwirklichung in die gemeinsame Sache bewußter gesellschaftlicher Lebensgestaltung unter Beteiligung aller ein« (Holzkamp (129) 263). – In der bürgerlichen Gesellschaft schafft sich die bürgerliche als herrschende Klasse ihre Organisationen und Institutionen, die nach Form und Inhalt ihre Herrschaft sichern und damit die beherrschte und ausgebeutete Klasse von der gesellschaftlichen und damit individuellen Lebenskontrolle ausschließt. Daher muß sich die beherrschte Klasse, die Arbeiterklasse, selbst Organisationen schaffen, die ihrerseits ihrem Klasseninteresse entsprechen und die ihr daher ihren *klassenspezifischen Zugang zum Sozialerbe* sichern; die wichtigste dieser Organisationen ist die politische Partei. Sie ermöglicht im Rahmen der Arbeiterbewegung eine Einflußnahme auf die gesellschaftlichen Lebensverhältnisse und damit ihren Mitgliedern auch eine gewisse Kontrolle ihrer individuellen Lebensverhältnisse. Es werden damit Ebenen der gesellschaftlichen Wirklichkeit für den einzelnen Arbeiter bewußt zugänglich, die ihm als isoliertem Individuum weitgehend bis völlig unzugänglich waren bzw. auf die er bisher nur passiv reagiert hat. Anders und noch prinzipieller gesagt: Nur vermittels der politischen Partei vermag der einzelne Arbeiter die Möglichkeiten der gesellschaftlichen und individuellen Lebenskontrolle auszuschöpfen (andere Klassenorganisationen sind dieser Möglichkeit nachgeordnet, wie im nächsten Abschnitt erläutert wird), wobei dies selbstverständlich nicht mit wirklicher und vollständiger Lebenskontrolle verwechselt werden darf, denn: 1. verhindert dies der auch in der staatsmonopolistischen Phase noch vorhandene anarchische Charakter der bürgerlichen Produktionsverhältnisse und 2. werden Verlauf und Charakter der Arbeiterbewegung notwendig auch bestimmt von den Maßnahmen der herrschenden Klasse, kommt es nur selten zu einem Patt in diesen politischen Auseinandersetzungen, gibt es ein Übergewicht der Arbeiterbewegung nur in der Phase der sozialistischen Revolution.

Die Vermittlungsinstanz zwischen gesellschaftlichen Klassenverhältnissen und ihren Klassenbewegungen und der einzelnen kämpferischen Persönlichkeit bildet die politische Partei, sie ist die Instanz, die gegenüber dem einzelnen Individuum als gesellschaftliche Anforderung auftritt. Erinnern wir uns nochmals an Sèves Kategorie der Individualitätsform; damit werden die notwendigen »Aktivitätsmatrizen, die den Individuen *objektiv bestimmte* gesellschaftliche Charaktere aufprägen« (Sève (146) 267) erfaßt. Diese Vermittlung ist notwendig, weil eine *spontane* und unvermittelte Aneignung dieser neuen Bereiche des Sozialerbes (wie übrigens überhaupt des Sozialerbes auf dem gegenwärtigen Entwicklungsniveau) aus vielfältigen Gründen nicht möglich ist: die Gesamtheit der Aneignungsinhalte ist derart umfassend und komplex, daß ein Individuum allein dies nicht bewältigen kann, und ebenso ist es für den einzelnen unmöglich, deren ständige Veränderung mitzuvollziehen; die Erfahrung der revolutionären Arbeiterbewegung (in ihrer Gesamtheit) muß organisatorisch gespeichert sein und als solche weitervermittelt werden; die Aneignung erfolgt selbst – abgesehen von der aktiven Teilnahme am praktisch-politischen Kampf – in einem langen Erziehungsprozeß, der selbst die vorgenannten Momente systematisch vermittelt.

Der Zugang zu neuen Bereichen und Ebenen der gesellschaftlichen Wirklichkeit verstärkt die Notwendigkeit der Arbeitsteilung, der allgemeinsten Grundlage der Individuation. Im Gegensatz zur herrschenden Arbeitsteilung, die zur Verkümmerung der Individuen führt, ist diese aber *nicht borniert,* denn die für die herrschende Arbeitsteilung typische Entgegensetzung von gesellschaftlicher Notwendigkeit, Bedeutung und individuellem Sinn gibt es hier nicht. Einerseits ist diese Arbeitsteilung eine notwendige, um die optimale Schlagkraft zu entfalten (was auch im Interesse des Einzelnen ist) und andererseits ermöglicht der nicht-bornierte Charakter die Einordnung der spezifischen individuellen Fähigkeiten und Aktivitäten (diese werden gezielt gefördert) theoretisch wie praktisch-politisch in die Gesamtbewegung, die Einschätzung ihrer Bedeutung und Grenze. Ferner findet keine blinde Beschränkung auf eine Detailarbeit statt, sondern im Rahmen der Schwerpunktsetzungen der politischen Arbeit und deren notwendigen Veränderungen verändern sich auch die individuellen Aktivitätsanforderungen. Der *bewußte* Charakter dieser Arbeitsteilung wird besonders an der tendenziellen Einheit von Hand- und Kopfarbeit deutlich, denn für den Handarbeiter wird die theoretische und ideologische Qualifizierung aufgrund der Notwendigkeit der *wissenschaftlichen* Begründung der Politik zum individuellen Entwicklungserfordernis, während der Kopfarbeiter seine Bornierung durch die praktisch-politische Teilhabe an der Arbeiterbewegung tendenziell überwindet. (Die politische Partei braucht keine »Aufklärer«.) Damit entsteht auch ein neues Niveau der Einheit von Wissenschaft und Alltag. »Die Gesellschaftswissenschaften nehmen Einsichten, die durch die Verschärfung gesellschaftlicher Widersprüche im Alltag hervortreten, in methodisch strenger und gedanklich disziplinierter Weise auf und spiegeln diese Erkenntnisse korrigiert, verallgemeinert, vertieft ins allgemeine Bewußtsein zurück; das Verhältnis des wissenschaftlichen Begreifens zum alltäglichen Begreifen ist hier also nicht das des einseitigen Gebens, sondern eine komplizierte Wechselwirkungsbeziehung (wobei es vom Aspekt abhängt, welches Relat als wichtiger anzusprechen ist)« (Holzkamp (129) 367). Dies führt darüber hinaus auch zu einem neuen Niveau der Einheit von Gegenstand- und Symbolbedeutungen und damit zu einem neuen, harmonischeren Niveau der Persönlichkeitsentwicklung. »Ein solches Begreifen ist auch deswegen nicht einfach an die ›Wissenschaft‹ delegierbar, weil nicht lediglich durch äußerliche Adaption vorhandenen Wissens, sondern nur im Vollzug einer eindringenden gnostischen Aneignung der gesellschaftlichen Realität des Kapitalismus die Welt- und Selbstsicht des Menschen so umgestaltet werden kann, daß sie eine Veränderung der individuellen Lebensführung von utilitaristischer Praxis zu bewußt-kritischer, aus der Einsicht in gesamtgesellschaftliche Notwendigkeiten entspringender Praxis zwingend einschließt« (a.a.O., 366; alle Sperrungen entfernt, K.-H. B.). – Zugleich mit dieser tendenziellen Überwindung der Trennung von geistiger und körperlicher Arbeit vollzieht sich im Rahmen der Aufhebung der bornierten Arbeitsteilung die Aufhebung (der Tendenz nach) der Trennung von »Beruf« und »Freizeit«. Die Widersprüchlichkeit des Berufslebens (Teilhabe aber keine Kontrolle) und der Freizeit (Kontrolle aber keine Teilhabe) ist durch die Stellenwertbestimmung der einzelnen gesellschaftlichen und individuellen Lebensbereiche im Gesamtprozeß aufgehoben.

Wenn K. Marx und F. Engels schon vor über 100 Jahren meinten, daß sich – herrschenden Vorurteilen zum Trotz – gerade unter den Proletariern noch die meiste Individualität herausbilde (vgl. Marx/Engels, MEW 3, 212), so hat dies auch seine Wahrheit darin, daß die Anforderungen der Arbeiterbewegung gleichermaßen zur Stabilität und Flexibilität führen. Dabei entwickelt sich die individuelle *Stabilität* sowohl aus dem Handlungs- und Bewußtseinsreichtum als auch aus der Langfristigkeit der hier vertretenen und realisierten historischen Perspektive und ihren zugrundeliegenden sozialen Gesetzen; die *Flexibilität* entwickelt sich durch die gleichzeitige historische Neuartigkeit der Aufgabe, des Arbeitens für die zukünftige Weiter- und Höherentwicklung der Gesellschaft, zu deren Realisierung es keine ausgetretenen Pfade gibt. »Dies ist gewissermaßen eine objektive Forderung. Man muß die Kraft haben, in jeder Etappe des Kampfes ausgetretene Pfade verlassen zu können; man muß klug und kühn an die Lösung neu aufgetretener Probleme herangehen. Und das setzt zwangsläufig die bewußte und aktive Teilnahme der Parteimitglieder am Leben der Partei, ihr Mitdenken, den Austausch ihrer Ideen und die ständige Entwicklung ihrer schöpferischen Fähigkeiten voraus. Die Wirksamkeit unserer Aktionen hängt allein davon ab« (Marchais (61) 187). – Diese notwendige Einheit von Stabilität und Flexibilität entwickelt sich auch und gerade in den »Massenbeziehungen« der kämpferischen Persönlichkeit. Entgegen allen häufig formulierten Bedenken und Unterstellungen entwickelt sich die politische Partei primär durch ihre politische Arbeit (im umfassenden Sinne) in der gesamten Arbeiterklasse und ihren Verbündeten, durch die ständige Überzeugungsarbeit, durch die Initiierung und Teilnahme an den verschiedensten ökonomischen, sozialen und politischen Auseinandersetzungen. Die Vielfältigkeit der sozialen Beziehungen innerhalb wie auch außerhalb der Organisation begründen das hohe Aneignungsniveau der kämpferischen Persönlichkeit. Sie sind eine politische Notwendigkeit, weil die sozialistische Revolution eine Mehrheitsrevolution ist, und es sie nur geben kann, wenn die überwältigende Mehrheit der Bevölkerung sie trägt und unterstützt. – Die »Massenbeziehungen« können sich aber nur herausbilden, wenn die kämpferische Persönlichkeit selbst überzeugend für diese Ziele eintritt, wenn sie sich von neuen, klassenmäßigen moralischen Prinzipien leiten läßt, wenn sie Konformismus und Heuchelei, Konkurrenz und Karrierismus, Verantwortungslosigkeit und Selbstzufriedenheit überwindet und stattdessen Kampfgeist und Gerechtigkeitssinn, Kollektivität und Bescheidenheit, Kritik und Selbstkritik zu selbstverständlichen Momenten ihres Lebens macht.

Wir werden jetzt versuchen, diese umfassenden Merkmale zu differenzieren gemäß den verschiedenen Ebenen der Persönlichkeitsentwicklung (soweit dies beim gegenwärtigen Forschungsstand möglich ist). – Die *Handlungen* der kämpferischen Persönlichkeit weisen ein qualitativ höheres Maß an intellektueller Regulation auf; dies gilt sowohl für die Planerzeugung als auch die Realisierungskontrolle. Am weitesten ist dies innerhalb der politischen Partei entwickelt, in der die Politik allseitig erörtert, beschlossen, durchgeführt und kontrolliert wird, in der also jeder einzelne an der wissenschaftlich begründeten Planung und Realisierung gewisser gesellschaftlicher und damit auch seiner individuellen Lebensprozesse gleichberechtigt teilhat. Außerhalb der politischen Organisation ist dies zwar begrenzter, wenngleich eben doch vorhanden und von der konkreten politischen Stärke der Arbeiterbewegung abhängig. Auch entfällt damit tendenziell die vertikale Parzellierung, weil die Borniertheit der Arbeitsteilung in gewissem Maße aufgehoben wurde. In diesem Zusammenhang ist auch die Handlungseffizienz von Bedeutung: da die langfristigen historischen Perspektiven, vermittelt über die aktuellen Erfordernisse, die Grundlage der Persönlichkeitsentwicklung bilden, ist sie prinzipiell von hoher Effizienz. Prinzipiell heißt dabei: in jedem Falle längerfristig, denn das aktuelle Scheitern bestimmter Handlungen im Rahmen bestimmter Aktionen aufgrund des momentanen Kräfteverhältnisses macht sie damit noch nicht sinnlos. Ihre aktuelle Effizienz wird nochmals dadurch gesteigert, wenn sie an den *wichtigsten* Erscheinungen der *wichtigsten* gesellschaftlichen Gesetze ansetzt (weil dann mit einem relativ geringen Handlungsaufwand ein relativ großer Handlungserfolg erzielt werden kann). – Die *kognitiven Prozesse* sind wesentlich durch ihren wissenschaftlichen und subjekthaften Charakter gekennzeichnet: einerseits sind die Mystifikationen und Erscheinungen der bürgerlichen Gesellschaft als solche und in ihren Ursachen erkannt, und andererseits (daraus folgend) ist die Entsubjektivierung der Problementstehung, der Problemstellung und der Ziel-Mittel-Bestimmung in ihrer Einheit Grundlage des Denkens, damit begreifendes Denken. Die Subjekthaftigkeit äußert sich in der neuen Einheit von Gesellschafts- und Selbsterkenntnis. »Der faktische Zusammenhang zwischen Erkanntem und Erkennendem ist in bloß orientierendem Erkennen von einem scheinbaren ›Standpunkt außerhalb‹, das sich einer naturhaften, lediglich gegebenen Welt, mit der der Mensch nichts zu tun hat, gegenübergestellt sieht, nicht reflektiert; der faktische Zusammenhang wird in begreifendem Erkennen zum gewußten Zusammenhang; es umschließt die Einsicht, daß durch die Vermittlung zwischen menschlicher Gesellschaft und gesellschaftlichem Menschen (in jeweils historischer Bestimmtheit) *die Erkenntnis der gesellschaftlichen Realität und die Erkenntnis des eigenen Selbst in gewisser Weise zwei Seiten des gleichen Erkenntnisprozesses sein müssen, wirkliche Gesellschaftserkenntnis immer auch Selbsterkenntnis impliziert und umgekehrt«* (Holzkamp (129) 369). – Ebenso entwickelt die kämpferische Persönlichkeit im Bereich der sinnlich-vitalen wie auch und besonders im Bereich der produktiven *Bedürfnisse* und *Motivationen* neue Momente; die kontinuierliche und stabile »Übersetzung« der objektiven in subjektiv personale und sachliche Gegenstandsbedeutungen sichert ihre psychische Stabilität, ermöglicht die in die Zukunft gerichtete, zielstrebige, über den eigenen, engen Lebenshorizont hinausblickende Aktivität. »Ziele, sofern sie motiviert, d. h. aus Einsicht in ihre Bedeutung für die Erweiterung der allgemeinen Lebensbedingungen übernommen werden können, sind die praktische Verankerung des Individuums in der Zukunft, Fixpunkte, die der Entwicklung Ausrichtung und Stabilität geben, quasi die Ersetzung der durch die biologische Festgelegtheit des Verhaltens bedingten Sicherheit durch die bewußte Planung der Bedürfnisbefriedigung, d. h. die Festlegung in die Zukunft hinein. Ziele kennzeichnen den eigenen Standpunkt als Voraussetzung des Erkennens der im Verhältnis zu den anderen bestehenden Interessensgleichheiten oder auch Interessengegensätze als wesentlicher Grundlage des bewußten Handelns. Mit der motivierten Übernahme der gesellschaftlichen Anforderungen durch das Individuum, der immer die Einschätzung ihrer möglichen Realisierung vorangegangen ist, wird in gewisser Weise die Verantwortung für ihre Verwirklichung akzeptiert, so daß Mißerfolge sich unmittelbar auf die Selbsteinschätzung auswirken« (H.-Osterkamp (134) 78 f.).

So wie die revolutionäre Arbeiterbewegung die Antizipation einer neuen Gesellschaftsformation darstellt, so antizipiert die kämpferische Persönlichkeit die sozialistische Persönlichkeit. Antizipation hießt hier, daß beide einerseits über die bestehenden herrschenden und dominanten gesellschaftlichen Verhältnisse hinausgehen, daß sie aber andererseits noch nicht dominant, sondern untergeordnet sind, also Andeutungen und Ansatzpunkt zur Entstehung des Neuen, aber nicht schon dieses selbst.

Mit der Individualitätsform der »kämpferischen Persönlichkeit« haben wir das Verhältnis von gesellschaftlichem und individuellem Subjekt in der bürgerlichen Gesellschaft konkretisiert und zugespitzt. Die politische Partei der Arbeiterklasse als das entscheidende gesellschaftliche Subjekt bringt einerseits die kämpferische Persönlichkeit hervor und hat es andererseits zur Voraussetzung. Dabei wird nicht nur die Einheit von gesellschaftlichem und individuellem Subjekt deutlich, sondern auch die letztliche Dominanz des gesellschaftlichen gegenüber dem individuellen. Damit sehen wir auch, wie recht Holzkamp mit seiner Auffassung hat (wir zitierten sie schon in der Einleitung), daß die gesellschaftlichen Subjekte reale Zusammenfassungen sind »der bewußten, aktiven Lebenspraxis bestimmter Gruppen oder Klassen . . . aufgrund der *erkannten gemeinsamen Betroffenheit von objektiven Notwendigkeiten gesellschaftlicher Realitätsveränderung;* . . . Die *individuellen* Subjekte verhalten sich demnach zu den gesellschaftlichen wie das Besondere und Einzelne zum Allgemeinen . . . »(Holzkamp (130) 58) und zugleich zeigt, *was* damit hier und heute gemeint ist. Direkt politisch hatten Marx und Engels dies schon vor über 100 Jahren gesagt, als sie über den Arbeiter schrieben: »Sie befinden sich daher auch im direkten Gegensatz zu der Form, in der die Individuen der Gesellschaft sich bisher einen Gesamtausdruck gaben, zum Staat, und müssen den Staat stürzen, um ihre Persönlichkeit durchzusetzen« (Marx/Engels, MEW 3, 77).

### *3.2.3 Übergangsstufen zur kämpferischen Persönlichkeit*

In den beiden vorangegangenen Oberabschnitten waren einerseits das durchschnittlich-geringste und das höchste Aneignungsniveau des Lohnarbeiters in der bürgerlichen Gesellschaft Gegenstand der Analyse, womit die Grenzen der Gesamtproblematik abgesteckt sind. Nun gibt es sowohl als Resultat differenzierter gesellschaftlicher Anforderungen als auch als Stufen der individuellen Entwicklung eine Vielzahl von Übergangsstufen zwischen diesen beiden Entwicklungspolen, und es ist theoretisch wie praktisch außerordentlich *wichtig*, gerade diese Übergangsstufen zu analysieren, weil damit auch Aufschlüsse darüber ermöglicht werden, *wie* jemand zur aktiven politischen Teilhabe am gesellschaftlichen Prozeß sich entwickelt, was diese Entwicklung fördert und was sie hemmt; kurz, in dieser Fragestellung kommt das *praktische* Interesse erst wirklich zum Tragen. Dabei ist auch hier unser prinzipieller Ansatz zu erproben, daß bestimmte gesellschaftliche Anforderungen und Interessen sich in spezifischen gesellschaftlichen Organisationen niederschlagen, sich in ihnen konkretisieren und so dem Individuum als Entwicklungserfordernis gegenüber treten, daß also die gesellschaftlichen Organisationen jenes Zwischenglied zwischen gesellschaftlichen Klassenverhältnissen und Persönlichkeit bilden.

In vielen gesellschaftlichen Teilbereichen bilden sich Organisationen heraus, die die Artikulation und Durchsetzung bestimmter Partialinteressen zum objektiven und subjektiven Ziel haben; so sind gerade in der BRD in den letzten Jahren z. B. sehr viele Bürgerinitiativen gegründet worden, etwa zum Umweltschutz, gegen die Kernkraftwerke, gegen die Berufsverbote. Die Bedeutung einer solchen Organisation (die ja auch ein gesellschaftliches Subjekt ist) und damit auch dieses Aneignungsniveaus hängt einerseits von der Bedeutung des gesellschaftlichen Teilbereichs ab (sie ist bei Kernkraftwerken sehr viel höher als bei Kunstausstellungen) und andererseits vom Maß des politischen Charakters dieser Organisation, also inwieweit dieser Bereich und seine Bewegung sich mit der Gesamtgesellschaft und der Gesamtbewegung vermittelt (aufgrund der zunehmenden Vergesellschaftung aller Bereiche der Gesellschaft wächst auch ständig die Bedeutung der Einzelbereiche und damit auch der Einzelbewegungen). Für die individuelle Entwicklung ist hierbei entscheidend, inwieweit (auf allen Ebenen) die Konkurrenz überwunden und die Kollektivität und Solidarität entwickelt wird, d. h. in welchem Maße der Einzelne die »gemeinsame Sache« zur Grundlage seiner Lebensführung macht. Ausgehend von der Bestimmtheit des einzelnen Arbeiters durch das Kapitalverhältnis, haben wir schon erläutert, »daß der Einzelne hier auf einseitige Weise von den gesellschaftlichen Mächten abhängig ist, da er zwar zur Erhaltung seines individuellen Lebens die Individualitätsform realisieren muß, die ›Gesellschaft‹ aber zu ihrer Lebenserhaltung nicht auf den jeweils individuellen Beitrag, sondern nur auf den Beitrag der Gesamtheit der der Individualitätsform subsumierten Gesellschaftsmitglieder ›angewiesen‹ ist. Diese einseitige Abhängigkeit ist nur durch den organisierten Zusammenschluß aller der jeweiligen Individualitätsform untergeordneten Individuen zu kompensieren, da so die Wechselseitigkeit der Abhängigkeit der gesellschaftlichen und individuellen Lebenserhaltung wieder hergestellt ist, also die Angehörigen einer Individualitätsform auf den gesellschaftlichen Prozeß und damit Kontrolle über ihre eigenen Lebensbedingungen erreichen können« (H.-Osterkamp (133) 80 f.).

Die wichtigste gesellschaftliche Organisation der Arbeiterbewegung ist nach der politischen Partei die *Gewerkschaft,* deren Bedeutung sich sowohl aus der Notwendigkeit der ökonomischen Kämpfe zur Erhaltung/Verbesserung der Lage der Arbeiterklasse innerhalb des Kapitalismus als auch als Durchgangsstadium zu höheren individuellen Entwicklungsstufen ergibt. Gegenüber der politischen Partei, die das gesamtgesellschaftliche Entwicklungsinteresse vertritt, vertreten die Gewerkschaften zunächst (von ihrer immanenten Entwicklung her) und primär das Partialinteresse der Arbeiterklasse gegenüber dem Kapital zur Verbesserung der ökonomischen Lage und den *damit* verbundenen politischen Erfordernissen; soweit sie Politik machen (und sie machen sie und müssen sie machen), wie man gleichermaßen aus der historischen Erfahrung wie aus der theoretischen Analyse erschließen kann), verbleibt diese – soweit sie *aus sich heraus,* aus der gewerkschaftlichen Praxis selber heraus entwickelt wird – im Rahmen der bürgerlichen Gesellschaft (was allerdings ein sehr weiter Rahmen ist) und ist insofern reformistische Politik (was kein Schimpfwort, sondern eine politische Kategorie ist). – Eine Vielzahl konkreter Streikanalysen hat hinreichend bewiesen, daß Grad der gewerkschaftlichen Organisiertheit, Möglichkeiten der institutionalisierten und realisierten Mitbestimmung sowie die Kampferfahrungen zu den wesentlichen Determinanten der gewerkschaftlichen Kämpfe, ihren Erfolgsaussichten, ihren aktuellen Niederlagen, gehören.[48]

Im Rahmen der an Lenin anschließenden Typologien des gesellschaftlichen Bewußtseins der Arbeiterklasse (vgl. Lenin, LW 5, 369 ff., 417 ff.) ist das gewerkschaftliche Bewußtsein als »Lagebewußtsein« der Arbeiterklasse bezeichnet worden (vgl. Deppe (51) 194 ff.; Tjaden-Steinhauer (69) 160 ff.). Es ist ein in den Grenzen der bürgerlichen Gesellschaft befangenes Bewußtsein, welches zwar um die sozialen Klassen und ihre entgegengesetzten Interessen weiß und sie auch *vertritt*, das aber diese Klassenverhältnisse letztlich verewigt und nicht die Möglichkeit und Notwendigkeit ihrer Aufhebung kennt. – So sehr damit die Grenzen dieser Individualitätsform bestimmt sind, so wenig soll deren fundamentale Bedeutung geleugnet werden. Der bekannte Streik bei Pirelli 1969 hat gezeigt, daß sich im Rahmen gewerkschaftlicher Kämpfe Persönlichkeitsstrukturen herausbilden können, die bestimmte relevante Momente der Klassenverhältnisse zum Ausdruck bringen. Der exemplarische Charakter dieses Streiks lag darin, daß die streikenden Arbeiter durch Festlegung von alternativen Normen relative und zeitlich begrenzte Kontrolle über den Produktionsprozeß erzwangen. »Die Bedeutung dieser Aktion liegt weniger in der erfolgreichen Durchsetzung gewerkschaftlicher Forderungen, als vielmehr in der durch den Kampf bestätigten Erfahrung, daß die Arbeiter sich ihrer Produktionsbedingungen, die ausschließlich der Kontrolle des Kapitals unterliegen, zu bemächtigen vermögen und so – zumindest kurzfristig – die Produktion steuern und organisieren. Zugleich aber belegt dieses Beispiel, welcher Anstrengungen es unter kapitalistischen Bedingungen bedarf, damit die Arbeiter den gesellschaftlichen Charakter des Arbeitsprozesses – im wahrsten Sinne des Wortes – begreifen lernen« (Deppe (51) 187).

Eine Unterschätzung der Bedeutung der ökonomischen Kämpfe ist aber nicht nur deshalb völlig desorientierend, weil damit der notwendige Ausgangspunkt individueller Kampfteilnahme bzw. gesellschaftlicher Auseinandersetzungen allgemein verkannt wird, sondern weil auch gerade unter den Bedingungen des staatsmonopolistischen Kapitalismus die Verschmelzung von Monopol und Staat immer stärker als ein politisches Moment in die ökonomischen Kämpfe hineinwirkt. »Die heute weithin anerkannte engere Verflechtung zwischen dem ökonomischen und dem politischen Kampf der Arbeiterbewegung besteht also weniger darin, daß zahlreiche Forderungen der Arbeiterbewegung, die die Reproduktion der Arbeitskraft betreffen, an den bürgerlichen Staat gerichtet werden, sondern darin, daß sie Auseinandersetzungen mit dem Staat um die Verwirklichung dieser Forderungen den inneren Widerspruch wie die fundamentale gesellschaftliche Funktion des Staates deutlich werden lassen – daß also die Grenzen staatlicher Kompromißfähigkeit stets die Funktionalität der staatlichen Intervention für die Sicherung des kapitalistischen Herrschaftssystems insgesamt deutlich erkennen lassen« (Asseln/Deppe (81) 116). Dabei »fördert die Konfrontation der Arbeiterbewegung mit dem bürgerlichen Staat notwendig die Einsicht, daß die Bestandsgrenzen des staatlichen Handelns nur durch die qualitative Veränderung der politischen Machtverhältnisse und – in der Folge – des gesellschaftlichen Inhalts der Staatstätigkeit überwunden werden können« (a.a.O., 116 f.). Insofern darf das Entwicklungsniveau der »nur« ökonomischen, häufig auch rein betrieblichen, Kämpfe um gewisse Einzelverbesserungen den gesamtgesellschaftlichen und politischen Auseinandersetzungen nicht entgegengesetzt werden, sondern sie müssen – gesellschaftlich wie individuell – als Entfaltungsgrade bzw. Aneignungsstufen begriffen werden, die aufeinander aufbauen, also organisch verbunden und vermittelt sind. Nur so kann die gesellschaftlich begründete individuelle Logik des Übergangs von Keimformen der kämpferischen Persönlichkeiten zu vollentfalteten politischen Persönlichkeiten angemessen begriffen werden (vgl. unter dem spezifischen Aspekt der Entwicklung des Staatsbewußtseins bei Arbeitern Deppe (50) 422, 430 ff.).

Was sich vom Standpunkt der gesellschaftlichen Verhältnisse als widersprüchliche Entwicklungsmöglichkeiten darstellt, sind vom Standpunkt des Individuums widersprüchliche Entwicklungs*anforderungen* und damit mögliche Entwicklungs*alternativen*, d. h. die gesellschaftlichen Entwicklungsnotwendigkeiten in ihrer ganzen Widersprüchlichkeit und Differenziertheit »übersetzen« sich in unterschiedliche individuelle Entwicklungslogiken. Will man nicht objektivistisch verfahren, so ist notwendig, die Vermittlung der gesellschaftlichen Widersprüchlichkeiten und deren Entfaltungsgrad durch den Aneignungsprozeß in die Individuen hinein zu verfolgen. Anders formuliert: *Wie* wird eine Persönlichkeit zu einer kämpferischen Persönlichkeit? – Da dies die eigentliche und dringlichste *Forschungsaufgabe* darstellt (zu der dieses Buch zunächst einmal die Grundlagen und den Rahmen abstecken möchte), soll hier nur auf einige Momente in diesem Entwicklungsprozeß eingegangen werden.

Wir haben die Notwendigkeit der politischen Partei der Arbeiterklasse u. a. aus der Notwendigkeit der *wissenschaftlichen* Erkenntnis der gesellschaftlichen Verhältnisse begründet, also damit, daß die sachlichen und personalen Gegenstandsbedeutungen und die sich darauf beziehenden Symbolbedeutungen in ihrer Scheinhaftigkeit und in ihrer Widersprüchlichkeit also Wirklichkeit erkannt werden müssen (auf diesen Aspekt beziehen sich die meisten Analysen zum Arbeiterbewußtsein). Wir haben ebenfalls dargelegt, daß die objektiven Gegenstandsbedeutungen (und Symbolbedeutungen) in subjektive »übersetzt« werden müssen, damit aus ›Bedeutungen an sich‹ ›Bedeutungen für das konkrete Individuum‹ werden. Bei diesem Aneignungsvorgang sind die *emotional-motivationalen Prozesse* von entscheidender Bedeutung: So wenig es unter bürgerlichen Verhältnissen für die Lohnarbeiter zu einer wirklichen Befriedigung ihrer »produktiven Bedürfnisse« kommen kann, so wenig wäre es richtig, von einer völligen, »totalen« Abwesenheit dieses Bedürfnisses auszugehen. »Vielmehr liegt gerade in dem Widerspruch, daß die ›produktive‹ Motivation, die einerseits durch die kognitive Erfassung der objektiven gesellschaftlichen Bedeutung der kooperativ anzustrebenden Ziele aktualisiert wird, andererseits durch die Erkenntnis des Ausgeschlossenseins von der kooperativen Planung, der Zielerreichung und gemeinschaftlichen Verfügung über den geschaffenen Reichtum radikal unterdrückt wird, das wesentliche Charakteristikum der ›subjektiven‹ Situation des Lohnarbeiters« (H.-Osterkamp (133)89). Die Bewegung dieses Widerspruchs von produktiver Motivation und Ausgeschlossensein ist also entscheidend: sie kann einerseits zu Formen der individuellen Realitätsabwehr führen (dies wird in der Psychoanalyse unter dem Begriff »Rationalisierung« diskutiert), sie kann aber auch zur Höherentwicklung führen durch extensive Erprobung, Nutzung und damit Veränderung der »Grenzen«. »Eine wesentliche Bedingung für die ›Motivation‹ des Einzelnen, an diesem Kampf teilzunehmen, ist die subjektive Erfahrung sowohl der prinzipiell bestehenden Lebensmöglichkeiten als auch der objektiv durch das Kapital gesetzten Entwicklungsschranken und die Notwendigkeit ihrer Überwindung als Durchsetzung der allgemeingesellschaftlichen, damit eigenen Interessen. Diese Erfahrung kann er aber im wesentlichen nur dadurch gewinnen, daß er in der extensiven Nutzung der in den Individualitätsformen bestehenden Handlungsräume an die objektiven, durch das Partialinteresse des Kapitals gesetzten Grenzen stößt und somit die Illusion der ›Freiheit‹ verliert, – eine Illusion, die nur solange aufrechtzuerhalten ist, wie man diese Grenzen ›freiwillig‹ niemals berührt und lediglich zwischen den ›zugelassenen‹, im Hinblick auf eine wirkliche Erweiterung menschlicher Lebensmöglichkeiten gleichgültigen Alternativen ›wählt‹« (a.a.O., 86 f.). Es ist also die Teilnahme an den verschiedenen sozialen Bewegungen bzw. an bestimmten Aktionen und Auseinandersetzungen und das Maß der Teilhabe daran, welches der grundlegende

Motor der Entwicklung zur kämpferischen Persönlichkeit darstellt. – Es ist also grundlegend falsch (und an dieser Stelle rächt sich, daß seine Persönlichkeitstheorie nicht konsequent mit der Klassentheorie verbunden ist), wenn Sève den Ausgangspunkt zu dieser Entwicklung im Ansetzen an den konkreten Aspekten der abstrakten Arbeit sieht (vgl. Sève (146) 384), denn dies ist sowohl »Kapitallogik«, weil die theoretische Ausgangsabstraktion zum Ausgangspunkt der realen Entwicklung erhoben wird, als auch individualistisch, weil damit von der Veränderung der eigenen Lebensführung hin zu bewußter Auseinandersetzung und Grenzerprobung und damit Grenzverschiebung weitgehend abstrahiert wird (vgl. Braun (152) 127 f). – Der Prozeßcharakter dieser »Erprobung« liegt sowohl darin, daß sie selbst nur in der aktiven Interessenvertretung möglich ist, als auch darin, daß durch sie immer neue Bereiche und Ebenen des Sozialerbes zugänglich werden, auch gegenüber sich selbst »erkämpft« werden. Mit dieser Erprobung und Veränderung des eigenen Lebenshorizonts sind zwei Momente verbunden: einmal bedeutet Veränderung der eigenen Lebensverhältnisse und damit der eigenen Persönlichkeit grundlegend Veränderung der Qualität der sozialen Beziehungen. »Jeder Schritt der individuellen Entwicklung bedeutet notwendig eine Labilisierung der bestehenden Basis der Umweltbeziehungen, eine Umstrukturierung der bisherigen Erfahrungen und Beziehungen und – infolge der mit neuen Handlungsmöglichkeiten verbundenen erweiterten Möglichkeiten zur Einflußnahme auf die allgemeinen Lebensbedingungen – auch die Veränderung der Beziehungen zu den anderen« (H.-Osterkamp (134) 74). Dabei meint Veränderung sowohl Vertiefung der bestehenden (oder wenn dies nicht gelingt deren Abbruch) als auch Aufbau neuer sozialer Beziehungen entsprechend dem neuen Anforderungs- und Anspruchsniveau. – Zum anderen sind solche Umstrukturierungen mit emotionalen Veränderungen verbunden, in solchen Prozessen treten positive bzw. negative Emotionen auf. »Positive Emotionen auf spezifisch menschlichem Niveau entstehen vorwiegend in der gelungenen Auseinandersetzung mit der Umwelt, der kognizierten Möglichkeit der Beherrschung und Erweiterung lebenswichtiger Bezüge und den dadurch bedingten Möglichkeiten der Befriedigung der Bedürfnisse. Positive Emotionen gehen mit der Erweiterung der Lebensbezüge einher, die immer Anzeigen dafür sind, daß man den Verhältnissen nicht einfach ausgeliefert ist, sondern diese beherrscht bzw. prinzipiell über den Zusammenschluß mit anderen beherrschen kann. Negative Emotionen entstehen dann, wenn man zur Sicherung des Bestehenden zum Handeln gezwungen ist, ohne daß die Voraussetzungen für ein erfolgreiches Handeln gegeben wären, so daß mit der Bedrohung des gegebenen Existenzniveaus zugleich sich die mangelnde Kontrolle über die eigenen Lebensbedingungen, die Ausgeliefertheit an die Verhältnisse und damit die prinzipielle, d. h. auch zukünftige Existenzbedrohung bestätigt« (a.a.O., 76). Unter den Bedingungen bürgerlicher Lebensverhältnisse treten in praktisch allen Entwicklungsphasen beide Arten von Emotionen auf. Phasen der Höherentwicklung sind dabei hauptsächlich, also nicht nur, von der Verstärkung der positiven Motivation geprägt und getragen; obwohl – im Verhältnis zur Motivationslage nach Erreichung der höheren Aneignungsniveaus – die negativen Motivationen stärker sind in der Umstrukturierungsphase. Reziprok dazu läßt sich festhalten, daß Persönlichkeitsverkümmerungen stets mit der Verstärkung negativer Motivationen verbunden sind. Dabei muß nun grundsätzlich festgehalten werden, daß Aneignungsniveaus (wie wir es im Rahmen dieses Buches als Begriff häufig verwendet haben) ja gerade nichts Statistisches, sondern ein bestimmtes Niveau der Auseinandersetzung mit der sich permanent verändernden Realität ist, also immer wieder auch von der Persönlichkeit *neue* Lernprozesse erfordert, und zwar je mehr und je intensiver, je bedeutsamer ihre Stellung innerhalb der sozialen Bewegung ist. Dies schließt die Möglichkeit ein (und auch die tagtägliche Erfahrung der Arbeiterbewegung bestätigt dies), daß Persönlichkeiten ein ganz bestimmtes, einmal erreichtes Aneignungsniveau nicht mehr aufrechtzuerhalten in der Lage sind, daß sie in weniger entwickelte Formen der Persönlichkeitsentwicklung zurückfallen.

Die dargelegte Erweiterung der gesellschaftlichen und damit individuellen Lebenskontrolle findet am Kapitalverhältnis seine prinzipielle, aber nicht starre Grenze. In dem Maße, wie die konkrete Persönlichkeit sich zu einem Kämpfer für eine Gesellschaft ohne Ausbeutung einsetzt, wo der Widerspruch von gesellschaftlicher Produktion und privater Aneignung aufgehoben ist, und in dem Maße, wie sie die Ziele und Mittel dieser Bewegung individuell mitrealisiert, in dem Maße wird sie zur kämpferischen Persönlichkeit, in dem Maße wird sie zum Vorboten einer besseren, einer wirklich menschlichen Gesellschaft.

## *Anmerkungen*

1 Wenn in diesem Buch der Begriff der »bürgerlichen Ideologie«, der »bürgerlichen Wissenschaft« u. ä. verwendet werden, so soll damit nicht das vorgetäuscht werden, was noch im wesentlichen zu erarbeiten ist: eine präzise inhaltliche Bestimmung, die trotz der häufigen Verwendung dieser Begriffe gegenwärtig noch nicht vorliegt. Die Notwendigkeit eines solchen Begriffs und in diesem Zusammenhang seine Verwendung innerhalb dieses Buches ergibt sich aus der Tatsache, daß jede Gesellschaftsformation und die darin herrschende Klasse objektiv und subjektiv Bewußtseinsformen entwickelt, die die Herrschaft legitimieren (insofern kann man von bestimmten Einzeltheorien und theoretisch-ideologischen Strömungen mit Sicherheit behaupten, daß sie »bürgerlich« sind). Andererseits muß die inhaltliche Ausfüllung des Begriffs eine Verallgemeinerung aller entsprechenden Bewußtseinsformen für alle historischen Etappen der bürgerlichen Gesellschaft, einschließlich deren nationalen Besonderheiten, enthalten. Dies ist die Aufgabe, die aber erst noch zu lösen ist und der Verweis auf die »Warenfetischismen« ist dabei zwar notwendig, aber völlig unzureichend. Als wichtige Vorarbeiten zu dieser Aufgabe können Tomberg (113; 114) und Lukács (109) angesehen werden.

2 Diese Kontroverse »Marxismus – Psychoanalyse« findet sich dokumentiert in Gente (217; 218), Sandkühler (230); eine gute Zusammenfassung bietet Reimann (229).

3 Um es nochmals deutlich zu sagen: es geht im Rahmen dieses Buches auch, d. h. nebenseitig, darum, der Kritischen Theorie des Subjekts ihren Anspruch streitig zu machen. Da es sich nur um einen Nebenaspekt handelt, kann damit weder eine vollständige Kritik noch eine vollständige Würdigung der Gegenstand sein. – Andererseits baut die Kritische Theorie des Subjekts (häufig recht verdeckt) auf Grundpositionen der Kritischen Theorie der Gesellschaft auf, auf die im Gang der Kritik zurückgegriffen werden mußte, damit bestimmte Einzelkritiken nicht isoliert betrachtet werden, sondern im Gesamtkontext der kritisch-theoretischen Argumentation. Um hier falschen Vereinfachungen vorzubeugen, sei auf relevante Arbeiten zur Kritik an der »Frankfurter Schule« global hingewiesen: Literaturverzeichnis Nr. 205–216; Gerhard (174); H.-Osterkamp (133) 5. Kap.; Sève (179); Wulff (180).

4 An dieser Stelle sei auf die neueste Arbeit von Herrmann (37 a) verwiesen, die in eindrucksvoller Weise gleichermaßen einen großen naturgeschichtlichen wie sozialgeschichtlichen Entwurf darstellt. – Diese allgemeine Entwicklung haben Otto (43) 4 ff. und Streisand (44) 15 ff., bes. 20 ff. für das Gebiet des späteren Deutschland (mit teilweise etwas veralteten Daten) nachgezeichnet.

Tjaden hat diesen gesamten Prozeß komprimiert so gekennzeichnet: »Voraussetzung der Bildung der gesellschaftlichen Lebensweise der Menschen ist die naturgeschichtliche Entgegensetzung von Naturmomenten, nämlich eine Ausdifferenzierung hochflexibler (menschlicher) Lebewesen aus einem hochkomplexen (nichtmenschlichen) Naturgebilde, bei Fortdauer des Zusammenhangs dieser Momente in Gestalt eines wechselseitigen Stoffwechsels und Energieumsatzes.« Und: »Die Besonderheit des Evolutionsniveaus, das wir als das gesellschaftliche bezeichnen, besteht in der umfänglichen, zusammenfassenden und langfristigen Verbindung von operativen, interpretativen, kooperativen und kommunikativen Momenten der strategischen Transaktionen zwischen Lebewesen und Umwelt in der Lebensform der gesellschaftlichen Arbeit, die dieser Besonderheiten wegen als *Systeme* gesellschaftlicher *Produktion* begriffen werden müssen. Es ist der systematische und produktive Charakter der Wechselbeziehungen zwischen Bevölkerungen und Umwelten, welcher das spezifisch humane Niveau von Evolution ausmacht« (Tjaden (22) 17, 19).

5 Vgl. hierzu die ausführliche Darstellung bei Leontjew (138) 202 ff. und die zusammenfassende bei Holzkamp (129) 129 ff., der sich auch mit entsprechenden Gegenargumenten auseinandersetzt, z. B. dem »Ameisen-Beispiel«.

6 Neben der sachlichen Grundlage hat dieser Streit um die Naturdialektik auch einen hermeneutischen Aspekt, wenn Schmidt nämlich behauptet, dieses Dialektikverständnis ginge auf Engels zurück und stehe im Gegensatz zu Marx (vgl. Schmidt (199) 45 ff.); demgegenüber hat Reiprich (236) 15 ff., 58 ff., 121 ff. überzeugend nachgewiesen, daß Marx sowohl die Arbeiten von Engels gut kannte und auch selbst entsprechende Studien betrieben hat.

7 Kühnl (211) hat mit Recht darauf verwiesen, daß die Kritische Theorie, trotz allem Scharfsinn im Detail, insgesamt aufgrund ihrer technologischen Verkürzungen stark zu einer »linken« Variante der identifizierenden Totalitarismustheorie neigt.

8 Ähnlich wie Adorno bezweifelt Habermas wenig später, daß die Entwicklung der Produktivkräfte, wie Marx angenommen hätte, «unter allen Umständen ein Potential der Befreiung« hervorbringe (vgl. Habermas (192) 92, 88). Auf diesen Aspekt gehen wir hier nicht nochmals ein.

9 Wir gehen hier und im weiteren auf die neueste Arbeit von Habermas (194) nicht ein, weil er seine Position dort nicht wesentlich verändert hat; vgl. dazu auch Beyer (207) 347 ff.

10 Die Gesamtheit darf aber nicht schon mit der Totalität verwechselt werden, wie dies etwa bei Bauer u. a. (6) 19, 25, 71, 95 geschieht, sondern die Totalität ist eine erst mit dem Kapitalismus beginnende spezifische Ausprägungsform der sozialen Systeme (vgl. Tjaden (23) 58 ff.).

11 Der Widerspruch zwischen feudalen und kapitalistischen Produktionsverhältnissen hat gerade die deutsche Sonderentwicklung wesentlich geprägt (vgl. Kühnl (40) 64 ff.).

12 Einen wesentlichen Diskussionsstrang in der ganzen Geschichte des Marxismus bildet gerade diese materialistische und dialektische Fassung des Basis-Überbau-Theorems, wobei es eben nicht darum gehen kann und darf, im Namen des Materialismus die Dialektik oder umgekehrt zu liquidieren (als aktuellen Beleg für diese Schwierigkeit sei auf die Kontroverse zwischen W. F. Haug (29; 30) und H. J. Sandkühler (34) hingewiesen). Die Kontroversen darüber (wie abstrakt sie auch immer geführt werden) sind nicht unverbindlich, sondern zeitigen stets auch politische Konsequenzen, implizieren immer auch ein Verhältnis zur realen revolutionären Arbeiterbewegung (auch dies zeigt sich bei W. F. Haug (84 a) 780 f, 789 ff, der aus seinem unmarxistischen Basis-Überbau-Verständnis auch die notwendigen unsozialistischen Folgerungen gezogen hat; vgl. auch Tomberg (114 a)).

13 Insofern ist es kein wirklicher, d. h. für die Theorie relevanter Erkenntnisfortschritt, wenn Lorenzer von der »Subjektivität des revolutionären Subjekts als Klasse« spricht (vgl. Lorenzer (225) 208 f.), denn er hat zumindest bisher nicht begründet, warum Klassen für ihn gesellschaftliche Subjekte sein können und die Psychoanalyse als Paradigma der Analyse der subjektiven Struktur ist dazu auch zweifellos nicht in der Lage; insofern täuscht diese Formulierung über den gegenwärtigen Theoriestand. – An dieser Stelle wird auch deutlich, warum wir an verschiedenen Stellen auf die Kritische Theorie der Gesellschaft eingegangen sind, denn deren Gesellschaftsverständnis ist für die Kritische Theorie des Subjekts prägend.

14 Zur Entfaltung des Widerspruchsproblems in der dialektischen Logik vgl. Sandkühler (21) 100 und Sève (4) 77 f.

15 Diese Trennung von Wesen und Erscheinung ist zentrales Moment der Negativen Dialektik Adornos, die konsequent auf eine Negation der Dialektik hinausläuft (vgl. Gedö (209); Reichel (213) 32 ff.).

16 Tjaden (24) hat die verschiedenen Vermittlungsversuche von sozialem System und sozialem Wandel und deren Scheitern in der bürgerlichen Soziologie nachgezeichnet.

17 Holzkamp (1a) hat die historische Methode des wissenschaftlichen Sozialismus gegenüber objektivistischen Angriffen überzeugend verteidigt.

18 Die folgenden Ausführungen orientieren sich an den von Bollhagen (8) II. Kap. gemachten Überlegungen. – Insgesamt muß festgestellt werden, daß diese Gesetzestypologie in der materialistischen Soziologie der BRD fast überhaupt nicht rezipiert und diskutiert

wurde, mit Ausnahme von Tjaden (23) 65 ff. und ders. (22) 10 f., der sie versucht, in seine gesellschaftliche Entwicklungs- und Systemtheorie aufzunehmen.

19 Daher sollte man gerade Althussers staatstheoretische Überlegungen nicht unabhängig von seinen erkenntnistheoretischen Auffassungen diskutieren (vgl. Rheinberger (32).

20 Zur konkreten Analyse des Staates der BRD sei hier verwiesen auf Jaeggi (39) 106 ff.; Kühnl (41); Blau (82).

21 Einen recht informativen, wenngleich sehr unkritischen Überblick über die bürgerlichen Parteiensoziologie vermittelt Lenk (235).

22 Wie schnell das Unverständnis gegenüber dem Basis-Überbau-Theorem, welches nach Habermas nur für den frühen, aber nicht für den gegenwärtigen Kapitalismus Geltung beanspruchen kann (vgl. Habermas (189) 228, 265 f.), in politische Naivität umschlägt bzw. in gefährliche Illusionen, zeigt die von ihm und Offe vertretene Auffassung, daß die bürgerlich-parlamentarische Demokratie die zwangsläufige politische Herrschaftsform sei (vgl. Habermas (192) 76 f.; Offe (196) 91 f., 102 ff.), obwohl doch gerade die deutsche Nationalgeschichte zeigt, daß sowohl die Durchsetzung der bürgerlichen Demokratie keine Selbstverständlichkeit und Zwangsläufigkeit darstellt (vgl. Kühnl (40) 64 ff.), noch deren Erhaltung angesichts des ökonomisch begründeten Drangs der Monopole zu autoritären Herrschaftsformen, die auch faschistische einschließen, wenn die Integrationsstrategien versagen (vgl. P. Opitz (64); Huffschmidt (74) 77 ff.).

23 Auch wenn es den prinzipiellen Gehalt der Auffassung von Leontjew nicht berührt, so sei doch präzisierend festgestellt, daß es bei den höchstentwickelten Formen des tierischen Zusammenlebens notwendige Lernprozesse in der Ontogenese gibt.

24 Auf die spekulativ-humanistischen Kritiken am Juxtastruktur-Begriff gehen wir im 1. Abschnitt des dritten Teils näher ein.

25 Es ist unbestreitbar, daß es auch in den Klassengesellschaften einzelnen Individuen gelingt, diese klassenspezifischen Aneignungsgrenzen zu durchbrechen, z. B. durch Aufstieg in die herrschende Klasse; aber dies stellt eben nur für einzelne Individuen und nicht für die unterdrückte Klasse in ihrer Gesamtheit eine Möglichkeit dar (denn sonst würde ja der individuelle Aufstieg und nicht die sozialen Massenbewegungen und die sozialen Revolutionen die herrschende Klasse verändern bzw. letztlich aufheben).

26 Wir verwenden im folgenden die Begriffe »Handlungen« und »Tätigkeit« synonym, weil die inhaltliche Fassung der beiden Begriffe bei Volpert (147) 2. Kap. bzw. in der kulturhistorischen Schule / bei der Holzkamp-Schule weitgehend identisch ist. Die von Sukkert-Wegert u. a. (163) 25 ff. vorgenommenen Differenzierungen können in unserem Darstellungszusammenhang vernachlässigt werden.

27 Auf den darin liegenden Biologismus als einer allgemeinen Tendenz in der späten Entwicklungsphase der Kritischen Theorie hat Theunissen (215) 19, 24 hingewiesen.

28 Einen interessanten Versuch, dieses Verhältnis zu analysieren hat Ulmann (164) Kap. III vorgelegt. Interessant ist hieran auch der Versuch, Ergebnisse der bürgerlichen Psychologie auf deren Wahrheitsgehalt zu prüfen und diesen in der Kritischen Psychologie aufzuheben (vgl. a.a.O., Kap. II).

29 Aufgrund dieser relativ engen Fassung des Verhältnisses von Gegenstands- und Symboldeutungen gelangt Holzkamp auch zu einer Kritik an der kulturhistorischen Schule, die der Sprache eine sehr viel größere Selbständigkeit zubilligt (vgl. Leontjew (138) 295 ff.; Holzkamp (129) 169). Obwohl Leontjew/Leontjew (157) 66 ihren Standpunkt nochmals bekräftigt haben, bleibt m. E. die Kritik von Holzkamp berechtigt.

30 Die Arbeit »Marxismus und Existentialismus« bildet im französischen Original einen Teil dieses Buches und ist lediglich in der westdeutschen Ausgabe getrennt veröffentlicht worden und fehlt in der »Kritik der dialektischen Vernunft«.

31 Zur politischen Entwicklung und den extremen Schwankungen seines Engagements vgl. Wroblewsky (115) 12 ff., 82 ff.

32 Überhaupt lassen sich eindeutige Beziehungen zwischen der Kritischen Theorie und der Lebensphilosophie herstellen; dies hat auch das Selbstverständnis der Kritischen Theorie geprägt. So kann Schmidt mit Recht darauf verwiesen, daß Adorno wesentlich durch Kierkegaard und Nietzsche beeinflußt wurde (vgl. Schmidt (198) 658, 672). – Holz (104 a) hat bei seiner Analyse der bürgerlichen Protestbewegungen in der Philosophie *diese* Zusammenhänge und ihre sozialen und politischen Ursachen und Folgen zwingend nachgewiesen.

33 Diese Systemzustände tauchen nie in dieser Reinheit auf, sondern haben einen vielschichtigen aus ihnen abgeleiteten gesellschaftlichen Formenreichtum.

34 Damit ist auch klargestellt, daß zwischen relevanten und irrelevanten Persönlichkeitsmerkmalen unterschieden werden muß, daß also nicht irgendwelche zwar vorhandenen aber doch völlig unbedeutende Persönlichkeitsmerkmale den Rang der Geschichtswirksamkeit erhalten (wie man dies bei besonders kruden Formen personalistischer Geschichtstheorie findet).

35 Damit ist auch gesagt, daß die Bauernkriege ihrem Wesen nach eine internationale Erscheinung sind; vgl. Wittvogel (45) 136 ff., 140 ff.

36 Franz Josef Degenhardt hat dem Bundschuhführer Joß Fritz mit «Laßt nicht die roten Hähne flattern« ein beeindruckendes wie eindringliches Lied gewidmet.

37 Diese sind »An den christlichen Adel deutscher Nation«, »Von der babylonischen Gefangenschaft der Kirche« und »Von der Freiheit eines Christenmenschen« (vgl. Luther (60) 46 ff., 61 ff., 75 ff.).

38 Diese Grenze war keine sozialhistorisch unabdingbare, wie der Verlauf der Bauernkriege in den anderen Ländern zeigt, sondern sie entsprang den spezifischen deutschen Bedingungen, worauf weiter unten noch eingegangen wird.

39 Die folgende Analyse von Müntzers Biographie betrachtet Müntzers geschichtswirksame Persönlichkeit in ihrer Gesamtheit und differenziert nicht nach den verschiedenen Momenten der Persönlichkeitsentwicklung. Eine solche differenzierte Analyse wäre zwar im Rahmen einer Politischen Psychologie erforderlich, würde aber den Rahmen dieser Beispielanalyse sprengen und andererseits ein sehr intensives Quellenstudium erforderlich machen.

40 Diese und manch andere ungenaue Angabe ist der Quellenlage geschuldet, denn entsprechend seiner Bedeutung sind nur die Jahre 1520–25 hinreichend genau zu rekonstruieren.

41 Daß dem so ist, ist hinreichend belegt bei Voigt (121) 191 ff.; Kühnl (107) 184 ff., 187 ff.; Bergmann (116) 12 ff., 16 ff.

42 Auf mystische, völlig anti-wissenschaftliche Konzeptionen der »menschlichen Natur«, wie sie sich besonders in den faschistischen Rassenideologien finden, wird hier nicht eingegangen; vgl. Lukács (109) 3. Bd., 7. Kap.

43 Sie widerlegt auch die konservative Unterstellung, daß »die Menschen«, gleichgültig wann und wo sie lebten, für eine bessere Welt nicht gut genug seien, daß sie es eben nicht besser verdient hätten, als sie es gegenwärtig haben.

44 Aus streng methodischen Gründen müßte zunächst die höchst-entwickelte und dann die durchschnittlich-entwickelte Persönlichkeitsform dargestellt werden; wir machen es an dieser Stelle aus didaktischen Gründen umgekehrt.

45 Dieses Lohngesetz der kapitalistischen Produktion setzt sich nicht automatisch durch, sondern diese Reproduktionskosten (in ihrer konkret-historischen Spezifik) müssen durch die ökonomischen Kämpfe der Arbeiterklasse gesichert werden; es ist, so paradox es scheint, eine wesentliche Aufgabe der Gewerkschaften, das Lohngesetz durchzusetzen.

46 Diese abstrakt-allgemeinen Aussagen über die Individualitätsform des Lohnarbeiters bedürfen im Gang der Konkretisierung einer zumindest dreifachen Differenzierung: 1. innerhalb der Arbeiterklasse; 2. der geschichtlichen Entwicklung der Arbeiterklasse und 3. ihren spezifischen nationalen Ausprägungen.

47 Zur Verteidigung dieses Theorems gegen konservative Angriffe (am Beispiel Topitschs) vgl. Kahl (106) 218 ff.

48 Einen guten Überblick bieten die Arbeiten von Petschick u. a. (65); Steinhaus (67); von besonderem Interesse sind hier die Analysen der Septemberstreiks 1969 (vgl. IMSF (57); Schumann u. a. (242) und der Bedeutung der Mitbestimmung (vgl. IMSF (56); Deppe (51) 231 ff.); die Allgemeingültigkeit der Analyseergebnisse zumindest für Westeuropa belegen Albers u. a. (47).

# Literaturverzeichnis

## A *Marxistische Theorie*

### 1 *Philosophie*

#### 1.1 *Allgemeines*


1 E. Bloch, Tübinger Einleitung in die Philosophie, 2 Bde, Frankfurt/Main 1964
1a K. Holzkamp, Die historische Methode des wissenschaftlichen Sozialismus und ihre Verkennung durch J. Bischoff, in: Das Argument 84, 1974, H. 1/2
2 H. J. Sandkühler, Praxis und Geschichtsbewußtsein, Frankfurt/Main 1973
3 H. J. Sandkühler, Das historische Prinzip der Leninschen Dialektischen Logik, in: Braun (124)
4 L. Sève, Widerspruch-Antagonismus-Explosion, in: ders., Über die materialistische Dialektik, Frankfurt/Main 1976


#### 1.2 *Historischer Materialismus*


5 G. Bartsch u. a., Geschichte als gesetzmäßiger Prozeß, Berlin 1976
6 A. Bauer u. a., Basis und Überbau der Gesellschaft, Frankfurt/Main 1974
7 P. Bollhagen, Soziologie und Geschichte, Berlin 1966
8 P. Bollhagen, Gesetzmäßigkeit und Gesellschaft. Zur Theorie gesellschaftlicher Gesetze, Berlin 1967
9 B. A. Čagin, Der subjektive Faktor. Struktur und Gesetzmäßigkeiten, Köln 1974
10 W. Eichhorn I u. a., Die Dialektik von Produktivkräften und Produktionsverhältnissen, Frankfurt/Main 1975
11 W. Eichhorn I/H. Kosin, Zur Dialektik von Basis und Überbau, in: Deutsche Zeitschrift für Philosophie Nr. 2, 1969, S. 592 ff.
12 A. Gramsci, Philosophie der Praxis. Eine Auswahl, Frankfurt/Main 1967
13 E. Hahn, Historischer Materialismus und marxistische Soziologie, Berlin 1969
14 F. Jakubowski, Der ideologische Überbau in der materialistischen Geschichtsauffassung, Frankfurt/Main 1968
15 K. Kosik, Die Dialektik des Konkreten, Frankfurt/Main 1973
16 E. Lassow, Die wachsende Rolle des subjektiven Faktors – eine Gesetzmäßigkeit des historischen Fortschritts, in: Deutsche Zeitschrift für Philosophie, 1974, H. 5
17 H. Lefebvre, Kritik des Alltagslebens, 3 Bde, München 1974/75
18 G. Lukàcs, Geschichte und Klassenbewußtsein (Taschenbuchausgabe), Neuwied und Berlin 1970
19 A. Mazzone, Anmerkungen zu einem Dialektiker, in: Sozialistische Politik 41, Sept. 1977

20 G. Stiehler, Geschichte und Verantwortung. Zur Frage der Alternativen in der gesellschaftlichen Entwicklung, Berlin 1972
21 G. Stiehler, Subjektiver Faktor und Revolution, in: Deutsche Zeitschrift für Philosophie, 1974, H. 5
22 K. H. Tjaden, Naturevolution, Gesellschaftsformation, Weltgeschichte. Überlegungen zu einer gesellschaftswissenschaftlichen Entwicklungstheorie, in: Das Argument 101, 1977
23 K. H. Tjaden, Soziale Systeme und gesellschaftliche Totalität, in: ders. u. a., Methodenfragen der Gesellschaftsanalyse, Frankfurt/Main 1973
24 K. H. Tjaden, Soziale Systeme und sozialer Wandel, Stuttgart 1972
25 K. H. Tjaden, Ansätze einer gesellschaftswissenschaftlichen Systemtheorie, in: ders. (Hrsg.), Soziale Systeme, Neuwied und Berlin 1971
26 F. Tomberg, Basis und Überbau im historischen Materialismus, in: ders., Basis und Überbau, Neuwied und Berlin 1969

## 1.3 *Erkenntnistheorie/ Sprachtheorie*

27 J. Ellerbrock u. a., Ansätze materialistischer Sprachtheorie, in: Das Argument 95, 1976
28 G. Gößler, Über das Verhältnis von individuellem und gesellschaftlichem Erkenntnisprozeß (Thesen), in: AK, Zum Verhältnis von individuellem und gesellschaftlichem Erkenntnisprozeß, Berlin 1974
29 W. F. Haug, Was soll materialistische Erkenntnistheorie?, in: Das Argument 81, 1973
30 Ders., Wider den bloß verbalen Materialismus, in: Das Argument 92, 1975
31 W. I. Lenin, Materialismus und Empiriokritizismus, LW 14
32 H. J. Rheinberger, Die erkenntnistheoretischen Auffassungen Althussers, in: Das Argument 94, 1975
33 U. Schmitz, Erkenntnistheoretische Aspekte einer materialistischen Theorie sprachlicher Bedeutungen. Zur Einheit von Kommunikation und Verallgemeinerung in der menschlichen Sprechtätigkeit, Diss., Marburg 1975
34 H. J. Sandkühler, Streitbarer Materialismus oder Streit um den Materialismus?, in: Das Argument 92, 1975
35 H. J. Sandkühler, Zur Begründung einer materialistischen Hermeneutik durch die materialistische Dialektik, in: Das Argument 77, 1972
36 F. Tomberg, Über den praktischen Sinn des Widerspiegelungstheorems, in: Das Argument 81, 1973

# 2 *Sozialgeschichte*

## 2.1 *Sozialhistorische Gesamtanalysen*

37 J. Herrmann, Die Entstehung der Menschheit, Berlin 1974
37a J. Herrmann, Spuren des Prometheus. Der Aufstieg der Menschheit zwischen Naturgeschichte und Weltgeschichte, Köln 1977.
38 W. Hollitscher, Der Mensch im Weltbild der Wissenschaften, Wien 1969
39 U. Jaeggi, Kapital und Arbeit in der Bundesrepublik, Frankfurt/Main 1973
40 R. Kühnl, Formen bürgerlicher Herrschaft. Liberalismus – Faschismus, Reinbek 1971

41 R. Kühnl (Hrsg.), Der bürgerliche Staat der Gegenwart, Reinbek 1972
42 R. Kühnl, Deutschland zwischen Demokratie und Faschismus, München 1971
43 K.-H. Otto, Deutschland in der Epoche der Urgesellschaft, Berlin 1961
44 J. Streisand, Deutsche Geschichte von den Anfängen bis zur Gegenwart, Köln 1972
45 K. A. Wittvogel, Geschichte der bürgerlichen Gesellschaft, o. O., o. J.

## 2.2 *Soziale Bewegungen*

46 W. Abendroth, Aufstieg und Krise der deutschen Sozialdemokratie, Frankfurt/Main 1969
47 D. Albers u. a., Klassenkämpfe in Westeuropa, Reinbek 1971
48 E. Bloch, Thomas Müntzer als Theologe der Revolution, Berlin 1960
49 G. Brendler, Thomas Müntzer – „Die Gewalt soll gegeben werden dem gemeinen Volk“, in: Einheit, 1975, H. 1
50 F. Deppe, Zur theoretischen und empirischen Analyse des „Staatsbewußtseins“ von Arbeitern, in: Holzkamp/Braun (131b)
51 F. Deppe, Das Bewußtsein der Arbeiter, Köln 1971
52 F. Engels, Der deutsche Bauernkrieg, MEW 7
53 G. Fülberth, Die Entwicklung der deutschen Sozialdemokratie von ihrer Gründung bis zum Ende des Sozialistengesetzes, in: Ders. u. a., Geschichte der deutschen Sozialdemokratie 1863–1975, Köln 1975
54 G. Fülberth, Die Entwicklung der deutschen Gewerkschaftsbewegung von den Anfängen bis 1873, in: F. Deppe u. a. (Hrsg.), Geschichte der deutschen Gewerkschaftsbewegung, Köln 1977
55 E. Hahn, Materialistische Dialektik und Klassenbewußtsein, Frankfurt/Main 1974
56 Institut für marxistische Studien und Forschungen, Mitbestimmung als Kampfaufgabe, Köln 1972
57 Institut für marxistische Studien und Forschungen, Die Septemberstreiks 1969, Köln 1969
58 H. Jung u. a., Kampfaktionen der westdeutschen Arbeiterklasse 1966–1970, in: Das Argument 62, 1970
59 A. Laube, Der historische Platz des deutschen Bauernkrieges, in: Einheit, 1975, H. 1
60 M. Luther, Ausgewählte Schriften, Frankfurt/Main 1963
61 G. Marchais, Die Demokratische Herausforderung, Frankfurt/Main 1974
62 G. Mayer, Die Trennung der proletarischen von der bürgerlichen Demokratie, in: ders., Radikalismus, Sozialismus und bürgerliche Demokratie, Frankfurt/Main 1969
63 Th. Müntzer, Die Fürstenpredigt. Theologisch-politische Schriften, Stuttgart 1976
64 R. Opitz, Über die Entstehung und Verhinderung von Faschismus, Das Argument 87, 1974
65 W. Petschik u. a., Der gewerkschaftliche Kampf der westdeutschen Arbeiterklasse, in: Das Argument 62, 1970
66 M. M. Smirin, Die Volksreformation des Thomas Müntzer und der große deutsche Bauernkrieg, Berlin 1956
67 K. Steinhaus, Streikkämpfe in der BRD von 1971 bis 1974, in: Das Argument 86, 1974
68 M. Steinmetz, Thomas Müntzer, in: H. Bock (Hrsg.), Unter dem Regenbogen, Köln 1977
69 M. Tjaden-Steinhauer, Das Gesellschaftsbewußtsein der Arbeiter, Köln 1975
70 P. Togliatti, Lektionen über den Faschismus, Frankfurt/Main 1973
71 W. Zimmermann, Der große deutsche Bauernkrieg, Berlin 1975

## 2.3 *Ökonomie*

72 W. F. Haug, Die Bedeutung von Standpunkt und sozialistischer Perspektive für die Kritik der politischen Ökonomie, in: Das Argument 74, 1972
73 W. F. Haug, Vorlesungen zur Einführung ins „Kapital", Köln 1976
74 J. Huffschmidt, Begründung und Bedeutung des Monopolbegriffs in der marxistischen politischen Ökonomie, Das Argument. Sonderband 6, Berlin 1975
75 W. Hofmann, Grundelemente der Wirtschaftsgesellschaft, Reinbek 1969
76 W. I. Lenin, Der Imperialismus als höchstes Stadium des Kapitalismus, LW 22
77 K. Marx, Das Kapital, 3 Bde, MEW 23–25
78 A. A. Oppolzer, Hauptprobleme der Industrie- und Betriebssoziologie, Köln 1976

## 2.4 *Politik*

79 W. Abendroth, Antagonistische Gesellschaft und politische Demokratie, Neuwied und Berlin 1972
80 L. Althusser, Ideologie und ideologische Staatsapparate, in: ders., Marxismus und Ideologie, Westberlin 1973
81 H. Asseln/F. Deppe, Die „Staatsfrage" und die Strategie der Arbeiterbewegung, in: Das Argument. Sonderband 16, Berlin 1977
82 J. Blau, Zum Ausbau des staatlichen Repressionsapparates seit Ende der sechziger Jahre, Frankfurt/Main 1977
83 Ch. Butterwege, Probleme der marxistischen Staatsdiskussion, Köln 1977
84 F. Engels, Der Ursprung der Familie, des Privateigentums und des Staates, MEW 21
84a W. F. Haug, Zur Dialektik von gesellschaftlicher Basis und politischem Überbau im Sozialismus, in: Das Argument 106, 1977
85 R. Katzenstein, Zum Problem einer marxistischen „Staatsableitung", in: Blätter für deutsche und internationale Politik, 1975, H. 4
85a D. Kramer, Watergate oder die Verschwörung einer Regierung gegen die Regierungsform, in: Das Argument 81, 1973, H. 7/8
86 R. Kühnl, Sozialstruktur und Herrschaftsformen, in: J. Mück (Hrsg.), Politische Soziologie, Wiesbaden 1973
87 W. I. Lenin, Staat und Revolution, LW 25
88 W. I. Lenin, Was tun?, LW 5
89 W. I. Lenin, Ein Schritt vorwärts und zwei zurück, LW 7
90 G. Matthiessen, Zur Rolle und Funktion der Parteien im staatsmonopolistischen Kapitalismus der BRD, in: Marxistische Blätter, 1971, H. 4
91 K. Priester, Zur Staatstheorie bei Antonio Gramsci, in: Das Argument 104, 1977, H. Juli/August
92 W. Riepert, Kapitalbewegung, Klassenverhältnisse und Staatsfunktionen, in: Das Argument. Sonderband 16, Berlin 1977
93 H. Schütte, Staatstheorie als Methodenproblem des historischen Materialismus, in: Das Argument. Sonderband 16, Berlin 1977
94 H. Schütte, Resultate und Kritik der neueren staatstheoretischen Diskussion, Das Argument 104, 1977
95 W. Simon, Macht und Herrschaft der Unternehmerverbände BDI, BDA und DIHT, Köln 1976
96 G. Stuby, Bürgerliche Demokratietheorien in der Bundesrepublik, in: Kühnl (41)

97 K. H. Tjaden, Staatstheorie als Gesellschaftstheorie, in: Das Argument. Sonderband 16, Berlin 1977
98 P. Togliatti, Die marxistische Konzeption der politischen Partei der Arbeiterklasse, in: Ders., Ausgewählte Schriften, Frankfurt/Main 1967

## 2.5 *Ideologie/Theorie*

99 H. Conert, Gibt es einen jugoslawischen Sozialismus?, in: Das Argument 82, 1973 und Das Argument 84, 1974
100 R. Garaudy, Marxismus im 20. Jahrhundert, Reinbek 1969
101 W. Gerns, Krise der bürgerlichen Ideologie und ideologischer Kampf in der BRD, Frankfurt/Main 1976
102 W. F. Haug, Kritik des Absurdismus, Köln 1977
103 W. Hofmann, Ideengeschichte der sozialen Bewegungen des 19. und 20. Jahrhunderts, Berlin-New York 1974
104 H. H. Holz, Strömungen und Tendenzen im Neomarxismus, München 1972
104a H. H. Holz, die abenteuerliche Rebellion. Bürgerliche Protestbewegungen in der Philosophie. Stirner, Nietzsche, Sartre, Marcuse, Neue Linke, Darmstadt und Neuwied 1976
105 H. Holzer, Kommunikationssoziologie, Reinbek 1973
106 J. Kahl, Positivismus als Konservatismus, Köln 1976
107 R. Kühnl (Hrsg.), Geschichte und Ideologie, Reinbek 1973
108 J. Kuczynski, Wissenschaft und Gesellschaft, Köln 1974
109 G. Lukàcs, Die Zerstörung der Vernunft, 3 Bde, Darmstadt und Neuwied 1973/74
110 E. Neuland, Klassensprache oder Sprachbarriere? Frankfurt/Main 1975
111 H. J. Sandkühler, Wofür sind wir, wenn wir für die Praxis-Philosophie sind?, in: BdWi-Brief 19
112 R. Sorg, Ideologietheorien. Zum Verhältnis von gesellschaftlichem Bewußtsein und sozialer Realität, Köln 1976
113 T. Tomberg, Was heißt bürgerliche Wissenschaft?, in: Das Argument 66, 1971
114 F. Tomberg, Bürgerliche Wissenschaft. Begriff, Geschichte, Kritik, Frankfurt/Main 1973
114a F. Tomberg, Von der »Kritischen Theorie« zur wissenschaftlichen Weltanschauung II: W. F. Haugs Argumentation für wissenschaftliche Weltanschauung, in: Das Argument 98, 1976
115 W. v. Wroblewsky, Jean-Paul Sartre. Theorie und Praxis eines Engagements, Frankfurt/Main 1977

## 2.6 *Erziehung*

116 K. Bergmann, Personalisierung im Geschichtsunterricht – Erziehung zu Demokratie?, Stuttgart 1972
117 E. Hoernle, Grundfragen proletarischer Erziehung, Frankfurt/Main 1973
118 W. Jantzen, Biographie, Zeitplan und schlechte Individuation – Versuch einer kritischen Anwendung von Sèves materialistischer Persönlichkeitstheorie auf die Analyse der sozialen Karrieren verhaltensgestörter Kinder und Jugendlicher, in: Ders., Konstitutionsprobleme materialistischer Behindertenpädagogik, Lollar 1977

119 H. Karras, Grundgedanken der sozialistischen Erziehung in Marx' Hauptwerk »Das Kapital«, Berlin 1958
120 A. Meier, Soziologie des Bildungswesens, Köln 1973
121 B. Voigt, Bildungspolitik und politische Erziehung in den Klassenkämpfen, Frankfurt/Main 1973

## 3 *Kritische Psychologie*

### 3.1 *Gesamtanalysen/Grundlagentexte*

122 K.-H. Braun (Hrsg.), Beiträge zur Kritischen Psychologie, Band I: Persönlichkeitstheorie (1), Marburg 1976
123 K.-H. Braun (Hrsg.), Beiträge . . ., Band II: Persönlichkeitstheorie (2), Marburg 1976
124 K.-H. Braun (Hrsg.), Beiträge . . ., Band III, Kontroverse um Sève, Holzkamp und Leontjew, Marburg 1976
125 P. J. Galperin, Die Entwicklung der Untersuchungen über die Bildung geistiger Operationen, in: H. Hiebsch (Hrsg.), Ergebnisse der sowjetischen Psychologie, Stuttgart 1969
126 F. Haug, Soziale Beziehungen und gesellschaftliche Verhältnisse in kritisch-psychologischer Analyse, in: Holzkamp/Braun (131a)
127 F. Haug, Erziehung und gesellschaftliche Produktion: Kritik des Rollenspiels, Frankfurt/Main 1977
128 W. F. Haug, Bürgerliche Privatform des Individuums und Umweltform der Gesellschaft, in: Holzkamp/Braun (131a)
129 K. Holzkamp, Sinnliche Erkenntnis. – Historischer Ursprung und gesellschaftliche Funktion der Wahrnehmung, Frankfurt/Main 1973
130 K. Holzkamp, Kann es im Rahmen der marxistischen Theorie eine Kritische Psychologie geben?, in: Holzkamp/Braun (131a)
131 K. Holzkamp/K.-H. Braun (Hrsg.), Kritische Psychologie. Bericht über den 1. internationalen Kongreß Kritische Psychologie vom 13.–15. Mai 1977 in Marburg, 2 Bde, Köln 1977
131a Band 1: Einführende Referate
131b Band 2: Diskussion
132 U. Holzkamp-Osterkamp, Grundlagen der psychologischen Motivationsforschung 1, Frankfurt/Main 1975
133 U. Holzkamp-Osterkamp, Grundlagen der psychologischen Motivationsforschung 2: Die Besonderheit menschlicher Bedürfnisse – Problematik und Erkenntnisgehalt der Psychoanalyse, Frankfurt/Main 1976
134 U. Holzkamp-Osterkamp, Die Übereinstimmung/Diskrepanz zwischen individuellen und gesellschaftlichen Zielen als Bestimmungsmoment der Vermittlung zwischen kognitiven und emotionalen Prozessen, in: Holzkamp/Braun (131b)
135 W. Jantzen, Persönlichkeitstheorie – aber wie?, in: Demokratische Erziehung, 1977, H. 4
136 G. Keseling u. a., Sprach-Lernen in der Schule, Köln 1974
137 A. N. Leontjew u. a., Probleme der Lerntheorie, Berlin 1974
138 A. N. Leontjew, Probleme der Entwicklung des Psychischen, Frankfurt/Main 1973
139 J. Lompscher (Hrsg.), Sowjetische Beiträge zur Lerntheorie. Die Schule P. J. Galperins, Köln 1973

140 A. Schaff, Marx oder Sartre? Versuch einer Philosophie des Menschen, Wien 1964
141 V. Schurig, Naturgeschichte des Psychischen 1: Psychogenese und elementare Formen der Tierkommunikation, Frankfurt/Main 1975
142 V. Schurig, Naturgeschichte des Psychischen 2: Lernen und Abstraktionsleistungen bei Tieren. Frankfurt/Main 1975
143 V. Schurig, Die Entstehung des Bewußtseins, Frankfurt/Main 1975
144 V. Schurig, Der Gegenstand der Psychologie als historisches Verhältnis von Natur und Gesellschaft, in: Holzkamp/Braun (131a)
144a R. Seidel, Denken. Psychologische Analyse der Entstehung und Lösung von Problemen, Frankfurt/Main 1976
145 L. Sève, Für eine materialistische Theorie der menschlichen Individualität, in: H. J. Sandkühler u. a., Wissenschaft und Weltanschauung im Fortschritt, Köln 1976
146 L. Sève, Marxismus und Theorie der Persönlichkeit, Frankfurt/Main 1972
147 W. Volpert, Handlungsstrukturanalyse als Beitrag zur Qualifikationsforschung, Köln 1974
148 W. Volpert, Die Lohnarbeitswissenschaft und die Psychologie der Arbeitstätigkeit, in: P. Großkurth/Ders., Lohnarbeitspsychologie. Berufliche Sozialisation: Emanzipation der Anpassung, Frankfurt/Main 1975
149 L. S. Wygotski, Sprechen und Denken, Stuttgart 1969


## 3.2 *Einzelaspekte*


150 H. Asseln/K.-H. Braun, Die kämpferischen Persönlichkeiten als Paradigma des politischen Individuums, in: Holzkamp/Braun (131b)
151 K.-H. Braun, Aufgaben einer Politischen Psychologie, in: Blätter für deutsche und internationale Politik, 1977, H. 4
152 K.-H. Braun, Die philosophische und psychologische Diskussion um Lucien Sèves Persönlichkeitstheorie, in: Das Argument. Sonderband 15, Berlin 1977
153 I. Gleiss, Verhalten oder Tätigkeit?, in: Das Argument 91, 1975
154 W. Jantzen, Das Verhältnis von Arbeit und Therapie als Grundproblem kritisch-psychologischer Praxis, in: Holzkamp/Braun (131a)
155 D. Kleiber, Galperins Handlungstheorie und ihre Anwendung in der Pädagogik, in: Holzkamp/Braun (131b)
156 R. Kühnl, Probleme politischer Psychologie – Politische Psychologie als Problem, in: Holzkamp/Braun (131b)
157 A. A. Leontjew/A. N. Leontjew, Über eine psychologische Konzeption der sinnlichen Erkenntnis, in: Braun (124)
158 G. W. Plechanow, Über die Rolle der Persönlichkeit in der Geschichte, Frankfurt/Main 1976
159 P. Sagawe, Zur Entwicklungslogik von Persönlichkeiten, in: Holzkamp/Braun (131b)
160 R. Seidel/ G. Ulmann, Begabungstheorie und Intelligenzbegriff, in: Demokratische Erziehung, 1977, H. 5
161 L. Sève, Kampf der Begabungsideologie, in: Demokratische Erziehung, 1975, H. 1
162 L. Sève, Die marxistische Kritik an der Schule und deren Karikatur von „links", in: Sozialistische Politik 29, Juni 1974
163 K. Suckert-Wegert u. a.: Prozeßanalyse von Sprechhandlungen in der Gesprächspsychotherapie, Münster o. J. (1977)
164 G. Ulmann, Sprache und Wahrnehmung, Frankfurt/Main 1975
165 B. Wilhelmer, Konsequenzen aus einer materialistischen Lerntheorie, in: Das Argument, Sonderband 15, Berlin 1977

## 3.3 *Geschichte der Kritischen Psychologie*

166 K.-H. Braun, Die gegenwärtige Lage der Kritischen Psychologie, in: Demokratische Erziehung, 1977, H. 4
167 K.-H. Braun, Kritische Psychologie: Entwicklung, Stand, Perspektive. Eine Problemskizze, in: Braun (122)
168 K. Holzkamp, Die Beziehung zwischen gesellschaftlicher Relevanz und wissenschaftlichem Erkenntnisgehalt psychologischer Forschung, in: ders., Kritische Psychologie. Vorbereitende Arbeiten, Frankfurt/Main 1972
169 K. Holzkamp/V. Schurig, Einführung in Leontjew (138)
170 W. Maiers/M. Markard, Kritische Psychologie als marxistische Subjektwissenschaft. Facit einer Entwicklung anläßlich des ersten „Internationalen Kongresses Kritische Psychologie", in: Sozialistische Politik 41, 1977, H. 3
171 G. Politzer, Wohin treibt die konkrete Psychologie?, in: Politzer (177)
172 B. Wilhelmer, Zur konkreten Negation der herrschenden Psychologie, in: J. Klüver/F. O. Wolf (Hrsg.), Wissenschaftskritik und sozialistische Praxis, Frankfurt/Main 1973

## 3.4 *Kritik der bürgerlichen Psychologie und Anthropologie*

173 K.-H. Braun, Zur Verteidigung des realen Humanismus gegen seine pseudomarxistischen Verächter, in: Braun (123)
174 W. Gerhard, Psychoanalyse als Sozialisationstheorie. Probleme einer kritischen Theorie des Subjekts, Frankfurt/Main 1977
175 K. Holzkamp, Die Überwindung der wissenschaftlichen Beliebigkeit psychologischer Theorien durch die Kritische Psychologie, in: Zeitschrift für Sozialpsychologie, 1977, H. 1 und 2
176 P. Keiler, Die entwicklungspsychologische Konzeption Leontjew's als Gegenstand marxistischer und bürgerlicher Interpretation, in: Sozialistische Politik 34/35, 1976, H. 1
177 G. Politzer, Kritik der klassischen Psychologie, Köln 1974
178 G. Politzer, Mythologische Psychologie und wissenschaftliche Psychologie, in: Politzer (177)
179 L. Sève, Psychoanalyse und historischer Materialismus, in: W. Friedrich (Hrsg.), Kritik der Psychoanalyse und biologistischer Konzeptionen, Berlin 1977
180 E. Wulff, Psychoanalyse als Herrschaftswissenschaft, in: Ders., Psychiatrie und Klassengesellschaft, Frankfurt/Main 1972

## *B Kritische Theorie der „Frankfurter Schule"*

### 1 *Kritische Theorie der Gesellschaft*

181 Th. W. Adorno, Soziologische Schriften 1. Gesammelte Schriften 8. Frankfurt/Main 1972
182 Th. W. Adorno, Spätkapitalismus oder Industriegesellschaft?, in: Adorno (181)
183 Th. W. Adorno, Soziologie und empirische Forschung, in: Adorno (181)
184 Th. W. Adorno, Zum Verhältnis von Soziologie und Psychologie (einschl. Postscriptum), in: Adorno (181)
185 W. Euchner/A. Schmidt (Hrsg.), Kritik der politischen Ökonomie heute (gekürzte Studienausgabe), Frankfurt/Main 1972
186 J. Habermas, Strukturwandel der Öffentlichkeit. Zu einer Kategorie der bürgerlichen Gesellschaft, Neuwied und Berlin 1976
187 J. Habermas, Analytische Wissenschaftstheorie und Dialektik, in: Ders., Zur Logik der Sozialwissenschaften, Frankfurt/Main 1971
188 J. Habermas, Theorie und Praxis (Neuausgabe), Frankfurt/Main 1971
189 J. Habermas, Zwischen Philosophie und Wissenschaft: Marxismus als Kritik, in: Habermas (188)
190 J. Habermas, Erkenntnis und Interesse, Frankfurt/Main 1968
191 J. Habermas, Technik und Wissenschaft als „Ideologie", Frankfurt/Main 1968
192 J. Habermas, Technik und Wissenschaft als „Ideologie", in: Habermas (191)
193 J. Habermas, Arbeit und Interaktion, in: Habermas (191)
194 J. Habermas, Zur Rekonstruktion des Historischen Materialismus, Frankfurt/Main 1970
195 O. Negt, Marxismus als Legitimationswissenschaft. Zur Genese der stalinistischen Philosophie, in: N. Bucharin/A. Deborin, Kontroversen über dialektischen und mechanischen Materialismus, Frankfurt/Main 1974
196 C. Offe, Klassenherrschaft und politisches System, in: Ders., Strukturprobleme des kapitalistischen Staates, Frankfurt/Main 1972
197 W. Post/A. Schmidt, Was ist Materialismus? Eine Einführung in die Philosophie, München 1975
198 A. Schmidt, Adorno – Ein Philosoph des realen Humanismus, in: Neue Rundschau, 1969, H. 4
199 A. Schmidt, Der Begriff der Natur in der Lehre von Marx. Überarb., erg. und mit einem Postscriptum versehene Neuausgabe, Frankfurt/Main/Köln 1974
200 A. Schmidt, Emanzipatorische Sinnlichkeit. Ludwig Feuerbachs anthropologischer Materialismus, München 1973
201 A. Schmidt, Geschichte und Natur im dialektischen Materialismus, s'Gravenhage 1973
202 A. Schmidt, Kritische Theorie als Geschichtsphilosophie, München/Wien 1976
203 A. Schmidt, Zur Idee der Kritischen Theorie, in: M. Horkheimer, Kritische Theorie. Eine Dokumentation, Frankfurt/Main 1968 (2 Bde)
204 A. Wellmer, Kommunikation und Emanzipation. Überlegungen zur „sprachanalytischen Wende" der Kritischen Theorie, in: U. Jaeggi/A. Honneth (Hrsg.), Theorien des Historischen Materialismus, Frankfurt/Main 1977

205 R. Bauermann/H.-J. Rötscher, Dialektik der Anpassung, Frankfurt/Main 1972
206 W. R. Beyer, Vom Sinn und Unsinn einer „Neuformulierung" des Historischen Materialismus, Frankfurt/Main 1974
207 W. R. Beyer, „Was tun?" Zeitnahe Gedanken zu Lenins gleichnamiger Schrift, in: Blätter für deutsche und internationale Politik, 1977, H. 3
208 O. Finger, Der Materialismus der „Kritischen Theorie", Frankfurt/Main 1976
209 A. Gedö, Dialektik der Negation oder Negation der Dialektik, in: v. Heiseler u. a. (210)
210 H. v. Heiseler/R. Steigerwald/J. Schleifstein (Hrsg.), Die „Frankfurter Schule" im Lichte des Marxismus, Frankfurt/Main 1970/1974
210a W. Jopke, Grundlagen der Erkenntnis- und Gesellschaftstheorie Adornos und Horkheimers, in: v. Heiseler u. a. (210)
211 R. Kühnl, „Linke" Totalitarismusversionen, in: Ders., u. a., Totalitarismus, München 1972
212 H. Ley/Th. Müller, Kritische Vernunft und Revolution, Köln 1971
213 P. Reichel, Verabsolutierte Negation, Frankfurt/Main 1972
214 W. M. Skcoj, Materie, Gesellschaft und Praxis in der Philosophie Alfred Schmidts, Frankfurt/Main 1977
215 M. Theunissen, Gesellschaft und Geschichte, Berlin 1969
216 F. Tomberg, Von der „Kritischen Theorie" zur wissenschaftlichen Weltanschauung, Zur Problemlage bei A. Schmidt und W. F. Haug (I), in: Das Argument 97, 1976

## 2 *Kritische Theorie des Subjekts*

217 H.-P. Gente (Hrsg.), Marxismus Psychoanalyse Sexpol, Bd. 1, Frankfurt/Main 1970
218 H.-P. Gente (Hrsg.), Marxismus Psychoanalyse Sexpol, Bd. 2: Aktuelle Diskussion, Frankfurt/Main 1972
219 K. Horn, Psychoanalyse – Anpassungslehre oder kritische Theorie des Subjekts?, in: Gente (218)
220 K. Horn, Bemerkungen zur Situation des »subjektiven Faktors« in der hochindustrialisierten Gesellschaft kapitalistischer Struktur, in: Ders. (Hrsg.), Gruppendynamik und »subjektiver Faktor«. Repressive Entsublimierung oder politisierende Praxis, Frankfurt/Main 1972
221 A. Lorenzer, Kritik des psychoanalytischen Symbolbegriffs, Frankfurt/Main 1970
222 A. Lorenzer, Zur Dialektik von Individuum und Gesellschaft, in: Th. Leithäuser/W. R. Heinz (Hrsg.), Produktion, Arbeit, Sozialisation, Frankfurt/Main 1976
223 A. Lorenzer, Die Wahrheit der psychoanalytischen Erkenntnis, Ein historisch-materialistischer Entwurf, Frankfurt/Main 1974
224 A. Lorenzer, Das Individuum der abstrakten Psychologie bei Klaus Holzkamp. Anmerkungen zum Marburger Kongreß, in: Psychologie und Gesellschaft, 1977, H. 3/4
225 A. Lorenzer, Zum Verhältnis von objektiver und subjektiver Struktur, in: Ders., Sprachspiel und Interaktionsformen, Frankfurt/Main 1977
226 A. Lorenzer, Über den Gegenstand der Psychoanalyse oder: Sprache und Interaktion, Frankfurt/Main 1972

227 A. Lorenzer, Zur Begründung einer materialistischen Sozialisationstheorie, Frankfurt/Main 1972
228 A. Lorenzer, Symbol, Interaktion und Praxis, in: Ders. u. a., Psychoanalyse als Sozialwissenschaft, Frankfurt/Main 1971
229 B. W. Reimann, Psychoanalyse und Gesellschaftstheorie, Darmstadt und Neuwied 1973
230 H. J. Sandkühler (Hrsg.), Psychoanalyse und Marxismus. Dokumentation einer Kontroverse, Frankfurt/Main 1971

## C *Andere zitierte Arbeiten*

231 A. Camus, Der Mythos von Sisyphos. Ein Versuch über das Absurde, Reinbek 1959
232 A. Camus, Der Mensch in der Revolte, Reinbek 1969
233 G. Heberer, Moderne Anthropologie, Reinbek 1973
234 P. M. Kaiser, Monods Versuch der Widerlegung materialistischer Dialektik, in: Das Argument 88, 1974
235 K. Lenk, Soziologie der Parteien, in: J. Mück (Hrsg.), Politische Soziologie 1973
236 K. Reiprich, Die philosophisch-naturwissenschaftlichen Arbeiten von Karl Marx und Friedrich Engels, Berlin 1969
237 B. Russell/J.-P. Sartre (Hrsg.), Das Vietnam-Tribunal, 2 Bde, Reinbek 1968/69
238 J.-P. Sartre, Das Sein und das Nichts, Reinbek 1967
239 J.-P. Sartre, Kritik der dialektischen Vernunft, Reinbek 1967
240 J.-P. Sartre, Marxismus und Existentialismus. Versuch einer Methodik, Reinbek 1964
241 J.-P. Sartre, Interview, in: Der Spiegel, 1973, H. 7
242 M. Schumann u. a., Am Beispiel der Septemberstreiks – Anfang der Rekonstruktionsperiode der Arbeiterklasse? Frankfurt/Main 1971